분단 그 너머에 대한 연극적 상상력

조보라미

분단 그 너머에 대한 연극적 상상력

조보라미 저

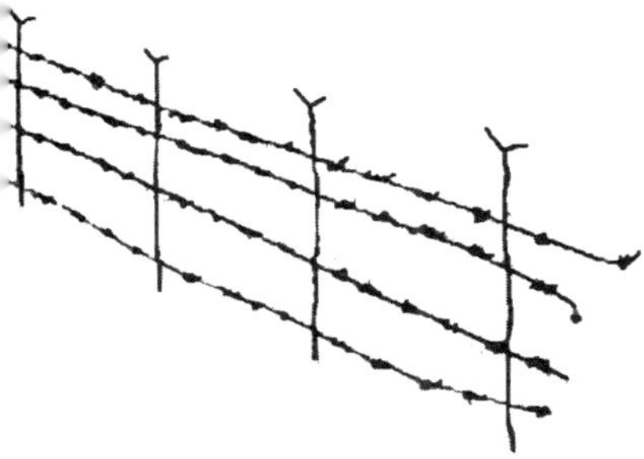

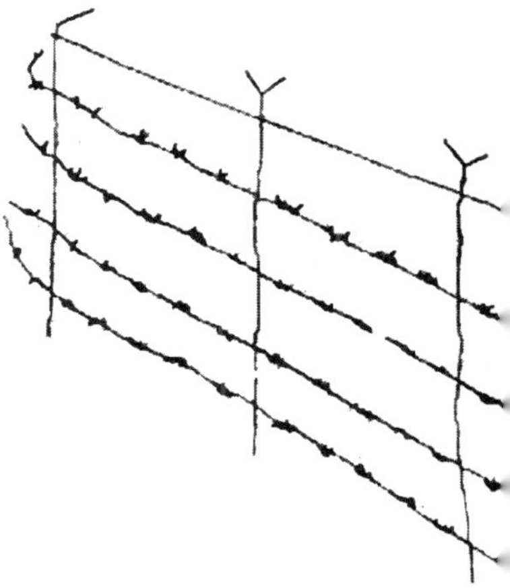

연극과인간

책을 내며

박사논문을 정리한 『최인훈 희곡의 연극적 기법과 미학』 이후 단독저서로는 첫 번째 책을 낸다. 오랫동안, 박사논문 이후 내는 첫 번째 책은 '분단'이어야 한다고 생각해 왔다. 학생들에게 분단희곡을 가르치면서 분단이란 우리가 숨쉬는 공기와 같이 매 순간 의식하지 못하지만 한국인인 우리를 둘러싼 일차적 환경이라 이야기하곤 했다. 그러나 기실 분단이란 주제가 내게 더 실감나게 다가온 것은 나의 아버지가 이북에 고향을 둔 월남민이기 때문이었다. 아버지는 저녁에 반주를 하시면 '고향 생각'이라는 노래를 부르곤 하셨고, 나 역시 한 번도 가보지 못한 그곳에 대한 호기심과 함께 아련한 감정을 느끼곤 했다. 석·박사논문으로 최인훈 작가를 택한 것도 분단에 대한 이러한 관심과 무관하지 않을 것이다.

그러나 분단희곡이 나의 핵심적인 연구주제가 된 것은 「분단희곡에 있어서 '경계인'의 위상과 의미」를 쓰면서부터이다. 이것을 쓰게 된 것은 지도교수이신 양승국 선생님 덕이 크다. 2010년 봄 어느 날 출근길에 선생님의 전화를 받았다. 공연문화학회에서 분단을 주제로 학술대회를 여는데, 오태석 분단희곡도 쓰고 했으니 그것을 좀더 발전시켜 발표해 보라는 것이었다. 얼떨결에 대답을 하긴 했지만 전화를 끊곤 후회를 많이 했다. 오태석 분단희곡 관련해서는 쓸 것이 더 있지 않은 듯했고, 분단희곡 전반을 다시 읽으며 주제를 잡을 수밖에 없었다. 이 과정에서 차범석, 박조열, 이강백, 이반 등의 작품을 새로 읽으며, 적대적인 두 공간에 걸쳐 있으면서 자발적으로 어디에도 속하지 않으려는, 혹은 양쪽 모두에서 배척당함으로써 어쩔 수 없이 고초를 겪는 '경계인'에 주목하는 글을 쓰게 되었다. 이것을 통해 왕왕 언급은 되었으나 명확한 이론적 바탕 없이 사용되던 경계인(marginal man)이라는 용어의 학술적 연원을 밝히고, 박조열의 〈목이 긴 두 사람의 대화〉(1966)를 정합적으로 해석하게 된 것은 보람 있는 일이었다.

「이재현의 포로 3부작 연구」는 거제도 포로수용소를 배경으로 한 〈포로들〉(1972), 〈멀고 긴 터널〉(1978), 〈적과 백〉(1983)을 다루고 있다. 이 중에서 〈포로들〉은 송환심사에 처한 포로의 실존적 고뇌를 그리면서, 자유는 윤리적 도덕적 요구보다 우선시되어야 하는 절대적 가치임이 부각되고 있다. 이것은 다른 두 작품에서도 마찬가지인데, 그러면서도 〈멀고 긴 터널〉은 자유를 갈망하던 포로가 비송환, 곧 자유를 보장받고서도 결국 자살하는 것을 통해 남한 내 강고하게 존재하는 극우세력이 암암리에 비판된다. 또한 인민군 장교로 남한으로 귀순한 실제 인물(이학구)을 주인공으로 한 〈적과 백〉 역시, 이학구를 보호하기보다 전략적으로 이용할 뿐인 UN군 및 남한 측에 대한 문제를 제기한다. 그러나 〈멀고 긴 터널〉에서 주인공의 자살 원인이 모호하게 처리된 것이나 〈적과 백〉에서 이학구가 북에서 남으로, 다시 북으로 전향을 거듭한 진정한 이유에 대해 침묵하고 이학구의 내면을 복구해내지 않은 점은 문제로 지적된다. 이로써 포로 3부작은 반공극의 일의성(一意性)을 넘어서려는 가능성을 내포했음에도 궁극적으로 그것을 성취해내지 못했다는 비판에서 자유로울 수 없다.

「오태석의 6.25 3부작 연구 1」은 오태석 희곡 중에도 수작이라 일컬어지는 〈자전거〉(1983)에 대한 분석이다. 이 작품은 42일간 경기에 시달려 면사무소에 결근한 윤서기가 42일 전날 밤의 사건을 극중극으로 재구성하는 이야기이다. 이날은 한국전쟁 당시 인공치하에서 마을 어른 127명이 몰살당한 등기소 화재사건이 있은 날이었고, 이때 혼자 살아남은 윤서기의 당숙은 제삿날마다 사금파리로 얼굴을 그으며 죄책감을 토로한다. 그런데 바로 이날밤 귀갓길에 윤서기는 솔매집 문둥이를 만나고 솔매집이 불태워지는 것을 경험한다. 이때 화재는 다름 아닌 거위집 처녀(솔매집 소생)의 소행으로, 방화의 이유와 주체,

죄의식 등의 측면에서 솔매집 화재 사건과 등기소 화재 사건이 상동성을 이룬다. 이 글에서 주목하는 것은 그러나 솔매집 이야기에 과도하게 집착하는 윤서기의 행태이다. 이것은 윤서기가 오태석의 '극작가 의식(playwright's consciousness)'을 부여받았다고 볼 때 이해가 가능하다. 즉 '문둥이'라는 굴레에서 벗어나고자 한 솔매집 소생의 욕망은 6.25 때 납북된 아버지로 인해 연좌제의 고통을 받은 오태석의 내면이 투영된 것으로 볼 수 있다. 이렇게 볼 때 〈자전거〉는 극작술의 측면에서뿐 아니라 오태석의 작가세계에 있어서도 그 중요성이 제고된다.

「오태석의 6.25 3부작 연구 2」는 일차적으로 〈산수유〉(1980), 〈자전거〉, 〈운상각〉(1989)이 인물, 플롯, 긴장 구성 방식에서 상동적임을 보임으로써 명실공히 '6.25 3부작'이라 명명될 수 있음을 보이고 있다. 그리고 더 나아가 6.25 3부작이 충청남도 서천군 선암리라는 작가 오태석의 고향을 배경으로 극중인물들에 자신의 가족사를 투영함으로써 한국전쟁과 관련된 작가의 트라우마를 드러내고 있다고 본다. 1960년대 말 등단하여 이른바 '전통극의 현대화'로 명성을 굳힌 오태석은 1980년대 들어 비로소 자신의 트라우마를 드러내고, 이로써 1990년대 이후 본격적으로 시대와 역사 문제를 대면할 수 있었다.

「오태석 역사극에 나타난 사실과 허구의 긴장관계」는 1990년대 이후 쓰인 오태석의 본격적인 역사극 〈도라지〉(1994), 〈천년의 수인〉(1998), 〈잃어버린 강〉(2000), 〈앞산아 당겨라 오금아 밀어라〉(2003) 등을 다룬다. 기본적으로 역사극이 사실과 허구를 양 축으로 다양한 스펙트럼을 보인다고 할 때, 오태석 역사극은 정도의 차이는 있지만 일차적으로 역사적 사실에 대한 상세한 탐구를 기반으로 하고 있다. 그러나 그에 못지않게 허구적 요소가 중시되는데 이는 역사극을 통해 작가가 전달하고자 하는 메시지가 뚜렷한 까닭이다. 즉 이들 역사극에는 친일과 반일, 좌파와 우파의 대립을 지양하고 이들 대립 세력 간에 화해와 포용을 강조하는 미래지향적 역사관이 나타난다. 그러나 이때

'미래'의 방향으로 설정된 민족주의가 그 자체로는 자기완결적 논리 구조를 갖지 못하며 여타의 사회 이데올로기와 결합되어 나타난다는 사실을 고려할 때, 그것이 과연 어떠한 민족주의인지 구체화되지 않은 점은 오태석 역사극의 한계로 지적된다.

「이반의 분단희곡 연구」는 이반의 분단희곡을 전체적으로 조망한 연구이다. 그 자신 어린 시절 월남하여 강원도 속초, 함경도 출신의 월남민 마을에서 자라난 이반 작가는, 아바이 마을을 배경으로 그곳 말씨와 풍습을 반영한 작품을 창작했다는 점에서 분단희곡 작가 중에서도 독특한 위치를 점한다. 특히 〈그날, 그날에〉(1979)는 남한 생활은 임시방편일 뿐 고향에 돌아갈 '그날'만을 그리며 살아가는 월남 1세대의 간절한 망향의식을 그리고 있는 작품이다. 여기서 극의 마지막에 이성과 상식을 압도하며 극의 진행을 일거에 뒤집는 극작술은, '로고스를 뛰어넘는 강렬한 파토스'라는 이반 희곡의 특징을 잘 보여주고 있다.

한편 종교극은 분단극과 함께 이반이 역점을 둔 또 하나의 영역으로, 「이반의 종교극 연구」는 특히 한일문제를 다룬 종교극을 대상으로 한다. 〈아, 제암리여!〉(1999), 〈하늘, 바람, 별 그리고 학〉(2007)에는 타자를 외면하지 않고 타자의 고통에 대해 나를 희생할 정도로 책임지며, 그럴 때 비로소 진리와 자유, 평화가 실현되고 있다. 그런데 한일문제는 갈등과 반목을 내포하고 있다는 점에서 분단문제와 유사성이 있고, 그런 점에서 한일문제 해결 방안은 분단문제 극복을 위한 비전으로도 해석될 여지가 있다. 더 나아가 필자는 이반의 전 작품세계를 기독교적인 것으로 해석할 수 있다는 견해를 제시하고 있다.

마지막으로 「'진리공정'의 관점에서 본 이반의 분단희곡」은 알랭 바디우의 '진리공정' 이론을 이반의 분단희곡에 적용해 본 것이다. 이것은 무엇보다 이반의 분단희곡에 나오는 인물들이 진리공정의 삶을 추구하고 있다고 보이기 때문으로, 이것을 통해 필자는 아바이 마을에서 자라난 월남 1.5세대의 삶을 그린 〈아버지 바다〉(1989)를 새롭게 평가하고자 했다. 더 나아가 〈아버지 바다〉에 나타난바, 각자의 삶에서 진리공정의 삶을 이어가며 결국은 그것이 곧 분단극복을 향한 길이라는 주제의식이 곧 작가 자신의 삶에 대한 선언문일 수 있다는 추론을 감행하고 있다.

2008년부터 최근까지 써온 글들을 다시 읽으니 치기에 찬 부분은 물론 부끄러운 점이 한둘이 아니다. 그러나 이미 학술지에 발표한 글들이라 오탈자 외에는 거의 손대지 않았다. 부족한 점들은 앞으로의 연구로 메꿔 나가도록 하겠다. 분단에 관한 책이어서 그렇기도 하지만 책의 서문을 쓰다 보니 더욱, 삼 년 전 돌아가신 아버지가 생각난다. 석사논문을 쓸 때부터 여태까지 아버지는 기꺼이 내가 쓴 글의 첫 번째 독자가 되어 주셨다. 아버지가 계셨다면 즐거이 이 책의 서문을 읽어주시고 코멘트해 주셨으리라. 아버지가 내게 남긴 마지막 말씀은 '좋은 글을 쓰라'는 것이었다. 아버지를 기억한다. 그리고 남겨주신 무형의 유산에 감사한다.

2024년 봄, 영남대 교정에서
조보라미

차 례

3. 오태석의 6.25 3부작 연구 1: 〈자전거〉를 중심으로

4. 오태석의 6.25 3부작 연구 2: 〈산수유〉, 〈자전거〉, 〈운상각〉의 상동성과 희곡사적 의의

5. 오태석 역사극에 나타난 사실과 허구의 긴장관계

6. 이반의 분단희곡 연구: 망향의식과 분단 극복 방식을 중심으로

7. 이반의 종교극 연구: 한일 문제를 다룬 극을 중심으로

8. '진리공정'의 관점에서 본 이반의 분단희곡

1

분단희곡에 있어서 '경계인'의 위상과 의미

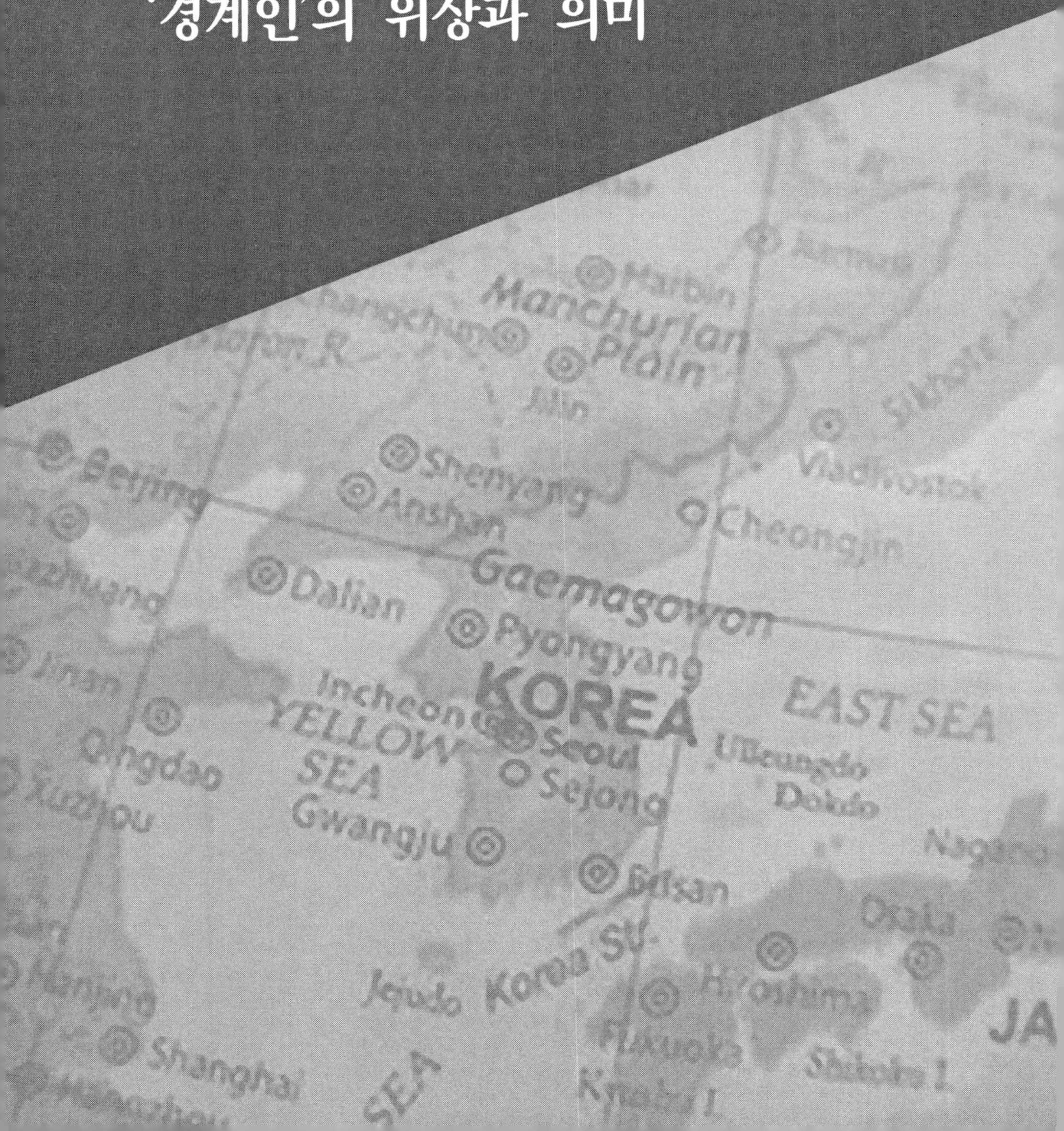

1. 들어가며

넓은 의미에서 분단문학은 1945년 광복 이후부터 통일이 될 때까지 남북한 모든 문학을 뜻한다. 반면 좁은 의미에서 그것은 분단으로 빚어진 민족의 모든 갈등과 모순을 파헤치면서 이를 극복하고자 하는 민중의 삶과 사상과 정서를 담은 작품으로 일컬어진다.[1] 그런데 이때 전자는 시대적 개념으로 분단문학 연구에서 그리 효과적인 것은 아니며, 후자 역시 민족·민중·민주적 사상이 개재된 작품에 한정되는바, 포괄적으로 분단문학을 논하기에 한계가 있다. 따라서 이 글에서는 분단문학을, 분단을 소재로 삼은 작품을 가리키는 현상기술적 개념이자 분단 상황의 극복을 지향하는 문학[2]이라는, 다소 가치중립적이며 포괄적인 개념으로 파악한다. 이 글에서 논하는 분단희곡 역시 이러한 맥락 아래 놓여있다.[3]

기존에 분단희곡에 대한 연구는 그리 많지 않다. 개별적인 작품론 및 작가론의 일부로 다루어진 것을 제외하면, 1950년대 주종을 이루었던 반공극에 대한 연구[4]와 분단희곡에 대한 통시적인 연구가 있다. 이때 통시적인 연구는 1950년대부터 1980년대, 혹은 1990년대까지 10년대별로 끊어서 다룬 연구[5]가

---

1 임헌영, 「분단소설 변천사」, 『분단시대의 문학』, 태학사, 1992, 221면.

2 정호웅, 「분단극복의 새로운 넘어섬을 위하여」, 김승환·신범순 편, 『분단 문학 비평』, 청하, 1987, 85면.

3 이미원은 일찍이 분단문학의 광의와 협의를 고찰한 후 이것을, 이데올로기나 이로 인한 전반적인 결과 — 전쟁, 이산 등 — 를 다룬 문학이며 가치 개념으로 볼 때 분단 상황을 극복하려는 문학이라고 정의하고, 이러한 맥락 아래 분단희곡의 개념을 위치시킨 바 있다(『한국근대극연구』, 현대미학사, 1994, 436면).

4 양승국, 「해방 이후의 유치진 희곡을 통해 본 분단현실과 전쟁체험의 한 양상」, 『한국현대문학연구』 1, 1991; 양승국, 「1945~1953년의 남북한 희곡에 나타난 분단문학적 특질」, 『문학사와 비평』, 1991; 김재석, 「1950년대 반공극의 구조와 존재 의미」, 『한국연극연구』 1, 1998. 이 중 양승국의 「1945~1953년의 남북한 희곡에 나타난 분단문학적 특질」은 반공극뿐 아니라 전쟁을 전후한 시기 남북한 희곡을 균형적 감각을 가지고 다루고 있다.

5 이미원, 위의 책; 오영미, 「분단희곡연구1: 1960년대를 중심으로」, 『한국연극연구』, 1998; 오영미, 「분단희곡연구2: 1970년대를 중심으로」, 『한국문화연구』 2, 1999; 오영미, 「분단희곡연구 4」, 『한민족어문학』, 2005.

있는데, 이것은 시대별로 분단희곡의 변화 양상을 파악했다는 의의가 있다. 최근에는 이러한 접근을 지양하고 주제별로 다루려는 시도[6]가 이루어지는 추세이나 아직 초기 단계에 있다. 이에 분단희곡에 대한 다양한 주제적 접근을 통해 보다 풍부한 논의가 이루어질 필요가 있다고 하겠다.

이 글에서는 이러한 맥락에서 분단희곡에 있어 특히 '경계인(marginal man)'에 주목하여 연구를 행하고자 한다. 경계인이란 두 개의 서로 다른 문화가 겹쳐진 경계지대(marginal area)에 놓여 있는 인물로, 스스로 기존에 지녔던 과거의 전통을 포기하려 하지 않는 한편 새로운 사회 역시 종족적 편견에 의해 그를 완전히 받아들이려 하지 않음으로써 정체성의 혼란을 겪는 인물을 뜻한다.[7] 이러한 경계인은 대립적 세계의 간극을 첨예하게 의식하는 처지에 놓이게 마련이고, 그에 따라 이러한 인물의 형상화는 자연스럽게 두 세계의 정치적·문화적 긴장을 드러내는 결과를 낳게 된다.[8]

한편 우리나라의 경우 남과 북은 상반된 이데올로기와 전쟁 경험으로 인해 서로가 서로를 인정하지 않는 대립 관계에 놓여있다. 이런 상황에서 남과 북 양쪽에 속해 있기는 불가능하며, 만약 그러한 인물일 경우 그가 스스로 과거의 전통을 포기하지 않으려 해서라기보다 현 사회에서 그를 거부하는 경향이 강함으로 말미암아 불가피하게 경계인의 위치에 서게 된다. 이렇게 볼 때 경계인은 그 자신이 원해서라기보다 남북의 대립 이데올로기에 의해 비자발적으로 경계인의 위치에 서게 된 인물이라고 할 수 있다.

반면 개중에는 경계인이 처하게 되는 고난을 알면서도 자발적으로 경계지대에 섬으로써 두 세계를 통합하고자 하는 인물이 발견된다.[9] 분단 논의에

---

6 권순대, 「분단희곡의 담론 특성에 관한 연구」, 경희대학교 박사학위논문, 2003.

7 Robert E. Park, Human Migration and the Marginal Man, *the American Journal of Sociology*, vol.33 no.6, May, 1928, 892면 및 Milton M. Goldberg, A Qualification of the Marginal Man Theory, *American Sociological Review*, vol.6 no.1, 1941, 53면.

8 유영현, 「경계인이 본 민족국가: 살만 루시디의 『한밤의 아이들』과 『수치』에 나타난 역사, 이념, 그리고 서사」, 고려대학교 석사학위논문, 2005, 91면 참조.

9 이 글에서는 이들을 '자발적 경계인'으로, 앞 단락의 경우를 '비자발적 경계인'이라 칭한다.

있어서 이들의 역할은 특별히 주목될 필요가 있는데, 그것은 이들이 남과 북의 대립적 이데올로기를 넘어 두 세계를 잇는 디딤돌이 될 가능성이 있기 때문이다. 상황은 다르지만 에드워드 사이드가 제국과 식민지 어디에도 속하지 않는, 탈중심화되고 유랑하는 활력을 탈식민화를 위한 가능성으로 보고 있는 것[10]은 이 글에 유용한 참고점이 된다.

분단희곡에서 경계인이 형상화된 경우는 그다지 많지 않으나, 경계인이 중요하게 취급되는 경우 역시 분명히 존재한다. 이런 상황에서 이 글에서는 작가론으로 다룰 만한 경우를 제외하고 몇몇의 주요 작품을 택해 경계인이 형상화된 분단희곡의 경개를 살펴보고자 한다.[11] 이를 위해서는 경계인을 비자발적 경계인과 자발적 경계인으로 나누고, 각 작품에서 이들의 위상과 의미를 살피는 것이 유용하다고 판단된다. 2장은 비자발적 경계인의 경우로, 과거 빨치산 경력이 있는 인물이 전향한 것이 그려지는 차범석의 〈산불〉이 다루어진다(2.1). 이와 함께 아버지의 빨치산 경력으로 말미암아 자식대에서 '빨갱이'로 분류되는 경우 역시 비자발적 경계인 논의에 포함된다(2.2. 이강백, 〈칠산리〉). 3장은 자발적 경계인의 경우로, 3.1.에서는 분단 극복에 대한 의지가 공고한 현실 논리에 부딪혀 좌절되거나 성격화에 있어 불충분한 경우(이강백, 〈호모 세파라투스〉 및 이반, 〈아버지 바다〉)가 다루어진다. 이어 3.2.에서는 박

---

10 E. Said, 김성곤·정정호 옮김, 『문화와 제국주의』, 창, 1995, 559~566면. 탈식민주의에 있어 유랑하는 활력에 대한 기대는, 기실 미국에서 활동하고 있는 팔레스타인인이라는, 사이드 자신의 정체성과도 긴밀하게 연관되어 있다. 즉 그는 이슬람의 악마화가 진행되는 서구의 중심부에서 팔레스타인의 입장을 대변하는 동시에, 팔레스타인 정치 지형 안에서 특정 정파에 속하는 것을 피해 온바, 그 자신 사이공간(in-between space)에 위치함으로써 아웃사이더, 곧 망명자로서의 위치를 자처하는 것이다(이에 대해서는 B. Ashcroft·P. Ahluwalla, 윤영실 옮김, 『다시 에드워드 사이드를 위하여』, 앨피, 2005, 30~33면 및 95~96면). 잔모하메드는 이것을 '경계적 지식인(border intellectual)'이라 칭하고 그의 논문에서 경계적 지식인의 존재에 대해 규명하고 있다(Adul R. JanMohamed, Worldliness-Without-World, Homelessness-As-Home: Toward a Definition of the Specular Border Intellectual, Michael Sprinker(ed.), *Edward Said-a Critical Reader*, Blackwell, 1992 참조).

11 이 글에서 다루는 작품 외에 경계인이 형상화된 분단희곡으로 이재현의 포로 3부작, 오태석의 〈코소보, 그리고 유랑〉 등이 주목할 만하다. 이것은 차후에 작가론으로 다루고자 한다.

조열의 〈목이 긴 두 사람의 대화〉가 자발적 경계인을 통해 남북 화합의 가능성이 암시된 작품으로 새롭게 해석된다.[12] 덧붙여, 이 글에서의 논의는 경계인에 초점을 맞춘 것이긴 하지만 경계인의 위상과 의미를 논하려면 해당 작품에 대한 분석이 선행되지 않고는 불가능하다. 따라서 본론의 각 절에서는 우선 해당 작품에 대한 분석을 행하고 그 안에서 경계인의 위상과 의미를 다루도록 하며, 이 글은 경계인에 대한 논의뿐 아니라 해당 희곡에 대한 새로운 해석도 의도하고 있음을 밝힌다.

2. 이분법적 대립 논리 속에 희생되는 경계인

2.1. 남북에 걸친 경계지대의 성립 불가능성

〈산불〉은 차범석의 대표작일 뿐 아니라 해방 이후 리얼리즘 희곡의 최고봉이라는 평가를 받는 작품이다.[13] 〈산불〉은 1951년 한국전쟁이 한창이던 때, 빨치산의 활동이 강했던 소백산맥 줄기의 촌락(P부락)이 배경이다. 이 마을의 젊은 남자들은 일부는 국군으로, 일부는 인민군으로 징집되어 나갔거나 희생되었으며, 마을에 남은 부녀자들도 과부가 대다수다. 막이 열리면 양씨와 최씨가 인민군에로의 공출을 둘러싸고 다툼을 벌이거니와, 그 이면에는 양씨의 아들이 반동(우익)으로 몰려 생사를 모르고 최씨의 사위가 빨갱이로 몰려 죽임을 당했던 과거사가 가로놓여 있다. 양씨와 최씨 집안을 둘러싼 이러한 비극은 P부락 주민이 지닌 아픔의 전형임과 동시에 한국전쟁을 둘러싼 우리 민

12 각 작품의 출처를 밝히면 다음과 같다: 차범석, 〈산불〉, 한국극예술학회 편, 『한국현대대표희곡선집』 2, 월인, 1999; 이강백, 〈호모 세파라투스〉, 『이강백 희곡전집』 3, 평민사, 1999; 〈칠산리〉, 『이강백 희곡전집』 4, 1996; 박조열, 〈목이 긴 두 사람의 대화〉, 『휜둥이의 방문』, 연극과인간, 2009; 이반, 〈아버지 바다〉, 『이반 희곡선집』 2, 2008. 이후 작품의 인용 면수는 별도의 표기 없이 본문에서 괄호 안에 표기하도록 한다.

13 유민영, 『한국현대희곡사』, 기린원, 1991, 458면.

족의 비극의 전형이다.

이들 주민에게는 인민군과 국군으로 인한 피해는 물론, 집안에 가장이 없다는 상실감, 그리고 성에 대한 욕구 불만으로 인한 갈등이 내재해 있다.[14] 이런 상황에서 빨치산 규복이 마을로 잠입해 들어오고 점례(양씨의 며느리)가 그를 대밭에 숨겨 주는 일이 발생한다. 규복과 점례는 서로 사랑하는 사이가 되는데, 낌새를 눈치챈 사월(최씨의 딸)이 그의 존재를 함구하는 대신 규복을 공유하게 되면서 사건은 복잡해진다.

기존 연구에서 이 작품은 이데올로기에 대해 균형잡힌 시각을 지니고 있다고 평가되면서도, 작가가 은연중에 우익의 편을 들고 있음은 부인할 수 없는 사실로 여겨져 왔다. 남편이 우익으로 설정된 점례가 선한 인물로, 남편이 좌익으로 설정된 사월이 독한 인물로 설정되어 있다는 사실, 인민군의 자기 선전 논리가 역으로 작가의 반공 이데올로기를 드러낸다는 점 등이 그러하다. 이로써 이 작품을 반공주의가 은폐되어있는 작품으로 보는 견해[15]도 있으며, 그 결과 분단 희곡사에서 이 작품을, 1950년대 반공희곡으로부터 한 걸음 진전된 것으로 보는 논리[16]도 다분히 희석된 바 있다. 그러나 이 작품에서 반공 이데올로기는 작가가 궁극적으로 드러내고자 하는 주제를 위해 의도적으로 선택한 '가면(persona)'[17]이라고 볼 수는 없을까. 다시 말해 〈산불〉에 나타난 우익 이데올로기는 작가가 당대에 지배적이었던 반공 국시(反共國是)로부터 자유롭지 못했음을 보여주되, 그가 궁극적으로 드러내고자 했던 것은 이데올로기 비판적 시각이라는 것이다.

이것은 무엇보다 앞에서 지적했듯 양씨의 아들과 최씨의 사위가 공평하게(?) 인민군과 국군에 의해 희생되었다는 사실, 이웃아낙 갑에 의해 국군과 인

14 정미진, 「차범석의 전후희곡연구」, 고려대학교 석사학위논문, 2009, 35면 참조.

15 위의 글, 46~47면.

16 대표적으로 이미원의 앞의 책, 442면; 오영미, 앞의 글.

17 페르소나란 원래 극중에서 특정한 역할을 하기 위해 배우가 쓰는 가면을 뜻하며, 융 심리학에서 이것은, 개인이 사회적 인정을 받기 위해 대사회적으로 쓰는 가면 혹은 외관이라는 의미를 가진다(C. S. Hall, 최현 옮김, 『융 심리학 입문』, 범우사, 1993, 57면).

민군 양자의 폭력과 억압이 고발되며 그 사이에서 “똥파리만도 못한” 주민들의 목숨이 반복되어 표현되고 있다는 점(335, 337, 390)에서 그렇다. 또한 빨치산에서 전향한 규복이 궁극적으로 국군에 의해 희생된다는 사실 역시 그러한데, 이때 규복의 죽음에 있어 직접적 빌미가 되는 대밭 불태우기는 적지 않은 의미를 내포하고 있다. 이것은 자세히 분석될 필요가 있다.

양씨 그렇지만 저 대밭만은 안 돼요……우리 조상 대대로 지켜 내려온 대밭을 내 눈앞에서 불사르다니 그게 될 말이오? 차라리 나를 죽이고 나서 해요!

(…)

점례 (빌면서) 그 대밭만은 태우지 말아요! 그걸 잃어버리면 우린 다 죽어요……우리 식구를 살리려거든 대밭을 살려 주세요.

점례의 절실한 태도에 모두들 절박감을 느낀다.

사병A 군대는 명령에 따라 움직이는 겁니다. 개인적인 사정으로 군 전체의 뜻을 움직이게 할 순 없으니까요. 저리 비키시오!

점례 제발! 소원이에요!(하며 매달리자 양씨는 사병B에게 매달린다.)

양씨 여보세요! 당신네 집에선 제사도 조상도 모르오? 제발 우리 사정 좀 봐 줘요! 내 아들이 팔아서 장사하겠다고 조를 때도 내가 싫다고 우긴 대밭이에요! 그런데 이렇게……제발……

사병 (홱 뿌리치며) 어서 가!(하며 급히 뛰어가자 사병A도 급히 뒤를 따른다)

점례 (미친 듯이) 안 돼요! 거기 들어가면 안 돼요!

양씨 아이고! 우리 집이 망한다! 우리 집이……(하며 덤비자 옆에서들 말린다.)

잠시 후 총소리가 연달아 일어나자 대나무에 불붙는 소리와 함께 연기가 퍼져 나온다. 점례와 양씨는 넋나간 사람처럼 말없이 뒷걸음쳐 나간다. 거기엔 절망이라기보다 공허감이 더 깊다.

쌀례네 정말 아까운 대밭이었는데……

이웃아낙 을 이제 얼마 안있으면 죽순이 한창인데……아깝지……

이웃아낙 갑 어이구…… 우리 살림은 하나씩 하나씩 없어지기만 하지, 느는 건 나이뿐이니. (397~398)

위의 인용은 대밭을 불태워야 하는 상황에 처한 인물들의 다양한 반응을 보여준다. 즉 대밭은 식량거리를 취할 수 있는 경제적 공간(쌀례네, 이웃아낙 갑, 을)임은 물론, 억압적 상황 속에서 개인의 자유와 욕망을 풀 수 있는 사적 공간이다(이것은 위 인용에 나오는 점례에게뿐 아니라 규복이나 사월에게도 마찬가지다). 또한 양씨에게 대밭은 '조상' 및 '제사' 와 연결되는 것으로, 양씨는 목숨을 버려서라도 이것을 지키고자 한다. 전통적으로 대(竹)는 깨끗함과 곧음, 불변 등 우리 민족의 정신적 가치를 상징해 주는 사물이라고 본다면,[18] 이러한 양씨의 반응은 곧 전통적 가치에 대한 수호라 확대 해석할 수 있다. 경제적으로 피폐한 상황에서 먹을거리를 제공하는 경제적 가치나 거대 논리가 강조되는 전쟁 상황 속에 자유와 욕망이라는 사적 가치, 그리고 민족의 유혈 투쟁 아래 위기에 놓인 전통적 가치 중 어느 것 하나가 덜 중요하다고 말할 수 없다. 이런 점에서 이러한 모든 가치의 상징인 대밭을 태우는 국군의

---

18 이명수, 「〈산불〉의 공간 연구」, 『한국연극학』 13, 1999, 71면. 기실 이명수는 이 논문에서 〈산불〉에서 대밭의 의미에 대해 자세하게 분석하고 있다. 그는 대밭이 평화와 사랑의 공간, 화해의 공간, 생명 잉태의 공간임을 환기시킴으로써 대밭을 불태우는 행위가 갖는 비극성을 강조한다. 또한 〈산불〉에서 최씨의 집과 양씨의 집, 산 위와 아래가 각각 좌우 이데올로기의 대립을 이루고 있음에 반해, 대밭은 그에 상응하는 대칭 공간을 가지지 않음으로써 중립적 공간이라고 지적한다. 이러한 일련의 분석을 통해 그는 〈산불〉을 경직된 이데올로기 극으로 볼 수 없다고 결론 내리고 있다(위의 글, 69~72면).

행위는, 그들의 말과 행동이 인민군의 그것보다 유화적이라고 해서 결코 북한 이데올로기보다 선하게 그려지고 있다고 보기는 어렵다.

이렇게 볼 때 이 극은 어디까지나 이데올로기에 의해 희생되는 민중의 비극에 초점이 맞추어져 있고, 자연스럽게 이데올로기 자체에 대한 비판적 시각을 견지하고 있다고 할 수 있다. 이런 점에서 이 작품은 1950년대 주류를 이루던 흑백논리의 강박관념에서 벗어나 분단희곡사에서 하나의 기점을 이룬 작품으로 다시 한번 자리매김될 필요가 있다.

한편 〈산불〉은 경계인을 형상화하고 있다는 점에서도 주목되며, 이때 경계인이란 다름 아닌 규복이다. 차범석은 이 작품이 원래 입산했던 한 빨치산이 하산한 이후를 그리고자 하는 데서 시작되었음을 밝히고 있거니와,[19] 이것은 작품에서 규복의 중요성이 결코 작지 않음을 짐작하게 해 준다. 규복은 초등학교 선생님을 하다가 친구의 꾐에 빠져 입산한 것으로 나온다. 그러다 빨치산 생활을 이기지 못하고 탈출, 점례의 도움으로 대밭에서 숨어 지내게 된다. 규복은 점례에게 자신은 친구의 꾐에 빠져 입산했을 뿐 빨갱이가 아니라고 항변하지만(356, 370), 다시 입산할 수도, 그렇다고 마음 놓고 국군에게 자수할 수도 없다. 그는 이미 이쪽의 시각에서 볼 때는 저쪽 사람이요, 저쪽의 시각에서 볼 때는 이쪽에 속한 사람이기 때문이다.[20]

규복 자수하면 나는 총살당할 거야! 부모들도 친구들도 그리고 내가 가르쳤던 어린 것들까지도 나를 보고…… 그러니! 나는 올 수도 갈 수도 없는 몸이야! 점례! 내가 살 수만 있다면 대밭이고 돼지우리고 상관없어!

점례 그럼 산으로 도로 올라가세요!

규복 뭣이? (분노가 끓어오르며) 그걸 말이라고 해? 응? 그 산이 싫어서 도

19 차범석, 『떠도는 산하』, 형제문화, 1998, 262~263면.

20 권순대, 앞의 글, 128~129면 참조. 권순대 역시 이러한 이유에서 규복을 경계의 인물로 보고 있다.

> 망쳐 나온 나에게 다시 돌아가라니! 그 놈들은 내게 죽음으로 맞아줄 거야! 점례! 그러니…… (370~371, 밑줄은 인용자)

위 인용문에서 규복은 자수해도, 입산해도 자신에게 돌아올 것은 죽음밖에 없다고 말하고 있거니와, "나는 올 수도 갈 수도 없는 몸"이라는 대사는 규복의 경계인의 위치를 요약적으로 잘 드러내는 말이다.

물론 이때 규복이 경계인의 위치에 있게 된 것은 그의 자발적 선택이라고 볼 수는 없다. 시대적 상황이 그에게 한쪽을 선택하게끔 강요했고, 이분법적 대립 구도 아래 그가 애초에 선택한 곳에서 탈출하여 나왔을 때 다른 쪽에서 그를 받아들일 여지는 차단되었던 것이다. 이런 상황에서 그에게서 양쪽을 통합하고자 하는, 혹은 이분대립의 모순을 극복하고자 하는 발전된 의지를 발견하기란 불가능하다. 오히려 "대밭이고 돼지우리고 상관없이" 한 목숨을 구할 수 있는 공간을 희구하고 있는 그의 모습은, 이데올로기와 같은 고차원적 가치를 떠나 자신의 본능에 충실한 삶을 살고 있는 P부락 주민들과 유사하다. 그러나 욕망에 충실하기에 오히려 순수하다고 여겨지는 규복의 죽음은 독자/관객에게 동정적 시각을 유도함은 물론, 남과 북 양쪽에 걸친 경계지대의 성립이 불가능한 우리나라의 현실을 반추하게끔 한다. 이렇듯 〈산불〉은 규복이라는 경계인을 통해 또 다른 방향에서 이데올로기 비판적 시각을 견지한다고 할 수 있으며, 분단희곡이라는 자장 내에서 '경계인'이라는 문제적 인물을 개척한 점에서도 의의를 찾을 수 있다.

2.2. 흑백 논리 아래 경계인의 자아분열

이강백은 1971년 등단한 이후 줄곧 우리나라의 정치·사회적 현실에 대해 예민한 촉수를 견지해 온 작가이다. 1988년 작 〈칠산리〉는 우리 사회에 만연된 레드 콤플렉스를 소재로 택하고 있음은 물론, 과거와 현재를 한 무대 공간에서 교차하도록 한 것이나, 곳곳에 놓인 시어체 대사를 노래로 부르게끔 하는 등 형식적으로도 새로운 시도를 하고 있는 작품이다.

칠산리 면사무소에 7남매가 몰려드는데, 이것은 칠산리에 큰길을 내면서 그곳 골짜기에 있는 무덤을 이장(移葬)해야 한다는 면사무소의 공고 때문이다. 무덤인즉 7남매 어머니의 무덤인바, 어머니는 자신이 낳지도 않은 7남매—실은 12남매이며, 7남매가 무덤 이장을 결정하지 못하고 면사무소에서 죽치고 앉아 있는 것도 나머지 형제들을 기다리고 있어서이다—를 정성으로 키웠던 것이다. 당신의 자식을 낳지 못하던 어머니는 한국전쟁 당시 방치된 빨치산의 자식들인 12남매를 받아들여 자신의 손으로 키워 냈고, 자신의 안위보다 자식들을 먼저 챙기다 생을 마감했다. 이후 칠산리의 12남매는 살길을 찾아 뿔뿔이 흩어졌고, 어디에서 살든지 "빨갱이의 자식"이란 딱지가 붙어 출세길은 물론 살길이 막히기 일쑤였다. 극에서 문제가 되는 무덤의 이장 역시 빨갱이의 자식들이 명절 때마다 성묘하러 칠산리에 오는 것을 달가워하지 않는 주민들의 요구를 반영한 것이다(92, 109).

이 극에서 단지 빨치산의 자식이란 이유로 평생 빨갱이의 굴레 속에 살아가는 칠산리 남매의 처지는, 우리 사회에서 레드 콤플렉스가 얼마나 극심한 것이었는지를 잘 보여준다. 빨갱이로 활동하지도 않았으면서 빨갱이로 취급되어 남한 사회에 온전한 주체로 인정받지 못한 이들은 경계인의 위치에 놓여 있다고 할 수 있다. 이쪽 아니면 저쪽 어느 한쪽의 논리에 설 것을 강요당하는 이분법적 대립 속에서, 두 대립적 집단은 각 집단에 속한 자를 '인간(human)'으로 규정하고 다른 쪽의 집단은 '인간 이하의 것(sub-human)'으로 규정한다. 그리고 이에 따라 경계인은 그 자신 '인간'이 되고자 하는 열망과 실제로 '인간 이하의 것'으로 취급당하는 사회·역사적 경험 속에서 분열을 경험한다.[21] 이러한 자아분열은 기실 분단희곡에서 그려지는 경계인의 공통적인 모습이라 할 수 있는데, 특히 〈칠산리〉에는 이러한 자아분열의 모습이 극명하

21 이것은 경계적 지식인에 대한 잔모하메드의 설명으로(Adul R. JanMohamed, 앞의 글, 114~115면), 이때 경계적 지식인이 처한 상황은 경계인에게도 마찬가지로 적용된다.

게 나타나고 있다는 점에서 주목된다.

다음은 경찰이 수배 중인 막내를 찾으러 면사무소에 다녀간 후 면장과 7남매가 대화하는 장면이다. 여기서 면장은 경찰의 말대로 과연 막내가 '위험한 사상'을 가지고 있는지를 묻는다. 그러자 7남매는 하나 같이 누군가 자신들에게도 똑같이 위험한 사상을 가지고 있다고 하는데 그게 사실이냐고 오히려 면장에게 되묻는다.

면장 누가 나에게 이 사진을 보여 주며 말했습니다. "이 사람은 위험한 사상을 갖고 있다." 그게 사실인가요?

장남 누가 나에게도 같은 말을 했습니다. "너는 위험한 사상을 갖고 있다." 그런데 그게 사실입니까?

자식들 누가 우리에게도 똑같은 말을 했어요. "너희는 위험한 사상을 갖고 있다." 그런데 그게 사실입니까?

면장 사실이냐구 나에게 물으면 어떡합니까? 여러분 자신들이 대답할 문제죠! (116)

위의 인용에 따르면 그들은 살아오면서 누군가로부터 끊임없이 "너(희) 는 위험한 사상을 갖고 있다"고 규정되어 왔으며, 이것을 면장에게 되묻는 것은 이들이 그로 인해 끊임없이 자아분열을 경험해 왔음을 드러낸다. 더 나아가 장남은, 사회에 의한 규정을 내면화하여 스스로 나쁜 놈이라는 자의식을 지니며 살고 있다. 이것은, 그가 만약 아무 잘못도 없이 혹독한 고통을 당해야 한다고 생각했다면 "단 하루도 그 고통을 견디지 못했을 것"인바 그에게는 나름의 자기방어 수단이었다. 7남매 중에는 이러한 장남의 생각에 반대하여 사회의 부당함을 토로하는 인물(장녀, 차남)도 있지만, 그들 역시 어떤 저항적 행동을 취하고 있는 것은 아니다. 빨치산의 자식들로 칠산리 산골짝에 버려졌던 옛날이나 장성하여 뿔뿔이 흩어져 제가끔 살아가고 있는 지금이나 그들이 '살고 싶다'고 세상을 향해 외쳐대는 현실은 매한가지다(117~119).

〈칠산리〉의 7남매는 이렇듯 흑백 대립 논리 아래 다분히 일방적으로 희생되는 양상을 띤다. 그러나 그럼에도 불구하고 이 작품은 기존의 사회적 인식에 적지 않은 균열을 일으키고 있다는 점에서 문제적이다. 첫 번째는 여기서 7남매가 자신의 아버지에 대한 생각을 토로하는 장면에서 발견된다. 아버지에 대한 기억을 묻는 면장에게 장남은, 아버지의 살인행위를 부정하지는 않으나 살인은 양쪽에서 저질렀고 그것은 어느 한쪽의 책임이라고 할 수 없다고 말한다. 그리고 그들은 결코 철저하게 사상 무장을 한 집단은 아니었으며, 부자도 가난한 자도 없이 평등하게 살 수 있다는 이념에 현혹된바 다분히 감상적인 이상주의자의 색채가 짙다고 말한다. 한국전쟁 당시 살인과 폭력이 좌익과 우익 모두에게서 자행되었다는 사실은 극중 과거 장면에서도 반복되는 사실이거니와(135), 빨치산이 철저하게 사상 무장을 한 냉혹한이 아니라 오히려 감상적인 이상주의자였다는 시각은 빨갱이라고 하면 피도 눈물도 없는 냉혈한이라고 보는 반공 논리에 균열을 내는 시각이다.

두 번째는 7남매가 어머니 무덤의 이장을 결정하는 상황에 대한 해석과 관련된 것이다. 자식들은 설령 자신들이 동의를 하지 않는다 하더라도 어머니 무덤이 칠산리 주민에 의해 강제 이장될 상황에 처해, 결국 어머니를 화장해서 각자가 사는 곳으로 모셔간다는 결론에 이른다. 여기서 장남은 “어머니가 계시는 곳은 세상 어디든지 그곳이 칠산리”(146)라고 말하는데, 이때 그의 말은 다음과 같은 해석이 가능하다. 어머니는 남편이 국군으로 종사했음에도 (실상 어머니의 남편은 오랜 기간 생사를 모르다가 국군으로 전사했다는 통지를 후에야 받게 된다) 빨갱이의 자식들을 친자식보다 귀한 사랑으로 길러냈다. 이렇게 볼 때 어머니는 이념을 가리지 않고 도움이 필요한 자에게 사랑을 베푼 인물이다. 그런 어머니의 뼛가루를 7남매가 전국에 산재된 각자의 처소로 가지고 간다는 것은, 좌우익을 구별하지 않고 통합하는 어머니의 영이 우리나라 곳곳에 퍼뜨려진다는 상징적 의미로 해석할 수 있다.

세 번째로, 극에서 시간의 흐름에 따른 면장의 변화에 주목할 수 있다. 면장이 처음에 7남매를 대하는 태도는 빨갱이에 대한 사회의 기존 태도와 그리

다르지 않았다. 그런 그가 7남매와 대화하고, 그들의 이야기를 다 듣고 나서는 그들에게 깊이 공감하게 된다.

> **면장** 군청입니까? 여기는 월평면 면사무소입니다. 군수님, 이제 끝났습니다. 연고자들이 방금 칠산리를 향해서 떠났어요. 자기들 손으로 어머니의 무덤을 옮기겠답니다. 네……네…… 저도 뒤따라 칠산리에 갈 겁니다. 아무 말썽 없이, 그들의 어머니를 옮겨갈 수 있도록 도와 줄 생각입니다. (수화기를 내려놓고 잠시 하늘을 바라본다.) 눈이 점점 더 쏟아지는군. 어머니가 세상을 뒤덮듯이……세상이 온통 새하얗게 되는군. (146~147, 밑줄은 인용자)

위 인용에서 면장이 7남매의 무덤 이장을 도와주겠다는 말은 '빨갱이' 7남매를 수용하게 됨을 말해준다. 그리고 세상이 눈으로 새하얗게 되는 것을 어머니가 세상을 뒤덮는 것에 비유한 것은, 어머니의 사랑에 대한 경의에 찬 표현이다. 위에서 서술했듯 7남매의 어머니가 '통합의 영'의 상징이라면, 7남매의 처지를 이해하고 그들의 어머니에게 경의를 표하게 되는 면장의 변화는 곧 사회 변화의 가능성에 대한 희망적 메시지라 해도 과언이 아닐 것이다.[22]

이렇게 볼 때 〈칠산리〉는 사회에 의해 일방적으로 희생되는 경계인의 모습을 그리면서도 사건 전개나 인물의 대화를 통해 분단 극복을 향한 인식의 전환 내지 사회 변화의 가능성을 드러내고 있음을 알 수 있다. 이로써 〈칠산리〉는 다음 장에서 살펴보는 동일 작가의 작품 〈호모 세파라투스〉가 자발적 경계인을 통해 (비록 무위로 끝났지만) 통일을 위한 나름대로의 방안을 제시한

---

22 이영미 역시 〈칠산리〉의 어머니는 좌익과 우익, 인간과 자연 모두를 싸안는 큰 의미를 지니고 있다고 한다. 또한 칠산리 묘를 이장하게 된 것은 현실의 논리로는 분명 절망적인 패배지만 작품의 마무리는 그리 어둡지 않다고 본다. 특히 면장의 대사 '어머니가 세상을 뒤덮듯이'란 표현은, 극 안에서 7남매의 대립 상대였던 면장이 정신적으로 이들에게 동조한다는 것이다(이영미, 『이강백 희곡의 세계』, 시공사, 1998, 152~154면).

것과는 다른 각도에서, 분단희곡사에서 의미 있는 성찰을 보여준다고 하겠다.

3. 분단 극복을 위한 경계인의 의지와 노력

3.1. 통합 의지의 좌절 혹은 한계

3장에서는 분단 극복의 의지가 있는 자발적인 경계인이 다루어진다. 먼저 다룰 작품은 이강백의 〈호모 세파라투스〉(1983)로, 이강백 희곡에 자주 사용되는 알레고리 기법이 활용되고 있는 작품이다. 두 쪽으로 분열된 도시에 새로운 시장이 부임하는 것으로 이야기가 시작된다. 도시의 양측은 과거에 전쟁을 겪었으며 해마다 전쟁기념일이면 '원수를 기억하라'는 시가행진이 벌어질 정도로 서로에 대한 증오심으로 가득 차 있다. 이런 곳에 부임한 시장은 "도시의 분열의 원인을 제거하고 나누어진 양쪽을 합쳐 놓음으로써 영원한 평화를 이룩해 놓을" 야심찬 계획을 안고 온다(143). 그리고 그 계획은, 서로 사랑하는 사이인, 이쪽 도시의 남자(호텔 지배인의 장자이며 극중에서 '장자'로 명명된다)와 저쪽 도시의 여자의 결혼식을 성사시키려는 일로 구체화된다.

이들은 두 도시의 경계선에 있는 더러운 늪지대에서 몰래 만나 서로 간의 사랑을 키워 왔던바, 시장에게 두 사람의 결합을 조언한 박제사는 다음과 같은 논리를 편다.

> **박제사** 양쪽 전체가 사랑한다는 것은 있을 수 없는 일입니다. 오직 개인과 개인의, 다시 말해서 남녀 간의 사랑만이 현실성 있는 거죠. 원수처럼 증오하는 양쪽의 남녀가 서로 사랑에 의해 결합하게 되고, 그러한 개인 대 개인의 결합이 마침내는 양쪽 전체를 화해시키는 실마리를 풀게 될 겁니다.(154)

즉 양쪽의 전체적인 화해란 불가능하다는 판단 아래, 개인 대 개인의 결합(이쪽과 저쪽 남녀의 결혼)을 통해 두 도시 간에 화해의 물꼬를 트고자 하는 것이다. 이것은 이 극 전체의 내용처럼 비현실적인 것으로 받아들여지면서도 통일에 대한 매우 현실적인 방안으로 읽힌다는 점에서 아이러니하다.[23]

그러나 이러한 계획은 신문 발행인이나 기업가, 장자의 은사였던 시립 대학의 학장 등 사회 유지들의 반대에 부딪히고 만다. 이들은 이미 고착화되어 있는 분단 현실에서 나름의 이득을 보고 있기에 통일을 절실한 문제로 생각지 않거나(신문 발행인) 오히려 분단체제를 옹호한다(기업가). 또는 두 도시 간의 통합의 당위성에 깊이 공감하면서도 사회의 여론에 맞설 용기가 부족하다(시립 대학의 학장). 이러한 이야기를 통해 작가는 통일에 대한 민족사적 요구를 도외시하고 분단에 의해 이득을 보는 기득권층의 세태, 또는 이러한 세태의 부당성을 알면서도 침묵하고 있는 지식인의 책임 회피에 대해 비판하고 있다. 또한 시간이 지나 분단이 지속될수록 양쪽 사회는 분단을 고착화하게 됨을 '박제화'에 비유하면서 우리 사회에 준엄한 경고의 메시지를 보내고 있다.

한편 이 극에서 장자 역시 대학 시절 분단된 도시 사이에 사랑을 강조하는 글을 쓴 바 있고, 저쪽 도시의 여자와의 결합을 통해 그러한 이상을 실현하고자 하는 데에서 시장과 마찬가지로 경계인의 성격을 드러낸다. 즉 시장과 장자는 두 도시 중 '이쪽' 도시에 속한 인물이면서도 두 도시 간의 이분법적 대립 논리를 내면화하지 않고 자발적으로 '저쪽'을 포용하고자 고난을 자초하는 것이다. 특히 이때 장자가 저쪽 도시의 여자와 만나는 장소는 주목을 요한다. 그곳은 두 도시의 경계인 늪지대로, 양쪽 도시로부터 흘러나온 오물과 쓰레기의 집합장이요 '버려진 땅'이다. 또한 그곳은 대낮은 물론이고 밤에도 고성능 서치라이트가 비추고 있어 사람이 접근할 수 없는 지역이다(169). 이것은,

23 김성희 역시 여기서 박제사가 제시한 방안을 "통일에 대한 가장 현실적인 비전"이라고 보고 있다(「우의적 기법으로 드러내는 시대정신」, 『연극의 사회학, 희곡의 해석학』, 문예마당, 1995, 487면).

이분법적 대립 논리가 현저한 현실에서 경계지대란 양쪽 모두로부터 부정되는 지역임을 드러내며, 따라서 이곳에서만 가능했던 장자와 저쪽 여자의 사랑 역시 양 도시로부터 배척당하는 위치에 놓여있음을 상징적으로 보여준다.

그러나 경계인의 관점에서 본다면 이 극은 시장과 장자의 계획이 분단 고착화라는 공고한 현실 앞에 무력하게 실패하고 만다는 한계가 있다. 즉 이들의 분단 극복 계획은 사회 유지들의 공통된 반대와 박제사의 교묘한 계획 아래 철저히 무산되고 말며, 이후 이들의 활동이나 계획에 대한 전망이란 부재하다. 이것은 아마도 작가가 자발적 경계인을 통해 분단 극복의 방안에 대해 고민하기보다는 분단 고착화 현실을 비판하는 데 초점을 맞추고자 했기 때문으로 보인다.

한편 이반의 〈아버지 바다〉 역시 자발적 경계인을 형상화한 작품으로 꼽을 수 있다. 이반은 이북 출신의 월남 작가로, 분단을 소재로 한 희곡을 지속적으로 발표한 인물이다. 그는 주로 월남민들의 절절한 망향의식을 주제로 다루었으며, 이북이 넘어다 보이는 동해안 바닷가를 배경으로 하고 있다는 점도 독특하다. 〈아버지 바다〉(1989) 역시 이런 작품의 하나로, 월남 2세대를 그리고 있다는 특징이 있다. 동해안 한 어촌에 낯선 사람이 찾아든다. 알고 보니 그는 이곳에서 자란 형철이로, 포장마차를 운영하는 성자나 오징어 배의 선장 동호, 어판장의 경비원 길모 등과 친구다. 이들이 반갑게 해후하고 있을 때 마을에서는 동호가 선장으로 있는 배의 선주가 자신의 이익만을 챙기고 선원에게 월급을 주지 않아 선원들이 항의하는 소동이 일어난다. 이 일에 동호와 길모, 형철이 끼어들면서 이들의 과거사가 드러난다.

이들은 한국전쟁 중에 아버지를 잃은 경험을 공유하고 있다. 형철이 아버지는 등대지기였고 다른 두 사람의 아버지는 뱃사람이었다. 군인들은 작전의 성공을 위해 등대불을 밝히지 말 것을 명령했지만 형철이 아버지는 그 명령에 따르지 않았고 결국 그는 반동으로 몰려 처형당했다. 그리고 등대불을 밝히지 않은 탓에 항구의 배들은 모두 난파당했고, 동호와 길모의 아버지도 이때 희생되었다. 이러한 경험은 자식들에게 절대적인 영향을 미쳤고, 이것을 바탕으로 그들은 나름의 삶의 방식을 선택하게 된다.

우선 성격이 괄괄한 길모는 어판장의 경비원이 되어 작은 사회지만 어판장의 정의, 나아가서는 사회의 정의를 위해 살기로 결심한다. 길모는 겉으로 보기에 평화롭고 단순해 보이는 어판장조차 그 이면에는 수많은 싸움이 있다는 것을 간파한다. 그리고 궁극적으로 "이 개안 사람들이 다 살 수 있는 바른 사회"를 위해 투쟁을 마다하지 않는다(209~210). 따라서 선주의 비리에 대해서도, 이번 일만을 문제 삼지 말고 더 크게는 어판장과 조합의 비리 척결을 위해 기회를 보자는 입장이다.

우직한 성격의 동호는 무슨 일이 있어도 배는 띄워야 한다는 입장인데, 이것은 죽음의 위협 속에서도 자신의 본분에 충실하고자 했던 형철이 아버지의 기억, 그리고 등대가 제 구실을 못하자 그 결과 나타났던 엄청난 파장을 생생하게 기억하고 있기 때문이다. 이로써 그는 "지금도 등대를 지키시던 형철이 아버지의 결단을 필요"로 한다고 말하는데(208), 이는 자신의 본분을 지키는 것을 삶의 지표로 삼고 있는 그의 태도를 잘 말해준다. 이때 동호의 관점은 다소 소극적으로 보일지언정 사회가 유지되기 위해 실질적으로 가장 중요한 일이라는 길모의 대사(224)에서 보듯 극중에서 그 의의가 고평되고 있다.

한편 형철은 아버지가 돌아가신 후 마을을 떠났고 그로 인해 동호나 길모와 삶의 이력을 많이 달리하고 있다. 무엇보다 그는 군 복무 시 월북을 시도하여 감방까지 갔다 왔으며 지금도 경찰의 감시를 받고 있다. 형철은 과거에 자신이 월북을 시도한 것은, 38선을 사이에 두고 한 민족이 가로막혀 있는 상황에 대한 답답함 속에서 상대도 나와 같은 피와 가슴을 가진 인간인지 알아보고 싶은 데서 비롯되었다고 고백한다. 즉 그것은 "인간으로서, 최소한의 체면을 유지하기 위한 투쟁"이었다는 것이다. 이러한 그의 문제의식은 앞으로의 자신의 행보를 다짐하는 장면에서도 여전히 이어진다.

형철 아이야, 그 사람들은 내가 살아 있는 한 날 감시할 사람들이야. 이제야 깨달았어. 보호감호소에서 나온 뒤에도 그들은 나를 지켜보았어. 운해처럼 몰려와 내 목을 조르고 있었어. 그때마다 나를 괴롭힌 것은, 내가 한 일에 대해서 내 자신이 정당하다고 믿는 믿음이 흔들린다는 사실이었어. 어떤 때는 내가 내 길에서 이탈해 산 것이 아닌가 하고 의심도 해보았어. 그렇지만, 여기 이렇게 땅 끝에 와서 확신할 수 있었어. 난 이제껏 부끄러운 일 한 적이 없어. 난 등대지기 아버지의 길을 걸어왔어. 그리고 앞으로도 이 세상을 밝히는 길을 걸어야겠어.

(…)

형철 이제는 두렵지 않아. 이 민족이 한데 어울려서 벌리는 춤판과 씨름판을 생각해봐. (춤추는 자세) 이제 난, 주저할 수가 없어. 생각만 해도 신명이 나. 그 길이 아무리 험하다구 해도 이제는 피하지 않구 뚫고 나가겠어. (227~228)

위 인용에서 형철은, 자신은 이제껏 부끄러운 일을 한 적이 없으며 등대지기 아버지의 길을 걸어왔다고 고백한다. 그리고 고난 속에서도 앞으로 이러한 길을 계속 걸어갈 것임을 다짐하는데, 이때 그가 걷는 길은 "이 민족이 한데 어울려서" 살기 위한 길, 곧 통일을 위한 길임을 알 수 있다.

이상의 설명을 통해 형철은 이북에서 월남하여 남한에 정착한 인물임에도 끊임없이 고향에 대해 향수를 느끼고(이것은 형철이 고향에 어머니와 동생을 두고 있다는 사실에서 기인하는 바가 클 것이다), 남한에 적극적으로 적응하기보다는 두 세계를 잇는 가교 역할을 함으로써 자발적으로 경계인의 자리에 서고자 하는 인물임을 알 수 있다.[24] 그러나 그럼에도 불구하고 그가 월북을

24 잔모하메드에 따르면 E. 사이드는 경계적 지식인의 유일한 예가 아니다. 역사적, 정치적, 계급적, 인종적 결정요소에 따라 다양한 경계적 지식인이 존재하는데, 이때 특히 사이드와 같은 경계적 지식인은 다음 세 가지 성격을 갖는다. 즉 자발적으로 고향을 떠나 다른 세계에 정착한 '이민자'의 성격과, 고향에 대한 향수를 지닌 '망명자' 로서의 성격, 두 세계 사이에서 객관성을 취하는 '학자'의 성격이 그것이다(Abdul R. JanMohamed, 앞의 글, 101~102면). 이렇게 볼 때 〈아버지 바다〉에서 형철이 나타내는 특성, 곧 이북에서 월남하여 남한에 정착, 고향에 대한 끝없는 향수, 두 세계를 잇기 위한 성찰적 노력은 사이드와 유사하다. 그러나

시도한 것이나 앞으로의 행로에 대해 모호한 설명에 그친 것은, 과거와 미래의 형철의 행동을 다분히 이상주의 혹은 감상주의적인 것으로 파악하게 할뿐더러 형철이라는 인물의 성격화 자체를 의문스럽게 한다. 이것은 이 작품에서 형철이 실질적인 주인공임을 감안할 때 작품의 커다란 한계가 아닐 수 없다.[25]

이렇게 볼 때 이 작품에서 형철은 경계인으로서의 면모가 뚜렷이 나타남에도 그를 통해 사회 모순이 잘 드러나거나 분단 극복의 방법에 대한 유익한 전망을 발견하기는 어렵다고 할 것이다. 오히려 앞에서 차례로 살펴본 월남 2세대, 동호, 길모, 형철이 현실에 대처하는 방식의 다양성에서 분단 극복에 대한 작가의 전망을 찾아볼 수 있다. 작가의 다른 작품에서 파악되건대 월남 1세대들은 고향에 대한 그리움을 한평생 안고 살아온 인물들이다. 이것은 이들이 이북에서 가장 가까운 남한 땅에서 고기잡이를 하며 모여 살면서, 통일이 "빠르면 봄에, 늦어두 가슬까지는" 올 것이라는 기대를 가지고 하루하루 살아가고 있다는 사실에서도 잘 드러난다.[26] 동호, 길모, 형철의 아버지 역시 그러한 인물들이었다. 동호와 길모, 형철은 그러한 아버지를 두었기에(게다가 형철은 이북이 고향이며, 동호와 길모도 그럴 가능성이 높다), 그리고 이들 아버지의 죽음이 바로 분단 비극의 실례이기에, 이들은 통일을 지향하며 나름의 방식으로 삶을 살아가지 않을 수 없다.[27]

그는 본문에서 서술되듯 경계인으로서의 형철의 활동에 대한 모호성 때문에 완전한 비교는 어렵다.

25 김성희 역시 이 극에서 형철이 작가의 주제의식을 대변하는 인물임에도 불구하고 분단과 통일이라는 주제의식을 관념적으로 형상화해 놓은 인물에 그치고 만 것을 단점으로 지적한다(「통일과 노사문제에 대한 진지한 접근」, 앞의 책, 157면).

26 이반, 〈그날, 그날에〉, 앞의 책, 60면.

27 물론 형철, 동호, 길모의 삶이 극중에서 뚜렷이 의미화되고 있다고 보기는 어렵다. 김방옥은 이들의 삶의 태도를 각각 이상주의자, 합리적 현실주의자, 앞의 두 사람보다 한층 더 지혜로운 인물로 설명하면서도, 이들의 길이 그리 선명하지 않다고 지적하고 있다(김방옥, 「이반의 희곡세계」, 이반, 앞의 책, 236~240면). 이 글 역시 이러한 지적에 동의하면서도 분단 극복의 측면에서 이 작품을 적극적으로 해석하고자 했다.

앞에서 보았듯 이들의 삶의 길은 각기 다르지만 각자 주어진 환경과 여건 속에서 궁극적으로는 통일을 위해 노력한다는 점에서 같다. 이런 점에서 그들은 서로 다른 길을 가는 것이 아니며, 형철의 말대로 "결국은 모두 아버지 바다로 가는"(228) 것이다. 이것을 통해 작가는 통일을 위한다는 것이 반드시 분단 극복을 위한 적극적 행동에 나서는 것만은 아님을 말하고 있다. 물론 그런 사람도 필요하겠지만, 각자의 자리에서 본분을 지키고, 작은 일이라도 사회 정의를 위해 노력할 때 그것이 바로 통일을 위한 길과도 연결됨을 말하고 싶었던 것 같다. 다만 중요한 것은 각자에게 통일에 대한 염원이 있느냐 없느냐 하는 것이리라.

이로써 자발적 경계인이 형상화된 〈호모 세파라투스〉와 〈아버지 바다〉를 살펴보았다. 이들 작품에서 시장과 장자, 그리고 형철은 대립된 두 세계의 이분법적 논리에 문제를 제기하고 두 세계를 통합하고 연결시키려는 의지를 가지고 있다. 그러나 그럼에도 이들의 노력은 공고화된 분단 현실 앞에 여지없이 좌절되거나(〈호모 세파라투스〉) 성격화의 한계로 말미암아 분단극복을 위한 구체적이며 적극적인 의미를 이끌어내는 데 한계를 보이고 있다(〈아버지 바다〉). 반면 다음 절에서 살펴보는 박조열의 작품은 시기적으로 이들 작품보다 앞서 있으면서도 분단극복에 있어 자발적 경계인에 큰 기대와 역할을 부여하고 있는 작품이다.

3.2. 경계인을 통한 남북 화합의 가능성

주지하듯 박조열은 '분단'이라는 문제를 생의 테마로 안고 지속적으로 작품을 써 온, 우리나라 분단희곡의 대표적인 작가이다. 〈목이 긴 두 사람의 대화〉(1966)는 그의 대표작 중 하나로, 당시로서 분단은 대단히 민감한 소재였던 만큼 작가는 이것이 오래 전에 들은 우화이며 지명이나 인명이 분명치 않음을 작품 앞에 몇 번이나 강조해 놓고 있다(35~36).

이 극을 이해하는 관건은 극의 등장인물 A, B와 장군, 그리고 C의 존재를 명확히 하는 것이다. 경계책을 사이에 두고 마주 서 있는 A, B는 남과 북(혹은 북과 남)을 대표한다. 그들은 거기에서 무엇인가 혹은 누군가를 기다리는데, 이때 그들이 기다리는 것은 '통일'이라고 지적되기도 하나 '대장'이라 보는 것이 보다 정확하다. 즉 그들은 그들을 구원할 대장을 기다리는 것이다.[28] 그들은 현재의 상황을 불만스럽게 여기나 그러한 상황을 타개할 어떠한 노력도 스스로 하지는 않으며 그저 대장이 와서 상황을 타개해 주기만을 고대할 뿐이다. 이때 상황을 타개한다는 것은 적극적으로는 경계책을 타개해 주는 것(이 경우 '통일'이 되겠다)이요, 소극적으로는 그들의 기다림을 끝내줄 것을 의미한다고 볼 수 있다. 이렇듯 이들은 소극적이고 무기력하며 수동적인 존재로 나타난다.

그렇다면 대장은 누구인가. 대장은 이 극에 등장하지 않고, 따라서 그가 누구인지는 다른 조건들에 의해 추론할 수밖에 없다. A, B는 그들 스스로를 '대장 각하의 부하요, 졸병, 수족'이라고 정의하는데(50), 이에 따르면 대장은 A, B의 상사이며 주인이라고 할 수 있다. 그리고 경계책을 사이에 둔 대장의 의자가 "어울리지 않게 크고 위엄만 부리"고 있다(36)는 무대지시문에 의하면, 그들은 A, B 위에 군림하며 위엄을 부릴 것이 예정되어 있음을 알 수 있다.

여기까지의 설명을 통해 A, B가 처한 상황을 다음과 같이 요약할 수 있다. 남북을 대표하는 A, B는 분단 상황을 끝내고 싶어 한다. 그러나 그들은 스스로 분단을 끝내기 위한 노력을 하지 않으며 오직 그 상황을 타개해 줄 외부세력(대장)을 기다릴 뿐이다. 대장은 아마도 그들 위에 위엄을 부리며 군림할 것이나 A, B는 그것을 당연하게 여긴다. 즉 A, B는 스스로 처한 상황에 대해

---

28 이미원은 A, B가 기다리는 '대장'을 '통일'과 동일시하고 있다(「박조열 작품론: 양식적 실험과 통일에의 집념」, 박조열, 『오장군의 발톱』, 연극과인간, 2009, 280면). 반면 정우숙은 기다림의 대상은 '통일이 아니라 통일을 가능케 해 줄 그 누구, 혹은 그 무엇'이라고 보고 있으며, 이때 '대장'이 외세에 의한 통일을 의미할 가능성에 대해 언급하고 있다(「박조열의 희곡 〈목이 긴 두 사람의 대화〉 고찰」, 『이화어문논집』, 1992, 124면). 김재석 역시 A, B의 수동적 성격에 대해 지적하고 있다(「한국 연극의 구경(究竟) 탐구와 그 궁극의 아름다움」, 박조열, 앞의 책, 301~302면).

주체가 되지 못하며 누군가의 지배를 받는 것을 당연하게 여기고 외부 세력이 와서 자신의 문제를 해결해 주기를 바라는, 소극적이고 수동적인 존재들이다.

그렇다면 C는 어떤가. C의 모습도 우스꽝스럽기는 마찬가지다. 그의 상반신은 여자의 차림이고 하반신은 남자의 차림(혹은 그 반대)이라 남자인지 여자인지 전연 짐작할 수 없으며, "경계선을 가랑이에 타고 이리저리 땅바닥을 살피며 나타난다"(44). C를 만나자 A, B는 그가 자신들이 기다리던 대장인 줄 오해한다. 그래서 서로에게 뒤질세라 C에게 의자를 권하는데, C는 의자에 앉기를 정중히 거절한다. 그러면서 몇 십 년째 앉아 보지 못해 견딜 수 없이 피곤함에도 서 있어야만 피곤을 지탱할 수 있다는 다소 모순적인 이유를 댄다(48~49).

여기서 C가 남자와 여자의 모습을 동시에 지니는 것이나 양발을 경계선 좌우에 걸쳐 있다는 것은 그가 경계인임을 외적으로 드러낸다. 또한 그가 의자에 앉기를 거절한 것은, 남북 어느 한 편에 속하기를 혹은 어느 한 편의 대장이 되고 싶어 하지 않기 때문으로 볼 수 있다(그가 의자에 앉으려면 A나 B 어느 한 쪽 의자에 앉아야 할 것이다). 이와 더불어 그가 "서 있어야만 내 피곤을 지탱할 수 있다"는 말은 경계선에 그렇게 나누어 발을 딛고 서 있는 것 자체가 경계인의 본질임을 드러낸다. 또한 C가 경계책을 사이에 두고 "이리저리 땅바닥을 살피며" 걷는다는 사실은 A, B가 대장을 기다리면서 경계책 너머 무대 저편을 바라보고 있는 것[29]과 구별된다. 즉 A, B가 기다리는 대장은 한반도 외부의 세력인 데 반해 C는 한반도 자체 내에서 통일의 가능성을 찾고 있다고 할 수 있다.

---

29 A, B가 대장이 오나 하고 보는 곳은 무대 뒤쪽, 무대 저편이다. 이것을 보여주는 무대지시문은 다음과 같다: "B, 조심스럽게 무대 뒤쪽을 살피더니 그리로 달려간다. 황급히 쫓아가는 A. 미처 넣지 못한 끈에 걸려 넘어진다. 비명도 지르지 못하고 급히 다시 일어나 쫓아간다. A, B, 이리저리 마치 체조처럼 목을 돌리며, 사방을 돌아본다. 실망하며 돌아오는 두 사람. 절룩거리는 A."(64, 밑줄은 인용자)

그렇다면 C가 대장이 아님을 알고 나서 C에 대한 A, B의 반응은 어떨까.

A (벌컥) 당신 도대체 누구요?

C (한참 A를 쳐다본다. 그리고 B를 보고 나서 매우 낙심하며 고개를 숙인 다음) 당신들을 만나지 말았어야 했소. 내가 누구냐 이 말씀이죠? (갑자기 머리를 들고 마구 소리를 지르며) 내가 누구냐 이 말씀이죠?

(한참 침묵. 완전한 정지 상태. 그리고 바람만) (49)

A, B는 그러한 경계인의 존재를 인정할 수 없다. "당신 도대체 누구요?" 하며 벌컥 화를 내며 묻는 A의 말은 남과 북 어느 쪽에 분명히 속해 있기를 요구하는 남북 모두의 이분법적 이데올로기의 표현이다. C 역시 이 말에 히스테릭한 반응을 보인다. 이것은 그의 민감한 상처를 건드렸기 때문이다. 아마도 그가 피곤을 무릅쓰고 경계인의 자리를 고수하고자 할 때 이것은 한두 번 들어온 질문이 아닐 것이다. 이에 "한참 침묵. 완전한 정지 상태"가 감돌다 C는 결국 울어버린다. 여기에 대해 C가 대답할 수 없는 것은 역설적이지만 A, B가 경계인의 존재를 인정할 수 없기 때문이다. 즉 이것은 공고한 남북 이데올로기의 대치 상황 속에서 경계인이 설 자리가 없는 현실을 보여주고 있다고 하겠다.[30]

한편 C의 등장을 전후하여 극의 분위기가 바뀌는 것은 이 극을 해석할 때 반드시 주목해야 할 사항이다. 즉 C가 왔다 간 후 A, B의 관계는 미묘하지만 달라진 것이 감지된다는 것이다.[31] 그 변화가 먼저 감지되는 것은 B에게서다.

---

30 경계인은 이분법적 대립 논리를 내면화할 것을 강요받으며, 그 자신 '인간'이 되고자 하는 열망과 '인간 이하의 것'으로 취급당하는 사회-역사적 경험 사이에서 분열된다(이 글 2.2절 참조). 〈목이 긴 두 사람의 대화〉에서 C가 누구냐고 묻는 A, B의 질문은 이러한 이분법적 논리에 따른 것이며, C가 여기에 대답하지 못하는 것은 이러한 논리 아래 자아 분열을 겪고 있음을 보여준다.

31 이러한 사실은 기존 연구에서 거의 주목되고 있지 못하다. 즉 C가 등장한 이후에도 A, B의

그는 하얀 눈깔사탕을 이쪽 주머니에서 저쪽 주머니로 넣었다 뺐다 하는 기존의 작업으로부터, 무의식중에 사탕을 입에 넣고 씹어 버린다(53). 그리고 B는 대장이 영영 안 올지도 모른다는 속말을 A에게 처음으로 털어놓으며, 곧이어 A, B는 오지 않는 대장에 대해 함께 불평하고 스스로 대장이 되어 보는 놀이를 진행한다. 이것은 극의 초반에 의자에 앉는 것조차 조심스러워할 정도로 대장을 경원하던 것과 비교해 보면 확연한 변화이다.

각자 남북 세력의 주체(대장)가 되어 회담을 진행하는 놀이는 물론 매끄럽게 진행되지는 않는다. 그러나 그 과정에서 A, B는 악수를 통한 신체 접촉을 시도하고(이것은 그러나 불발된다. 악수를 하려는 순간 대장은 쉽게 악수를 하지 않을 것임을 상기하기 때문이다) 놀이에 이어 '함께' 존다. 물론 기존의 논리에 사로잡혀 둘 사이에 긴장이 감돌기도 하지만 이러한 놀이를 통해 그들은 서로에 대해 이해하고 가까워진다. 그들은 방금 전 "똑같이 숨만을 쉬면서" "마치 쌍둥이처럼 졸고 있었던" 사실을 기억하고 서로에게 듣고 싶은 말이 있었던 것은 아니었는지 상상한다. 이때 B가 얘기에 열중하며 A에게 다가섬으로써 "하마터면 선을 넘을 듯하다"는 것은 서로에 대한 이해의 제스처를 보여준다(55~63).

아래 인용은 A, B 사이의 변화된 관계를 단적으로 보여주는 장면이다.

B (근심스레) 부러진 건 아니지?

A (B를 쳐다본다. 또 뭐라 쏘려고 하다가 B의 시선에 감동되어, 갑자기 순해지며) 응! 부러지진 않았어.

B (약간 미소하며) 다행이다.

A (역시 미소하며) 봐, (병신스레 다리를 흔들어 보이며) 아무 소리도 안

기다림은 어제와 똑같을 것이고, 그로 인해 이 극은 암담한 전망을 내보인다는 것이 대부분이다(김재석, 「한국 연극의 구경 탐구와 그 궁극의 아름다움」, 301면; 백로라, 「1960년대 희곡 연구: 차범석 · 이근삼 · 박조열 · 오태석을 중심으로」, 숭실대학교 박사학위논문, 2001, 106~107면; 김성희, 「분단 현실의 극복과 동화적 세계: 박조열론」, 앞의 책, 502면 참조).

나잖아. 부러졌다면 뼈다귀 소리가 날 텐데…… (하며 아픔을 겨우 참는다)

B (아주 감동하며) 넌 뭐랄까, 꼭……꼭……

A 메뚜기라고 했잖아.

B 정말 넌……정말 메뚜기다.

A 넌 땅벌이구.

(A, B, 소년들처럼 순수한 시선을 교환한다)

A (더듬대며) 대장만 왔더람, 모든 게, …… 물론 내 다리도 이렇겐…… 그렇지?

B 그럼.

(잠깐 사이)

A 땅벌은 내가 제일 좋아하는 벌레다.

B 구워놓은 메뚜기는 얼마나 고소하다구. (65)

위 인용에서 메뚜기와 땅벌은 극의 전반부(C가 등장하기 전)에서 A, B가 서로를 비하하기 위해 거론했던 소재다. 그런데 여기에서 A가 땅벌이 자신이 제일 좋아하는 벌레라고 말하고, B가 구워놓은 메뚜기 역시 매우 고소하다고 칭찬하는 것은 서로에 대한 인정이요 용납임은 물론 그 이상이다. 이러한 상황 반전은 B의 말 그대로 "기적"이요 "평화"다(66). 그러면서 C가 어머니, 아버지와 닮았다고 말하는 것은 그들이 C에 대해 동질성을 느끼기 시작했다는 것이고, 이것은 곧 A, B 둘 사이의 동질성에 대한 인식으로 유추된다. 그리고 C가 떠나기 전에 주문했던바 A, B가 비로소 C가 땅바닥을 살피며 다녔던 이유에 대해 생각해 보는 것은, 그들이 수동적인 태도에서 벗어나 스스로 경계선을 발견하고 그것을 치울 방법을 고민하게 됨[32]과 아울러 경계인에 대해 진지하게 생각할 혹은 용허할 여지가 생겼다는 것을 의미한다.

극의 마지막에서 A, B의 기다림이 계속될 것이 암시되고 있지만, 그들의 기다림은 전과 똑같지는 않을 것이다. 날이 어두워지고 그들이 잠자고 있을 때 "철조망은 없어진 듯한 착각에 빠지게 된다"는 표현(68)이 이것을 말해준다.[33] 이것이 지나친 낙관주의로 보인다면 이렇게 말해 보자. 물론 다음 날 이들의 기다림이 예전과 똑같을 수도 있다. 그러나 단 하루였을지언정 동질성의 기억은 이들의 뇌리에 남아 있을 것이며, 이러한 동질성의 경험이 한 번이 아니라 반복되었을 때 마침내 이들의 태도는 바뀔 것이다.[34]

그리고 이러한 경험이 다름 아닌 C의 존재로 말미암았다는 사실은 기억될 필요가 있다. A, B에게 이질적인 존재 C는 고정관념에 사로잡혀 반세기를 살아온 A, B에게 혼란을 주었지만, C 같은 존재가 없었던들 A, B의 나날은 "재작년이 재재작년"과 똑같고 "모든 날이 하루" 같은(47) 변화 없는 날들이었을 것이다. 여기에서 경계인의 존재 의미를 찾을 수 있다. 즉 그는 경계에 섬으로써 두 대립 세계 모두로부터 기피당하는 인물이 된다. 그러나 그는 이러한 자발적인 고난을 통해 두 대립 세계로 하여금 스스로를 비추어보고 문제점을 반추케 하는 역할을 한다. 이것은 경계인으로서의 E. 사이드의 위치를 연상케 하는데, 사이드가 이러한 양 세계의 거울 역할을 함으로써 제3의 유토피아적 지점을 지향한다면 C는 두 세계의 통합을 지향한다는 점에서 차이가 있다.[35]

---

32 김재석, 앞의 글, 300면.

33 정우숙은 이러한 표현을 들어, 영원한 순환을 암시하는 사무엘 베케트의 〈고도를 기다리며〉와 달리 〈목이 긴 두 사람의 대화〉는 통일로 가는 기다림의 한 단면이라고 해석한다(정우숙, 앞의 글, 121~122면).

34 〈목이 긴 두 사람의 대화〉에 대한 이러한 해석은, 박조열의 일련의 분단극이 '남과 북은 한 핏줄이므로, 서로에게 관심을 가지고 있으면서 상대의 처지를 이해하려고 할 때 통일의 기반은 마련될 것이라는 점을 강조'한다는 김재석의 견해(『한국 연극의 구경 탐구와 그 궁극의 아름다움』, 298면)와도 상통하는 것이다.

35 잔모하메드는 사이드와 같은 경계인을 '반영적인 경계적 지식인(specular border intellectual)'이라 칭하고, '통합'을 지향하는 경계인을 '통합적인 경계적 지식인(syncretic border intellectual)'이

한편 〈목이 긴 두 사람의 대화〉에서 C에 의해 추상적으로 형상화된 경계인은 1970년대에 이르러, 남과 북 어디에도 속하기를 거부하면서 외세의 힘을 빌리지 않고 우리 민족의 힘으로 통일을 이루고자 평생을 바친 실제의 경계인을 다룬 작품으로 이어진다(〈조만식은 지금도 살아 있는가〉(1976)).[36] 이 작품에서 작가가 조만식을 지금도 살아 있는 인물, 혹은 여전히 살아있어야 하는 인물로 형상화한 것은, 통일 문제에 있어 경계인의 존재가 오늘을 사는 우리에게도 필요하다고 보았기 때문이라고 생각된다.[37]

4. 맺음말

이상 이 글에서는 경계인에 초점을 맞추어 분단희곡을 연구해 보았다. 이것은 일차적으로, 시대별 연구가 주를 이루었던 기존의 연구를 넘어 분단희곡을 다양한 관점에서 바라보고자 하는 시도의 하나다. 경계인을 통해 분단희곡을 바라보았을 때 〈산불〉의 경우 규복을 새롭게 주목하게 됨과 동시에 〈산불〉의 위상을 재점검할 수 있었다. 또한 이강백의 〈칠산리〉, 〈호모 세파라투스〉의 경우 인물과 사건을 심층적으로 분석할 수 있었으며, 이반의 〈아버지

라 칭하는데(Adul R. JanMohamed, 앞의 글, 114면), 이렇게 본다면 C는 후자에 가깝다.

36 이 극은 해방 직후 이북에서 조만식의 행적을 기록극 형식으로 펼쳐간다. 그 마지막 부분에서 조만식은, 우리의 비극은 민족끼리 손잡는 것을 거부하고 외세와 손을 잡았다는 사실이라고 지적한다. 즉 우리는 단결해 보지도 않았다는 사실을 기억해야 한다는 것이며, 이것을 사람들에게 기억시키기 위해서는 '언제까지라도' 살아 있을 것이라고 말한다(박조열, 〈조만식은 지금도 살아 있는가〉, 『오장군의 발톱』, 연극과인간, 2009, 231~232면).

37 주지하듯 조만식은 해방 정국에서 소련과 타협하는 것을 거부하여 북한 정권에서 숙청되었으며, 이후 그를 남한에 모시고자 하는 수많은 노력도 거부, 끝까지 이북에 남기를 고집한 인물이다(이것은 작품 속에 잘 묘사되고 있다). 작품에서 표현되듯이 이러한 그의 고집은, 첫 번째는 북쪽에 있는 통일세력에 대한 연대의 의미요, 두 번째는 김일성 정권의 부당성에 대한 항거이다(박조열, 〈조만식은 지금도 살아 있는가〉, 위의 책, 227~228면). 그리고 또 한 가지, 작품에서 표현되고 있지 않지만, 그가 남한에 오기를 거부한 것에는 미국과 손잡은 남한 정권에 대한 항거의 의미도 있을 것이다. 이러한 점에서 조만식은 외세와 손잡고 분단을 자처한 남북 정권에 저항하여 경계의 위치에 선 인물이라고 볼 수 있다.

바다〉가 월남 2세대에 주목함으로써 분단희곡에서 새로운 시각을 드러낸 작품임을 밝혔다. 그리고 분단희곡의 대표작으로 손꼽히는 박조열의 〈목이 긴 두 사람의 대화〉 역시 경계인을 통해 새로운 해석이 가능했던 점은 이 글의 중요한 성과 중의 하나이다.

한국전쟁이 발발한 지 올해로 60주년이다. 분단된 지 50년이 훌쩍 넘었다는 사실은, 이강백의 작품에서도 우의화되고 있듯 남북 양쪽을 '호모 세파라투스(Homo Separatus)'라고 하는 새로운 종족의 탄생이라고 보아도 그리 지나친 얘기는 아닐 듯싶다. 그러나 분단 체제가 남북 양쪽에 있어 여러 가지 모순을 일으키고 있는 것이 엄연한 사실인 이상, 분단 극복을 위해 합리적인 방법을 찾아가는 것은 중요할 것이다. 이러한 관점에서 볼 때 이쪽과 저쪽의 대립과 차이에만 주목할 것이 아니라 양쪽 모두에 걸쳐 있는 경계지대에 대한 관심이 필요하다. 이 글에서 다룬 경계인의 존재는 이러한 맥락에서 음미해 볼 필요가 있다고 생각된다.

2

이재현의 포로 3부작 연구

: 반공극의 일의성을 넘어선 가능성과 한계

1. 들어가며

거제도 포로수용소는 한국전쟁 당시 15만여 명의 포로를 수용했던 시설로, 수용소 내 공산 포로와 반공 포로가 첨예하게 대립하여 수많은 희생자를 낳은 문제적인 공간이다. 두 진영 간의 대립은 포로의 일괄 송환이 아니라 자유 의사에 따라 송환 여부를 결정하는 자유 송환 원칙이 대두되면서 더욱 격화되었으며, 1952년 공산포로들이 수용소장인 F.T.도드 준장을 납치·감금하는 초유의 사태가 발생하기도 했다.[1]

이재현의 '포로 3부작'은 이러한 거제도 포로수용소를 다룬 희곡으로, 〈포로들〉(1972), 〈멀고 긴 터널〉(1978), 〈적과 백〉(1983)으로 이루어져 있다. 이것은 무엇보다 소재의 독특성으로 인해 주목받아 왔으나, 여태까지 포로 3부작에 대한 연구는 분단 희곡에 대한 개괄적인 연구의 일부분으로 다루어졌을 뿐이어서 작품의 문제의식을 심도 있게 논의했다고 보기는 어렵다.[2] 다만 이미원은 포로 3부작이 과거 반공극의 연장이면서도 외세에 대한 새로운 시각과 휴머니즘의 공감대를 형성함으로써 독특한 분단문학의 한 장을 이루었다고 평가한 바 있다.[3] 이 글에서는 이러한 해석의 연장선상에서, 포로 3부작 각 작품의 독특성은 물론 기존의 반공극[4]에서 한 발 더 나아간 점에 초점을 맞추어 분석하려 한다.

---

1 거제도 포로수용소의 기본적인 이해에 관해서는 유숙현, 「거제도 포로수용소에서 포로의 체험과 송환선택」, 연세대학교 석사학위논문, 2008 및 김학재, 「전쟁 포로들의 저항과 반공 오리엔탈리즘」, 『사림』 36, 2010 참조.

2 이미원, 『한국 근대극 연구』, 현대미학사, 1994, 445~447면; 오영미, 「분단희곡연구II: 1970년대를 중심으로」, 『한국문화연구』 2, 1999, 73~75면; 김승옥, 「전쟁기억과 재현: 대한민국연극제 한국전쟁 소재극을 중심으로」, 『드라마연구』, 2011.6, 105~110면.

3 이미원, 위의 책.

4 김재석은 반공극의 개념을 규정하면서 다음과 같은 세 가지 특징을 든다: 첫째, 반공 이념을 관객에게 계몽 선전하려는 의지가 뚜렷하며, 둘째, 공산주의의 한계를 폭로하고 대한민국의 우월성을 드러내는 극, 마지막으로 피해의식이 드러나지 않음으로써 대개 낙관적 인 결말이 맺어지는 것이다(김재석, 「1950년대 반공극의 구조와 존재 의미」, 『한국연극연구』, 1998, 200면).

잘 알려져 있듯 포로 3부작은 거제도 포로수용소의 실상을 파헤쳐 알리고자 하는 의도 아래 쓰였다. 작품 중간에는 거제도 포로수용소 및 한국전쟁과 관련된 기록들이 몽타주 형식으로 나타나고, 1부작 발표 이후 작가는 포로 출신들을 직접 인터뷰하면서 심층취재에 들어갔음을 밝히고 있다.[5] 이로 인해 포로 3부작은 일찌감치 '기록극(documentary theatre)'이라 언급되어 왔다. 그러나 엄밀한 의미에서 기록극이란 등장인물과 이들이 사용하는 언어가 역사적으로 증명되어야 하며, 인물 현실의 단호한 변경은 허용되지 않는다.[6] 반면 포로 3부작은 기록적 측면 못지않게 허구적인 인물과 사건이 비중 있게 다루어지고 있다는 특징이 있다.[7] 이런 상황에서 포로 3부작을 기록극의 관점에서만 다룰 때 작품을 일면적으로 이해하게 됨은 물론, 반공극으로서의 면모를 부각시킨 기존 논의와 차별성이 없어질 공산 역시 크다.

이에 이 글에서는 포로 3부작의 기록극으로서의 면모를 괄호치고[8] 극을 극으로서 다루어 보고자 한다. 이렇게 할 때 포로 3부작 각각의 독특성이 드러나고 포로 3부작에 대한 새로운 해석도 가능하리라 기대한다. 다음에 이어질

---

5 이재현, 작가의 말, 〈적과 백〉, 『제7회 대한민국 연극제 희곡집』, 대광문화사, 1984, 229면.

6 기록극은 1960년대 독일에서 정립된 것으로, 기록극의 대표자 페터 바이스는 기록극에서 가장 중요한 것은 '기록'이고 작가의 창조라는 것은 이러한 기록들을 선택하고 배치하는 일이라고 본다. 이러한 관점에 따르면 기록극에서 서사의 흐름은 무시되며 기록들의 대립이 극의 갈등과 해결의 핵심이 된다. 반면 기록극의 허구적 서사를 인정하는 견해도 존재하며 이에 따르면 기록극은 '순수형'과 '혼합형'으로 구분된다. 실상 기록극 논의에서 사 실과 허구의 비율 문제는 가장 까다로운 부분이다(황성근, 『기록극이란 무엇인가』, 한국 학술정보, 2008, 20~37면; 서지영, 「한국 연극의 기록극 수용과 변용」, 『2010년 한국드라마학회 춘계학술발표대회 자료집』, 2010.4, 118~119면 참조).

7 물론 허구적 서사는 작품에 따라 편차가 있다. 대체로 〈포로들〉은 허구와 사실이 적절히 배합된 것으로, 〈멀고 긴 터널〉은 허구적 서사가 승한 작품으로, 〈적과 백〉은 상대적으로 기록성이 승한 작품으로 볼 수 있다(김문환, 「이재현 론: 연극과 사회 현실」, 한국연극평론가협회 편, 『한국 현역 극작가론』 2, 예니, 1994, 169~173면 참조).

8 여기서 '괄호친다(einklammern)'는 표현은 현상학에서 빌려온 것이다. 현상학에서는 자연적 태도에서 우리가 무비판적으로 믿고 있는 세계와 그 속의 모든 것의 실재에 대해 '판단 중지(Epoche)'를 요구하는데, 이때 '판단중지'를 '괄호친다'고도 표현한다. 이것은 판단 중지 혹은 괄호치는 대상에 대한 부정이나 의혹과는 전적으로 다르며, 현상학의 이상을 실현하기 위한 전략적 태도로 볼 수 있다(한전숙, 『현상학』, 민음사, 1991, 133~140면 참조).

본론에서는 포로 3부작이 반공극이라는 일의성(一意性)을 넘어 분단에 대해 의미 있는 문제를 제기함이 밝혀질 것이다. 그러나 작품에서 이러한 가능성을 찾아내는 것은 동시에 작품의 한계를 논하는 것과 맞물려 있다는 점 역시 미리 언급해 둔다.

2. 송환 심사에 처한 포로의 실존적 고뇌

〈포로들〉은 1972년 초연 당시 거제도 포로수용소라는 소재의 특이성 외에도 서사극 및 기록극적 수법으로 주목을 끌었다.[9] 브라운은 군목(軍牧)으로 거제도 포로수용소에 부임한다. 그리고 수용소에 도착하자마자 평안남도 강선군 출신의 김영철이란 포로를 찾기 시작한다. 이유인즉 브라운이 거제도에 오기 전 부산에서 세탁소를 하고 있는 소녀(옥녀)의 부탁을 받았기 때문이다. 옥녀와 영철은 이북에서 서로 좋아하던 사이로, 한국전쟁이 터지자 영철은 인민군으로 징집되었고 옥녀는 어머니와 함께 남으로 피난을 오게 되었다. 옥녀의 소식을 들은 영철은 옥녀를 만날 희망에 부풀지만, 부모님이 이북에 남아 계시다는 말을 듣고 송환 심사에서 이북을 선택하고 만다. 그 후 영철은 공산포로가 모여 있는 76수용소에 들어가 공산군의 잔악함을 목도하고 다시 자유를 선택하기를 원하지만, 탈출을 꾀하다 결국 공산 포로의 손에 죽임을 당하게 된다.

이 극에서 브라운은 서사적 화자에 해당하는 인물로 작품의 첫머리와 끝에서 영철의 주검을 앞에 두고 관객에게 생각할 거리를 던지는데, 특히 다음과 같은 첫머리의 대사는 작품의 문제의식을 요약적으로 보여준다.

---

9 한상철, 「〈포로들〉」, 연극평론가협회 편, 『70년대 연극평론 자료집』 1, 화일, 1989, 61~62면; 김문환, 「국립극단: 포로들」, 위의 책, 123면.

(i) **브라운** (…) 그런데 유독 한 포로의 죽음이 이렇게 제 마음속에 도사리고 있음은 그 죽음이 단순히 한 포로의 죽음만은 아니었기 때문입니다. ⓐ그 죽음은 건질 수도 있는 죽음이었죠. 그러나 이제 그는 죽었습니다. ⓑ그가 왜 죽어야 했던지 우리 같이 생각해 보기로 하십시다.[10]

이 극에서 영철의 죽음이 중요한 것은 이것이 비단 한 포로의 개인적·우발적인 죽음이 아니라 많은 포로들의 억울한 죽음을 대표하기 때문이다. 위의 인용에서 브라운이 영철의 죽음을 "건질 수도 있는 죽음"이라고 표현한 것(ⓐ)은 암암리에 포로수용소를 관리·통제하는 UN군의 처사를 비판하는 것이다. 실제로 이 극에는 공산 포로와 반공 포로가 대치하는 상황을 UN군이 통제하지 않음으로써 더 많은 희생자를 내고 있음이 여러 차례 비판되고 있다. 공산 포로수용소에서 인민재판이 벌어지고 그들의 법에 따라 심지어 사형까지 자행되는 것을 두고 하는 말이다. 북한으로의 송환 결정을 내린 영철이 76수용소에서 고초를 당하게 되자 브라운 군목은 도드 준장을 만나 이 같은 현실에 대해 강하게 문제 제기한다. 그러나 도드는 자신은 제네바 협정에 따라 포로들을 관리할 뿐 더 이상의 간여는 하지 않겠다고 선을 분명히 긋는다(1부④사령관실 : 439-441). 이는 포로들을 진정으로 위한다기보다는 주어진 직무에만 충실하겠다는 것으로, 작가는 이러한 태도가 결국 도드 준장 납치라는 초유의 사태를 낳았다고 보고 있다.

한편 위의 인용에서 두 번째 문제 제기(ⓑ), 곧 영철이 죽은 이유는 다름 아니라 공산군의 잔악함 때문이다. 〈포로들〉은 시종일관 공산 포로를 잔인무도한 냉혈한으로 그리고 있다. 그들은 공산주의 이념, 그리고 전쟁에서의 승리를 위해 이것에 반하는 인간을 단호히 교수형에 처하고 고문하는 일을 서슴지 않는다(2부②76수용소 : 427-431). 수용소를 이탈하는 자에게는 즉결처분

10 이재현, 〈포로들〉, 차범석 외, 『서울극작가 그룹 대표 희곡선』, 집현전, 1984, 395면(1부 ①76수용소). 인용문에서 밑줄 및 번호는 인용자의 것이며, 앞으로는 본문 중에 '(장:인용 면수)'로 표기하도록 한다. 이때 인용면수 앞의 '장'은 텍스트에서 분절된 장의 제목을 일컫는다.

만이 있을 뿐이다(2부⑪76수용소 : 465-466). 이런 상황에서 평소 부드러운 휴머니스트로 나오는 브라운 군목 역시 공산 포로 수용소를 해체하여 수용소의 질서를 바로잡아야 한다는 주장을 일관되게 펼치고 있으며(2부③군종실 : 436-437), 공산 무리를 제압하기 위해서는 오직 '힘'이 소용될 뿐이라고 결론짓고 있다(2부 ⑨군종실 : 456-457).

이렇듯 포로수용소 관리를 둘러싼 UN군의 책임과 공산군의 잔악성 고발이라는 두 개의 서사는, 정도의 차이는 있지만 기실 포로 3부작의 다른 작품에서도 공통된다. 그리고 또 하나, 이 극에서 브라운 군목이 보여주는 휴머니스트의 시각 역시 다른 두 작품에도 이어진다.[11] 이렇게 볼 때 앞에서 지적한 두 개의 서사는 거제도 포로수용소의 실상에 대해 작가가 고발하고자 하는 중요한 두 개의 축이요, 휴머니스트의 시각은 작가가 일관되게 취하는 관점이라고 볼 수 있다. 그리고 세 작품이 하나로 묶일 수 있는 것은 소재의 유사성뿐 아니라 이 같은 사항 때문이라고 할 수 있다.[12]

그렇다면 3부작 각각의 독특성은 어디에 있을 것인가. 다른 두 작품에 대해서는 다음 장에서 계속해서 설명하되 〈포로들〉의 경우 그것은 송환 심사를 둘러싼 영철의 고뇌와 갈등에 있다. 영철은 브라운 군목을 통해 옥녀의 전갈을 받고, 부모님이 피난에 실패, 이북에 계시다는 소식을 접한다(1부⑤군종실;408-410). 이에 영철은 옥녀를 사랑하고 자유를 갈망함에도 불구하고 송환 심사에서 부모님에 대한 부채감으로 인해 송환을 결정하고 만다. 이러한 영철의 갈등은 심사장면에 잘 나타나 있다.

(ii) **질문 1** 그대는 자의로 북한에 송환되기를 바라는가?

---

11 〈멀고 긴 터널〉의 김 중위나 〈적과 백〉의 신 기자가 대표적이다. 그러나 이 두 작품은 휴머니스트의 시각이 유지되면서도 이와 대비적으로 극우 세력의 편협함이 그려짐으로써 결과적으로 남한 이데올로기를 비판적으로 바라본다. 이러한 점은 각 작품을 분석하는 과정에서 드러날 것이다.

12 이미원은 이 같은 3개의 사항을 들어 포로 3부작의 공통성을 강조하고 있다(앞의 책).

포로들 바라지 않는다. (모두 한발 앞으로 나선다)

질문 2 그대는 송환을 강력히 거부하는가?

포로들 그렇다. (역시 모두 한발 나선다)

질문 3 그대는 송환을 택한 자들이 북한으로 돌아간 후에도 오랫동안 이곳 거제도에 남아있게 되리라는 것을 알고 있는가.

포로들 알고 있다.(한발 나선다)

질문 4 유엔군사령부가 그대를 어떠한 곳으로 보내주겠다고 약속할 수 없는 것을 알고 있는가?

포로들 알고 있다. (한발 나선다)

질문 5 **그대는 이러한 결정이 그대의 가족에 미칠 영향에 대해서 주의깊게 고려해 보았는가?**

포로들 보았다.(한발 나선다)

영철 대답없이 처진다. 초조함을 감추지 못하며 어찌할 바를 모르는 영철. 이후 영철은 그 자리에서 더 움직이지 못한다. (1부⑨심사장 : 423)

위의 인용에서 보듯 송환에 관한 결정이 가족들에게 미칠 영향에 대해 생각해 보았느냐는 심사관의 말(굵은 글씨로 표기)에 영철은 초조함을 감추지 못하며 어찌할 바를 모르고, 결국 송환을 택하게 된다. 영철의 선택에 깜짝 놀라는 브라운 군목에게 영철은 "내레 갈레는 데가 북한이기 때문"이 아니라 그곳이 "내 고향이기 때문"에 송환을 택했다고 말한다(424). 이는 영철의 선택이 진심으로 자신을 가장 우선적인 관심의 대상으로 둔 것이 아니라, 윤리적 관계를 고려한 선택이었음을 보여주고 있다.

그러나 이러한 선택 후 영철은 공산포로들의 납치로 악명 높은 76수용소로 오게 된다. 76수용소는 거제도 포로수용소에서 공산 포로들을 진두지휘하는 사령탑과 같은 곳이다. 이곳에서 영철은 송환 심사 시 UN군의 회유책이 있었다는 증언을 강요받고 이에 응하지 않자 고문을 당한다. 그리고 이러한 경험을 통해 공산주의의 실상을 깨닫고 역으로 자유만이 살 길임을 깨닫게 된다.

이러한 영철의 변화는 송환 심사 결정을 후회하고 있는 데에서 잘 드러난다. 그는 다른 포로들과의 은밀한 대화를 통해 어떻게 하면 76수용소를 빠져나가 자유의 품에 안길 수 있을지 궁리한다. 그런데 이때 '고향에 갈 생각은 다시는 안하겠으며, 나부터 살고 봐야지 죽고 나서야 무슨 수가 있느냐'며 심경을 밝히는 것이 주목된다. 이전에 영철은 남한을 바람에도 부모님에 대한 부채감 때문에 북한을 선택했다. 그런데 이제 영철은 윤리적 의무를 차치하고 자기 자신에 의한, 자기 자신을 위한 선택을 하겠다고 결심하는 것이다.

이때 영철을 비롯한 포로들의 자유 선택(비송환 선택)을 단순히 이기적인 것이라고 할 수 없다는 점은 주목을 요한다. 위 인용(ii)에서 보듯 비송환 선택자는 송환 선택자가 북한으로 돌아간 후에도 오랫동안 거제도에 남아있게 될 것이며, UN 사령부는 그를 어떠한 곳으로 보내주겠다고 약속할 수 없다(인용 밑줄). 다시 말해 비송환 선택자는 그의 안위가 보장되지 않음에도 불구하고 자유를 선택하는 '결단'이 요구되는 것이다. 그리고 이것은 가족과 친지에게 미칠 악영향을 감수하는바 윤리적·도덕적 요구를 외면하는 것이기도 하다. 결국 이것은 자유를 그것 때문에 내가 살고 죽을 수 있는 진리의 위치로 격상시키는 것이요, 인간 실존의 대전제로 파악하는 것에 다름 아니다.[13]

자유를 이 같은 위치로 격상시키는 것은 포로 3부작의 다른 두 작품도 마찬가지다. 그러나 이 두 작품에서는 송환 심사에서 자유를 선택한 포로 내지

---

13 여기서 영철을 비롯한 포로들이 자유를 선택하는 것은 키에르케고르가 이야기한 단독자의 선택과 유사하다. 키에르케고르 철학은 개별자로 하여금 자기 자신에 대한 염려를 일깨워서 그 자신을 실존하는 자로 의식하도록 하는 것을 핵심으로 한다. 이에 따르면 개별자가 비존재에서 현존재로 옮아가는 것은 비연속적인 '비약(Sprung)'에 따른 것이며, 이때 비약의 시간은 되돌릴 수 없는 '결단'의 순간이다. 이것은 실존의 3단계 중 종교적 단계에서 가능한데, 여기에서 개별자는 개별자로서 절대적인 것에 절대적인 관계에 있으며, 절대자의 부름이 윤리적·보편적인 것과 충돌되더라도 그것을 감수한다. 이것은 '윤리적인 것의 목적론적 유보'라고 표현되며, 이것의 대표적인 예는 하나님의 명령에 따라 아들 이삭을 바치는 아브라함에게서 볼 수 있다(Kierkegaard, 강학철 옮김, 『두려움과 떨림』, 민음사, 79~99면; F. Zimmermann, 이기상 옮김, 『실존철학』, 서광사, 1987, 71~72면 및 80~90면 참조).

는 귀순자가 다루어지면서 〈포로들〉과는 또 다른 문제가 부각된다.

3. 이념적 과거에 대한 견고한 굴레

〈멀고 긴 터널〉[14]은 포로 3부작 중에서도 허구적 서사가 승한 작품이다. 그리고 이때 허구적 서사란 〈멀고 긴 터널〉의 원제에서도 드러나듯[15] 한국전쟁 중에 벌어진 전범자 문제를 다루고 있다. 거제도 포로수용소 내 전범자 조사과는 해주형무소 집단 학살 사건에 대해 다루게 된다. 해주형무소는 납북 인사는 물론 목사, 교장, 학자, 반공투사 등 저명인사가 많이 있던 곳인데, 한국전쟁이 발발하고 나서 얼마 후 죄수들의 이동이 있게 된다. 그런데 도중에 죄수를 실은 열차가 장수산 터널에 진입하게 되고, 그곳에서 200여 명에 이르는 죄수들이 집단 학살을 당한다. 거제도 포로수용소에 수감되어 있는 포로 천영환은 그 사건의 전범자가 포로수용소에 있다고 증언하고, 이로 인해 윤석진은 전범자 조사과의 조사를 받게 된다.

윤석진은 해주 형무소의 의무과장을 역임한 자로, 현재는 포로 신분으로 의무과에서 의사로 일하고 있다. 그는 해주 형무소 사건과 자신은 직접 관련이 없으며 다만 그 현장에 있었을 뿐이라고 말한다. 그러면서 해주형무소 사건에 대한 기억을 되새김질하는 것 자체를 매우 괴로워한다.

> (iii) **윤석진** (…) 나는 디난 일은 다 닞었시오. 생각하딜 않갔시오. 난 이제 오마니 뱃속에서 나올라구 기릅네다. 데 털망 바깥의 자유만 쥐문 다시 세상에 태어나는 거야요. 김중위님, 데 넓은 세상에 다시 나가게 해 주시구레. 제발 부탁이외다. 부탁이야요. (②수용소 : 23)

---

14 이재현, 〈멀고 긴 터널〉, 『대한민국 예술제 희곡집』 2, 한국문화예술진흥원, 1979.

15 〈멀고 긴 터널〉은 『한국연극』 (1978.9)에 발표된 〈전범자〉로부터 개작되었다.

윤석진에게 과거란 이미 지난 것으로, 그는 과거를 다시 기억하고 싶어 하지 않는다. 이제 그는 송환 심사만 마치면 남한을 택하여 새 삶을 시작하리라고 결심하고 있는 것이다. 이에 조사과의 김중위는 윤석진을 이해하며 동정하지만 같은 과의 박대위는 호락호락하지 않다. 박대위는 또 다른 증인을 찾아내, 윤석진이 장수산 터널에서 첫 번째 발포가 일어난 2호 화차에 타고 있었다는 사실을 밝혀낸다. 이에 따르면 윤석진은 중대한 위증을 한 셈이다.

이것을 빌미로 박대위는 윤석진을 전범자 수용소로 이송하려 한다. 그러나 그렇게 되면 윤석진이 송환 심사를 받는 것을 보장할 수 없게 된다. 이에 의무병동에서 함께 근무하는 인물들 ― 한소령과 트레버(이상 군의관), 혜숙, 경희(이상 간호원) ― 은 물론 군목 데니스는 오랫동안 자유에의 소망을 품어 온 윤석진에게 송환 심사 기회를 박탈할 수는 없다며 그를 적극 옹호하고, 이러한 노력으로 윤석진은 송환 심사대에 서게 된다.

윤석진의 심사 장면은 〈포로들〉에서 영철의 심사 장면과 유사하다. 심사대상 포로에게 행해지는 심사위원의 질문은 두 작품 모두 같은 내용이며 형식도 같다. "그대는 이러한 결정이 그대의 가족에 미칠 영향에 대해서 주의깊게 고려해 보았는가?"라는 질문에 포로가 망설이는 것도 동일하다. 그러나 영철이 그 질문 이후 더 이상 대답하지 못하며 비송환 결심을 포기하는 것과 달리, 윤석진은 강력히 송환을 거부할 결심이 되어 있으며 그러한 결정에도 불구하고 송환된다면 수용소를 탈출해서라도 자유를 찾겠다고 대답함으로써 자유를 보장받는다(⑥심사장 : 36-37).

한편 전범자 조사과에서는 윤석진을 의심하는 박대위와 동정하는 김 중위 간에 격한 토론이 벌어진다. 김 중위는 해주형무소 사건 당시 기관차 운전수로 일했던 자를 찾아내고, 그를 통해 장수산 터널은 출구가 막힌 터널이었으며 기차 출발 전에 상부로부터 죄수 전원 사살 명령이 내려졌다는 사실을 밝혀낸다. 이로 인해 윤석진은 전범자 혐의로부터 풀려나고, 그를 의심했던 박대위로부터 사과까지 받게 된다.

그러나 결말은 해피엔딩이 아니다. 전범자 조사단이 군의관실에 찾아가 윤석진의 혐의가 벗겨졌다고 말한 직후 극우주의자 오창근이 등장하여 윤석진을 칼로 찌르려 하고, 해주 형무소 사건 당시 자신의 가족 모두 터널 안에서 죽임을 당했다고 밝힌다. 그 사건으로 인해 자신은 미쳤으며 당시 2호차에 타고 있던 책임자는 반드시 응징되어야 한다는 주장이다. 이에 윤석진은 자신이 217명 모두를 죽인 전범자라고 외친다. 그리고 이러한 죄의식 속에 결국 자살을 선택한다.

그러나 이것은 무리가 있는 결말이다. 여기서 윤석진이 스스로를 217명을 모두 죽인 전범자라 규정하는 것은 옳지 않다. 해주형무소 사건에서 전원 사살은 상부에 의해 행해진 명령이었으며 윤석진과는 아무 상관이 없다. 자신의 발포로 이후 발포가 시작되었다는 것은 윤석진의 착각이었을 뿐이며, 조사관 역시 마찬가지 오해에 빠져 있었던 것이다.

실상 이 극에서 윤석진이 자살에 이른 것은 그가 해주형무소 사건에 대해 형법적 책임은 없을지언정 도의적·윤리적 책임을 강하게 의식한 결과라고 할 수 있다. 그러나 과연 윤석진은 해주형무소 사건에 대해 자살에 이를 만큼의 도의적·윤리적 책임을 지고 있는가. 그렇지는 않아 보인다. 작가 역시 이 같은 사실을 의식한 듯, 전범자 판결이 나기 이전에 데니스 군목을 통해 인류의 원죄에 대해 이야기하게끔 함으로써 윤석진에게 뿌리 깊은 죄의식을 심어준다(⑧천막교회 : 39-41). 그러나 이것은 오히려 전범자 문제를 종교적 원죄의 문제와 착종시켜 문제의식을 희석하는 결과를 낳을 뿐, 윤석진의 자살에 대해 설득력 있는 해답을 주고 있지 못하다.[16] 결국 〈멀고 긴 터널〉은 사건의

16 구히서는 〈멀고 긴 터널〉이 전쟁이라는 극한상황 속에서의 인간의 양심 문제를 다룬 것이라 보며, 한상철 역시 이와 유사한 견해를 드러낸다. 그러나 두 사람 모두 여기서 묘사하고 있는 책임과 죄의 본질적인 의미와 의의가 깊이 있게 천착되지 못했다고 지적하고 있다(구히서, 「제2회 대한민국 연극제」, 『대한민국 연극제 희곡집』 2, 432면; 한상철, 「두 개의 대조」, 한국연극평론가협회 편, 『70년대 연극자료집』 2, 화일, 1989, 392~395면). 김문환은 〈멀고 긴 터널〉의 극작술의 문제점을 보다 구체적으로 지적한다. 그에 따르면 〈멀고 긴 터널〉이 추리극적 재미가 있으면서도 특히 데니스 군목의 부분에 있어서는 의미가 빈약하다. 즉 데니스는 어째서 죄인인가를 묻는 윤석진에게 우리 모두가 죄인이라는 다소 맥빠진 답변을 주는가 하면, 마지막 장면의 기도는 이것과 상이한 의미를 띠고 있다는 것이다(김문환, 「이

해결에 있어 논리적 필연성을 확보하지 못함으로써 중대한 결함을 가지게 된다.

그런데 여기서 윤석진의 죽음과 관련하여 극에서 거듭 되풀이되는 '철망'의 문제에 주목할 필요가 있다. 철망이란 무엇인가. 앞에서 지적했듯 윤석진은 송환 심사에서 남한을 택하면 새로운 삶을 살 수 있으리라고 굳게 믿었다. 그런데 그는 일련의 사건을 거치면서 이 같은 생각이 경솔한 것이었음을 깨닫는다. 그리고 이 같은 깨달음은 강고한 철망이 자신을 둘러싸고 있으며, 단 한 치의 땅도 자신을 위한 땅은 없다는 다음과 같은 고백으로 표현된다.

> (iv) **윤석진** 아니야요. 털망은 또 있시오. 기 털망은 내가 헤어날 수 없는 털망이외다. 2중 4중 8중의 털망이야요. 남쪽을 택한다구 해두 기 털망 안에서 자유를 찾을 수는 없시오. 나는 설 땅이 없는 놈이외다. 단 한 치의 땅두 나를 위한 땅은 없시오. (⑩철조망 가 : 43)

위의 인용은 윤석진이 송환 불가를 선택한 후, 전범자 조사 결과가 나오기 전에 경희와 나눈 대화의 일부분이다. 여기서 윤석진이 2중·4중·8중의 철망이 자신을 둘러싸고 있다고 표현한 것은, 일차적으로 그가 남한에 산다 해도 전범조사의 결과가 자신을 계속 얽어맬 것이라고 보았기 때문이리라. 그러나 철망을 상징하는 것이 이것만이라고 단정지을 수는 없다. 만약 이것뿐이라면 전범자 혐의가 벗겨지고 나서 윤석진의 마음은 가벼워질 수 있었어야 한다. 그러나 그가 죽고 나서 그의 묘지 앞에서 위에서 인용한 윤석진의 말이 다시 한 번 극에 나타난다(⑬포로묘지 : 47-48). 이것은 구체적으로, 철조망 가에서 이루어진 윤석진의 대사(위의 인용(iv) 포함)와 군목의 기도가 병행 교차[17]하

재현 론: 연극과 사회 현실」, 170~171면).

17 이것은 영화의 기법 중 '분리병치'와 유사하다. 분리병치는 하나의 신을 개별적인 단일 영상으로 분절하여 A, B, A, B…의 배열을 이루는 것으로, 이를 통해 화면상에 독립적으로 나타나는 각 부분들 간의 내밀한 상호관계를 설정하는 것이 가능하다(Stefan Sharff, 이용관 옮김,

는 형식으로 이루어진다. 견고한 철망이 자신을 둘러싸고 있으며 단 한 치의 땅도 자신에게는 허락되지 않는다는 것. 이것이 반복되어 나타나는 것은 그만큼 이 사실이 극에서 중요함을 드러내는 것이다. 아울러 이것이 극의 마지막 윤석진의 장례식에서 다시 울린다는 것은, 철망의식이 윤석진이 자살한 궁극적인 이유와 밀접하게 관련되어 있음을 암시하고 있다.[18]

그렇다면 이러한 '견고한 철망 의식'은 궁극적으로 어디에서 비롯되는가. 다름 아니라 이것은 윤석진이 전범자 조사를 받는 과정에서 발현되었음을 상기할 때, 그를 전범자로 몰아가는 우익세력의 존재에서 찾을 수 있다. 극에서 우익 세력은 조사과의 박대위, 그리고 포로이면서 정신병동에 수감되어 있는 오창근으로 대표된다. 박대위는 시종일관 윤석진을 전범자로 몰아가는 인물이다. 죄수에 대한 학살 의지가 없었다면 전범자로 성립하지 않는다는 김중위에 비해 박대위는 윤석진의 심리적 상태가 어떠했든 최초에 총성을 냈다면 전범자라는 입장이다. 이러한 과격한 입장의 배후에는 학교 교장으로 있던 아버지가 같은 학교 교사(공산주의자)에 의해 처참하게 살해된 기억이 가로놓여 있다. 그는 빨갱이들과는 이해와 사랑이 전혀 통하지 않는다고 보고 있으며 그들은 아주 하급 동물이라는 믿음을 가지고 있다(멀고 긴 터널 : 38-39). 그런가 하면 태극기를 휘두르며 윤석진을 죽이려 덤벼드는 오창근 역시 마찬가지다. 그는 '통일 없는 정전은 원치 않으며 빨갱이 새끼들은 다 죽여야 한

『영화 구조의 미학』, 예건사, 1991, 16~17면). 〈멀고 긴 터널〉에서도 군목의 기도와 윤석진의 대사가 분절되어 병행 교차됨으로써 윤석진의 죽음과 철망의식이 긴밀하게 상호 관련되어 있음을 보이고 있다.

18 철망 의식의 강조는 〈전범자〉와 〈멀고 긴 터널〉 사이의 두드러진 차이점 중 하나이다. 이 두 작품은 많은 차이가 있지만 가장 중요한 차이점 2개를 든다면, 첫 번째는 전범 책임의 유무이다. 〈전범자〉의 경우 윤석진은 전범 책임자로 지목되며 전범자 수용소로 이송되기 직전에 자살한다. 두 번째는 철망 의식 강조의 문제다. 〈전범자〉의 경우 철망 의식은 단 한 번 나오며, 이것이 그의 자살에 영향을 미치고 있다고 볼 근거가 없다. 반면 〈멀고 긴 터널〉은 윤석진을 전범 책임으로부터 자유롭게 만드는 데 공을 들이고 있음은 물론, 철망 의식을 의도적으로 강조하고 있다. 이로써 〈멀고 긴 터널〉은 윤석진에게 희생양으로서의 성격을 부각시키고 있으며 그가 희생된 데에는 견고한 철망의 존재에 원인이 있음을 은연중에 드러내고 있다고 하겠다.

다'고 외친다. 그에게는 부모와 처자가 공산군에 의해 죽은 경험이 가로놓여 있다.

〈멀고 긴 터널〉에서 이러한 극우 세력이 결코 긍정적으로 그려지지 않고 있음은 주목해 보아야 할 점이다. 박대위가 윤석진을 옹호하는 김중위에 대해 '빨갱이'라고 소리치는 대목이나 결국 윤석진이 무죄로 밝혀짐으로써 박대위의 관점이 과도한 것이었음을 스스로 인정하게 되는 것이 그렇다. 또한 오창근이 전범조사 전반부와 후반부에 두 번 등장하며 윤석진이 자살하게 되는 직접적 원인으로 설정되는 것도 이 작품이 극우 세력의 존재를 의도적으로 강조하고 있음을 보여준다. 결국 이러한 세력의 존재는 공산군 전력을 가진 윤석진에게 끊임없이 의심의 시선을 던졌고, 그로 인해 윤석진은 자유를 택함으로써 '아기가 어머니 뱃속에서 태어나듯'(인용(iii) 밑줄) 새로운 삶을 시작할 수 있다고 본 자신의 생각을 재고하게 된다. 그리고 전범 혐의를 벗었음에도 불구하고 견고한 철망이 여전히 자신을 옭죄고 있다고 판단, 결국 자살에 이르게 되었다고 볼 수 있다.

〈포로들〉의 영철은 '나'보다 나에 얽힌 '관계'를 중시했기에 송환 심사에서 이북을 택했다. 그리고 이후 그러한 결정을 후회하고 자유만이 살 길임을 깨달으나 공산주의자의 손에서 벗어나기란 쉽지 않다. 이에 비해 〈멀고 긴 터널〉의 윤석진은 윤리적 관계를 뒤로하고 자유를 위한 단독자적 결단을 행했다. 그러나 그럼에도 그는 자유의 품에 안기지 못했다. 공산군 전력을 가진 인간을 받아주기에는 남한 사회에 너무나 공고한 우익 세력이 존재하기 때문이다. 이렇게 볼 때 '멀고 긴 터널'이라는 작품의 제목은, 이념적으로 남한을 택한 포로가 현실적으로 남한에 받아들여지는 것이 지난한 일임을 상징적으로 보여주고 있다고 하겠다.[19]

19 이것은 현실적으로도 그랬다. 반공 포로들은 한국전쟁의 공식적인 내러티브에서는 대한민국의 정당성과 우월성을 옹호하는 주요한 근거로 활용되었다. 그러나 실제로 이들에 대한 차별과 의심의 시선이 계속되었으며, 반공 포로가 대한민국의 국민이 되기 위해서는 문신과 혈서, 군입대라는 존재 증명이 필요했다. 그리고 이것을 거친 후에도 의심의 시선은 걷히

이상의 논의를 통해 〈멀고 긴 터널〉은 기존의 반공극으로부터 한 발 진전된 의식을 보여줌이 확인된다. 그러나 앞에서 설명했듯 이것은 작품 내에서 뚜렷이 형상화되어 있지 못하며 무엇보다 결말이 선명치 못하다. 이로써 이 작품은 문제의식이 제대로 구현되지 못한 극이 되고 말았다. 연극 〈멀고 긴 터널〉에 대해 '좋은 주제였으나 인물들의 성격이 희미하고 전개가 약하고 뭔가 강렬한 설득'이 없다는 평가[20]는 연극만의 문제가 아니라 극작술 자체에도 한계가 있었기 때문이라고 할 수 있다.

4. 경계지대의 불가능성

포로 3부작의 마지막 작품 〈적과 백〉[21]은 앞에서 설명한 포로 3부작의 2개의 서사의 축이 확대·심화되어 있다. 그러나 그럼에도 이 극은 한국전쟁 최대의 문제적 인물이라 해도 과언이 아닐, 이학구를 다루고 있다는 점에서 주목을 끈다. 이학구는 한국전쟁 당시 제13사단 참모장으로, 1950년 낙동강 전선에서 병사들을 이끌고 미군에 투항했다. 이후 그는 남한군에 포섭되어 반공 사상을 선전하는 역할을 담당했으나 거제도 포로수용소에서 포로 대변인으로 활동하면서 다시 전향, 송환심사에서 이북으로 넘어갔고 1963년 자살로 생애를 마감했다.

그러나 정작 한국전쟁사에는 이학구에 대한 기록이 거의 남아있지 않다. 한편 한국전쟁 이면사에서는 UN측이 자유의 품에 안긴 이학구를 보호하기보다는 전쟁 승리를 위한 도구로 이용했다는 정황이 포착된다. 이에 따르면

지 않았다. 이에 대해서는 이동헌, 「한국전쟁 후 '반공 포로'에 대한 기억과 기념」, 『한국학논집』 40, 2006 및 '한국전쟁과 포로 3부작', MBC 《이제는 말할 수 있다》, 2004년 8월 1일 방영분 참조.

20 구히서, 앞의 글, 433면.

21 이재현, 〈적과 백〉, 『제7회 대한민국 연극제 희곡집』, 대광문화사, 1984.

이학구는 남한에 남기를 바랐으나 UN측은 북한에 포로로 잡힌 24사단장 딘과 맞바꾸기 위해 고위급 북한 포로가 필요했고, 그로 인해 의도적으로 이학구를 학대하여 그가 다시 북한으로 되돌아가게끔 했다는 것이다.[22] 이렇게 볼 때 이학구는 작가의 말마따나 "분단과 전쟁과 인간의 비극을 혼자 거머쥐고 비극적인 생애를 마친 비운의 인물"[23]로, 작가는 분단의 모순을 드러내기에 적합한 인물을 호명하고 있는 셈이다.

〈적과 백〉에 따르면, 거제도 포로수용소에서 UN군은 포로들을 통제하지 못하는 상황이 발생하자 이학구 총좌를 소환해 온다. UN군은 포로 중 최고 계급인 이학구를 포로 대변인으로 세워 소통을 원활히 하자는 계획을 세운 것인데 결과는 그렇지 않았다. 이학구가 머물게 된 66군관수용소에는 이학구보다 높은 계급의 포로가 있었고 공산 포로들의 위협과 협박 속에 이학구는 다시 이북 쪽으로 전향할 수밖에 없게 된다. 이학구에게는 통역을 위한 포로 한 명이 따라붙게 되고, 그의 감시 속에 이학구는 공산 포로의 입장을 충실히 UN측에 대변하는 임무를 수행하게 된다.

이로써 수용소 당국은 귀순자 이학구의 진정성에 의심을 품고 그가 변절했다고 판단하게 된다. 강대위는 이학구를 변절자라고 보는 대표적인 우익 인물이다. 그는 이학구를 '위장 귀순자'로 보며 '투항했다는 사실만으로 그의 과거를 지워버릴 수는 없다'고 본다. 그는 또 '우리가 가져야 할 하나의 원칙은 적군이었던 자는 적군이라는 것'이라고 당당히 밝히고 있는데(⑨33경비대 : 203-204), 이것은 기실 한국전쟁 당시 포로를 취급하는 남한 측의 기본 입장을

22 이것은 정병준 교수(역사학)가 미군 정보문서를 근거로 밝힌 내용이다('한국전쟁과 포로 3부작', 2004년 7월 25일 방영분). 한편 이 방송의 PD를 맡았던 김환균 씨가 이학구를 취재하면 서 새롭게 알게 된 사실을 글로 기록하고 있어 참고가 된다(김환균, "전쟁이 낳은 비극적 인물 이학구", 『보해 사외보』, 2004 여름 in http://koreada.com/jboard/?p=detail&code=mbc&id=135&page=3). 한국전쟁 당시 인민군 장교로 거제도 포로수용소에 수용되어 있던 주영복 씨 역시 이와 유사한 사실을 증언하고 있다(주영복, 『내가 겪은 조선전쟁』 2, 고려원, 1991, 220~244면).

23 이재현, 작가의 말, 『제7회 대한민국 연극제 희곡집』, 229면.

대변하는 것에 다름 아니다.

반면 송환 심사 취재차 포로수용소에 들어온 신기자는 이학구의 진정성을 믿고 있다. 신기자는 이학구가 귀순한 직후 그와 깊은 대화를 나눈 적이 있으며, 그러한 경험을 통해 이학구가 진정 자유를 찾아 귀순했다고 보고 있다. 공산 포로에게 납치되었던 도드 준장이 우여곡절 끝에 풀려나고 76수용소가 UN군에 의해 진압된 후, 신기자는 이학구의 그간 번민을 충분히 이해한다고 하면서 다시 자유 대한의 품에 안길 것을 종용한다. 그러나 이학구는 돌아오지 않는다. 그리고 그 이유로 다음과 같은 것을 든다 :

(v) **이학구** 나는 배신자요. 내가 투항을 결심한 것은 발작적인 생각은 아이었오. 오랜기간 동안 번민하다 마침내 용단을 내린 것이었오. 그러나 나는 이 거제도에 와서리 다시 적군을 위해 충성을 맹세해야 했음매. ⓐ이제 다시 또 한번의 전향을 한다면 내 몸은 산산이 부서져 이학구의 정체는 찾아볼 수도 없게 될기요. 나는 행동으로만 보여 주겠우다.

(…)

이학구 ⓑ나 개인이 문제가 아니우다. (…)

이학구 그럴 가능성은 충분히 있오. 휴전회담에서도 포로의 문제는 의제 제4항으로 다루고 있지비. 줄곧 양보만 해온 유엔측은 포로의 문제도 쉽게 포기할 공산이 크오. 송환을 거부한 포로가 석방된다는 보장도 아직은 없오. 나는 포로 대변인이요. ⓒ이 전쟁에서 보장받을 일은 아무것도 없었오. 누가 무엇을 보장해 주겠음. 오로지 하나 내 양심만은 나 스스로 보장을 해야겠오. 내 양심이 인도하는 길로 나는 가야만 하우다. (⑯사령부 : 228)

위에서 이학구는 최종적으로 남한을 택하지 않은 것에 대해, 이미 두 번이나 전향을 한 몸으로서 다시 전향을 한다면 자신은 산산이 부서지고 만다는 것을 이유로 든다(ⓐ). 그리고 또 하나, 포로대변인이라는 공적 임무를 수행한 자신이 여기서 남한을 택한다면 북한에서는 UN 측이 이학구를 납치했다고 선전을 할 것이고, 그렇게 되면 포로 송환 문제 자체가 좌초될 수 있음을 우려한다(ⓑ). 이렇게 볼 때 전자의 문제는 정체성 보존의 문제로, 후자는 윤리적·도덕적 책임의 문제로 요약할 수 있다.

그런데 과연 이것뿐일 것인가. 텍스트의 표면에는 이것만이 나타나 있지만, 실상 그 이면에는 보다 복잡한 사정이 감지된다. 이것을 설명하기 위해서는 다시금 이학구의 대사에 주목할 필요가 있다. 먼저 위의 인용에서 이학구는 "이 전쟁에서 보장받을 일은 아무것도 없"으며 "누가 무엇을 보장해 주겠"느냐는 회의적인 태도를 드러낸다(ⓒ). 사실 이학구는 그 전에도 이와 유사한 말을 한 적이 있다. 이학구가 포로수용소에 입소한 이후 돌변했다는 평가가 한국 군관들 사이에서 나올 즈음, 이학구는 "신기자는 나를 이해 못하겠다고 했지만 수용소 당국의 처사는 이해하겠"느냐고 항의하듯 되묻는다(⑧사령부 : 201).

이러한 상황은 도드 준장 사태와 관련하여 수용소 측과 대립하는 가운데 더 잘 드러난다. 처음에 거제도 포로수용소에 도착했을 때 이학구는 수용소 측에 매우 협조적인 태도를 보였으며, 그를 66수용소로 보내서는 안 된다는 한국 군관들의 말에도 불구하고 UN측을 신뢰하는 태도를 견지했다. 그러나 시간이 지나면서 그는 UN측을 불신하는 태도를 극명하게 드러낸다.

(vi) **이학구**	ⓐ <u>포로의 장래는 택해서 정해지는 것이 아이오. 나는 뒤늦게야 그러한 사실을 알았오.</u> 육중령도 그런 거짓말은 하지 마우다.
육중령	(다가선다)내 말이 거짓이라니!
이학구	당신네들은 아무것도 보장하지 않는다고 했우다. 포로의 장래를 당신네들이 보장할 리가 없오. 결국은 다 보낼 포로를 왜 심사를 해서 평지풍파를 일으키는기요? 자의송환이란 말만 없었다면 포로들은 그렇게 적색과 백색으로 대립하여 살상행위까지 하지 않았을기요.
육중령	자의송환원칙은 유엔군사령부의 정책이에요.

이학구 ⓑ자유를 택하게 하겠다. 유엔군사령부는 제네바 협정을 위반한 적이 없다. 그런 거짓말은 하지 말기요. 심사의 과정을 거친 포로들이 북조선으로 송환이 된다면 어떤 비극이 벌어지겠오? 그것이 당신네들이 말하는 인도주의의 결실이오? 당장 심사를 중단하도록 하우다. (⑭사령부 : 220)

위의 인용은 도드 준장 납치 사건 직후에 이루어진 대화이기에 육중령과 이학구 사이에는 매우 과격한 분위기가 감돈다. 여기서 이학구는 포로의 장래는 택해서 정해지는 것이 아니며 자신도 뒤늦게야 그러한 사실을 깨달았다고 말한다(ⓐ). 그리고 (송환 심사 설명문대로) UN군은 송환과 관련하여 아무것도 보장하지 않는다고 하면서 왜 평지풍파를 일으키느냐고 강하게 항의한다. "자의송환원칙은 유엔군사령부의 정책"이라는 육중령의 말을 불신하며 그의 말을 '거짓'이라고 하는 것(ⓑ)이 단적인 예이다.

UN군에 대한 이학구의 이러한 불신 아래에는 자유를 찾아 귀순한 자신을 도로 공산 포로 측에 내던진 UN측에 대한 불만이 깔려 있다고 볼 수 있다. 실제로 UN측이 이학구를 전쟁 승리를 위한 도구로 이용했다는 사실은 앞에서 지적한 바 있다. 극의 설정만 놓고 보더라도 이학구를 공산 포로에게 넘겨줌으로써 그의 안위를 무시했다는 비판으로부터 자유롭기 어렵다. 이학구가 공산 포로수용소에 입소할 때 그가 겪을 고난은 이미 예정된 것이었다. UN사령관은 이것을 짐짓 모르는 체하고 있지만 신기자가 취재를 위해 공산 포로수용소에 입소하겠다고 말했을 때 사령관은 신기자의 안위를 보장할 수 없다는 것을 이유로 극력 반대한다(⑦33경비대 : 195-197). 이것은 이학구를 "가장 악명 높은 수용소"인 66수용소(③사령부 : 186)에 입소시키는 것의 위험성을 그 역시 알고 있었다는 반증 외에 다른 것이 아니다.

그러나 문제는 이 같은 사실에 대해 극 텍스트는 직접적으로 드러내기를 꺼리고 있다는 사실이다. 앞의 인용(v)에서 이학구는 자신이 처음 투항을 결심한 것은 발작적인 생각이 아니었다고 말하고 있다. 다시 말해 그가 진정

자유를 찾아 남한으로 왔다면, 그는 왜 다시 공산 측으로 가야했는가. 이러한 물음을 이학구는 자기 자신에게 던질 수밖에 없었을 것이며 이 극을 보는 독자/관객 역시 마찬가지다. 그러나 극에서 이것을 둘러싼 이학구의 고민과 고뇌는 잘 드러나지 않으며, 이학구의 안위를 방기한 UN군의 책임 역시 행간에서만 읽혀질 뿐이다.[24]

이상의 논의에서 드러나듯 〈적과 백〉은 분단의 문제적 인물 이학구를 호명해 내고 그가 북에서 남으로, 다시 남에서 북으로 전향했던 상황을 보여준다. 그러나 그러면서도 그가 전향에 전향을 거듭하게 된 진정한 이유에 대해 침묵하고, 이학구를 둘러싼 외적 사실에 치중할 뿐 그의 내면을 상상해내지 않는다. 이로써 이학구를 되살려내고자 한 작가의 의도에 값하지 못했음은 물론 분단의 문제성을 비판적으로 드러내는 데 실패하고, 단지 이북과 이남 사이에는 '적'과 '백'만이 있을 뿐 둘 사이에 '경계지대'[25]란 불가능하다는 일반론만을 되풀이하는 극이 되고 말았다.

5. 맺음말

이 글은 포로 3부작의 기록극으로서의 면모를 괄호치고 극을 극으로 다루

24 김승옥은 〈적과 백〉에서 이학구가 유엔군 측의 포로정책을 수행하기 위해 전략적으로 이용되고 있다고 분석하고, 이런 점에서 〈적과 백〉이 1950년대 전쟁소재극의 재현단계보다 진일보한 의식수준을 보여준다고 평가한다(김승옥, 앞의 글, 108~110면). 그러나 이 글에서는 이학구가 UN군에게 전략적으로 이용되는 상황이 극중에서 명확히 드러나지 않음으로써 UN군에 대한 비판도 '가능성'의 수준에 머물러 있다고 본다.

25 경계지대(marginal area)란 두 개의 서로 다른 문화가 겹쳐진 곳이자 그곳을 점유한 구성원들이 두 문화의 특성을 모두 가지고 있는 지역을 일컫는 것으로, 이 글의 맥락에서는 남과 북의 속성이 겹쳐진 지대를 일컫는다. 이학구의 경우 인민군 출신 장교로 남한으로 전향했다는 점에서 경계지대에 놓인 인물이다. 그러나 그가 결국 남한에 소속되지 못하고 다시 북으로 되돌아갔다는 사실은 경계지대가 불가능할 만큼 남북이 배타적인 관계에 있음을 드러낸다(경계지대의 개념은 Milton M. Goldberg, "Qualification of the Marginal Man Theory", *American Sociological Review*, vol.6 no.1, 1941, 52면).

는 관점을 취했다. 이를 통해 포로 3부작 각각의 독특성을 부각하고 반공극으로서의 일의적 해석을 넘어 새로운 관점을 제시하고자 했다.

우선 〈포로들〉에서는 송환 심사에 처한 포로의 실존적 고뇌가 그려진다. 그리고 이를 통해 자유란 개인의 안위가 보장되지 않고 윤리적 요구와 배치되더라도 그것을 선택해야만 하는, 절대적 위상을 지닌 것임이 강조된다. 자유가 이처럼 절대적 위상으로 격상되는 것은 〈멀고 긴 터널〉이나 〈적과 백〉도 마찬가지다. 그러나 〈멀고 긴 터널〉에서는 윤리적 의무감을 뒤로하고 단독자적 결단으로 자유를 선택한 포로가 결국 남한의 품에 안기지 못하는 것을 통해 남한 내에 강고하게 존재하는 극우세력이 암암리에 비판된다. 그런가 하면 〈적과 백〉에서는 한국전쟁 당시 귀순한 인민군 장교 이학구가 다루어지는데, 그가 다시 남에서 북으로 전향하게 된 과정을 통해 이학구를 보호하기보다는 전략적으로 이용할 뿐이었던 UN군 및 남한 측에 대해 문제를 제기한다. 요컨대 포로 3부작은 기본적으로 반공극의 논리를 취하고 있으면서도 〈멀고 긴 터널〉과 〈적과 백〉의 경우 반공 포로나 귀순자를 포용하지 못하는 남한 이데올로기를 비판적으로 바라보고 있다고 할 것이다.

그러나 이러한 비판이 실제로 작품에서 정당하게 형상화되고 있지 못함은 문제이다. 표면적으로 이것은 극작술의 한계로 나타난다. 그리고 그 이면에는 남한 이데올로기를 비판하기 힘들었던 시대적 한계 탓이 클 것이다. 그러나 이것을 모두 시대의 탓만으로 돌릴 수는 없다. 분단에 대해 문제의식을 가지고 있으면서도 이것을 정당하게 펼치지 못한 작가의식에도 한계가 있다고 보아야 할 것이다.

3

오태석의 6.25 3부작 연구 1

: 〈자전거〉를 중심으로

1. 들어가며

오태석 연극은 문제적이다. 이것은 그의 연극에 대해 부정적 시각을 지녔다 할지라도 쉽게 부인하기 어려운 사실이다. 오태석 연극의 문제성 가운데 하나는 그의 연극이 단일한 시각으로 포괄될 수 없다는 데 있다. 이러한 사례를 잘 드러내는 것이, 그의 연극을 파악하는 포스트모더니즘과 모더니즘이라는 상반된 시각이다. 오태석 연극은 언어나 논리보다 감각과 직관이 우세하며 놀이성이 강하다. 또한 사실적인 시공간을 해체하고 상호텍스트적 관계에 있는 원전을 과감히 해석함으로써 쉽게 포스트모더니즘과 연관된다.[1] 그러나 그럼에도 불구하고 이러한 특징은 일면 오태석 연극의 형식적 특성에 그칠 뿐, 그의 연극 속 메시지는 어찌 보면 교훈적이다 싶을 정도로 사회 교정에 대한 뚜렷한 의지를 담고 있는 경우가 많다. 김윤철이 그를, 한국사회가 잃어버린 인간적인 가치와 의미, 질서 및 도덕의 회복을 부르짖는 '근본적인 모랄리스트'로 보는 것도 이러한 맥락 아래 놓여 있다.[2]

이러한 관점에서 보자면, 오태석이 연극에 입문하게 된 첫 번째 동기로 6.25 체험을 꼽고 있는 것이나[3] 끊임없이 한국 역사에 관심을 가지는 것[4]을 무심히 보아 넘기기 어렵다. 다음은 이 같은 그의 시각을 잘 보여주는 인터뷰의 한 부분이다.

"내 인생에 대해서 이야기하자면 내 자신이 아직도 아시로 살고 있다. 나는

---

1 오태석 연극을 포스트모더니즘의 관점에서 분석한 본격적인 논문으로는 김미도, 「오태석 연극과 포스트모더니즘」, 명인서·최준호 편, 『오태석의 연극세계』, 현대미학사, 1995 및 이미원, 「오태석과 역사 패러디」, 『한국 현대 극작가 연구』, 연극과인간, 2003.

2 김윤철, 「한국사회의 비인간화 충격적으로 고발」, 오태석, 『심청이는 왜 두 번 인당수에 몸을 던졌는가』, 평민사, 1994, 266면.

3 오태석·서연호 대담, 『오태석 연극: 실험과 도전의 40년』, 연극과인간, 2002, 20면.

4 오태석 연극은 〈태〉, 〈부자유친〉, 〈도라지〉, 〈천년의 수인〉 등 역사를 소재로 한 극이 많을뿐더러, 본격적으로 역사를 다루지 않은 극에도 역사적 인물과 사건이 왕왕 등장한다.

> 아직 완전히 나를 드러내지 못했다. 나만이 아니다. 우리 모두 아시로 살고 있다. 전쟁 이후로 이 나라에선 모든 아름다운 덕목이 무너졌다. (…) 그러니 우리는 아직도 피난생활 중이다. (…) 정말 가야할 곳이 어딘지, 어디로 가야할지 알 수 없는 상태에서, 유랑 중인 것이다. (…) 그러다보니 내 인생에서 아시라는 것이 모든 것의 출발점이고 전제다. 진짜가 아닌 삶, 나중으로 유예되는 삶, 모든 것이 임시고 피난생활 중이다."[5]

여기서 우리는 두 가지 사실에 주목할 수 있다. 첫째로 그는 6.25를 자신의 삶은 물론 한국인의 삶을 피폐케 한 중요한 사건으로 보고 있다. 즉 그는 6.25 이후 우리나라에 모든 아름다운 덕목이 무너지고 전쟁이 끝난 지 50년이 지난 현재까지 피난민으로 살고 있다고 인식한다. 애벌, 또는 임시를 뜻하는 방언, '아시'는 바로 이러한 한국인의 상태를 가리키는 말이다. 둘째로 이런 '아시'로서의 삶이 오태석 연극의 출발점이고 전제라는 것이다. 이를 통해 자연스럽게 그의 연극은 '아시'로서의 삶을 극복하려는 목적과 연관되어 있으리라는 추측이 가능하다. 앞에서 지적한바 모랄리스트로서의 오태석의 면모는 바로 이러한 그의 인식과 관련되어 있다고 할 수 있다.

이러한 관점에서 6.25를 소재로 한 오태석 희곡은 다시금 주목될 필요가 있다. 위의 인용에서 보듯이 오태석에게 6.25는 현재 한국인의 삶을 '아시'로 만든 원인에 해당한다. 그렇다면 6.25가 그의 극에서 어떻게 다루어지고 있으며 6.25의 상처를 어떻게 극복하고 있는지를 살펴보는 것은, 오태석이 파악하는 바 '아시'로서의 삶에 대한 원인은 물론 극복방안에 대한 중요한 단서를 드러내고 있을 것이다. 그리고 이것은 또한 앞에서 지적했듯이 오태석 연극이 형식이나 표현 방식에 있어서는 포스트모더니즘과 연관되되 그 근본에 있어서는 모더니즘의 이상을 가지고 있다고 볼 때, 오태석 연극의 심층적인 본

---

5 오태석과 김명화의 인터뷰, 2000.5.12, 명동 구디 커피숍; 김명화, 「오태석 희곡의 공간 연구」, 중앙대학교 박사학위논문, 2000, 23~24면 재인용.

질을 밝히는 것과도 관련되어 있다.

주지하듯 오태석의 6.25 3부작은 서연호가 〈산수유〉(1980), 〈자전거〉(1983), 〈운상각〉(1989)을 묶어 이름붙인 것이다.[6] 그러나 서연호는 세 작품을 묶는 근거에 대해서는 밝히고 있지 않으며, 후대의 연구자 역시 6.25 3부작을 연구할 때조차 그것의 정체성에 대한 물음은 묻지 않고 있다.[7] 따라서 현재 6.25 3부작은 이름은 있되 실체는 밝혀지지 않은 채 '이산 5부작'[8]과 혼동되어 사용되는가 하면, 6.25를 소재로 한 오태석의 다른 희곡과의 변별성 또한 모호하다. 하지만 6.25 3부작은 6.25를 직접적이자 본격적으로 다루는 것은 물론, 인물유형과 플롯 구성, 긴장을 구성하는 방식 등의 측면에서 상동성을 가짐으로써 '6.25 3부작'으로 명명할 뚜렷한 근거와 가치가 있다.

이러한 관점에서 본 연구는 궁극적으로 6.25 3부작의 구조적 상동성을 밝히고자 쓰였다. 그리고 이것의 첫 번째 과제로 〈자전거〉를 분석한다. 주지하듯 〈자전거〉는 6.25 3부작의 다른 작품에 비해 압도적으로 많은 조명을 받은 수작(秀作)이다.[9] 이 글의 논의가 〈자전거〉에 대한 보다 풍부한 해석을 위한 시도의 하나로 여겨졌으면 한다. 그러나 어디까지나 본 논문은 6.25 3부작의

---

6 오태석·서연호 대담, 앞의 책, 147면.

7 현수정, 「오태석의 한국 전쟁 소재 희곡 연구」, 연세대학교 석사학위논문, 2004 및 김옥란, 「오태석 연극에서의 역사와 폭력의 아이러니」, 『대중서사연구』 14, 2005.12.

8 김남석은 〈산수유〉, 〈자전거〉, 〈운상각〉 외에 〈사람〉과 〈코소보 그리고 유랑〉을 더해 '6.25 3부작'을 '이산 5부작'으로 개칭하여 사용한다(「'이산 5부작' 연구」, 『인문연구』 48, 2005, 174면). 그러나 이것은 '6.25 3부작'에 나타나는 긴밀한 구조적 상동성을 도외시한 것이다. 또한, 〈산수유〉나 〈자전거〉가 이산의 문제를 다루었다고 할 수 있는지도 문제다. 이 두 작품은 남북으로 나누어져 이산의 아픔을 겪는 이야기가 아니라, 6.25 자체에서 발생한 민족적 비극을 문제 삼고 있기 때문이다.

9 6.25 3부작 각 작품에 대한 소논문으로 볼 때 〈자전거〉에 관한 논문이 압도적으로 많다: 이화원, 「자전거, 그 다음성의 세계」, 최준호·명인서 편, 앞의 책; 백로라, 「오태석 희곡 〈자전거〉 연구」, 『한국극예술연구』 7, 1997; 김남석, 「〈자전거〉에 나타난 두 심리 작용에 관한 연구」, 『오태석 연구의 미학적 지평』, 연극과인간, 2003; 김만수, 「무의식 탐구로서의 연극: 오태석의 〈자전거〉」, 『한국극예술연구』 22, 2005; 이상란, 「오태석 극작술 연구: 〈자전거〉의 연극성」, 『한국연극학』 23, 2004. 〈운상각〉에 대한 연구로는 이정환, 「'아시'에서 현실로 나아가는 여정」(『국어국문학』 137, 2004)을 들 수 있으며, 〈산수유〉에 관한 개별 논문은 발견되지 않는다.

일환으로 쓰였기에 본론에서 고찰되는 연구의 관점(인물 유형, 플롯, 긴장 구성의 방식)은 6.25 3부작의 구조적 상동성을 드러내는 틀에 따른다.[10]

2. 6.25 3부작의 인물 유형

6.25 3부작은 유사한 인물 유형에 기반하고 있다. 이정환은 〈운상각〉에 대한 논문에서 인물 유형을 나누고 있는데, 이것은 6.25 3부작의 인물 유형 고찰에 매우 시사적이다.[11] 이것을 참조하여 6.25 3부작의 인물군을 분류해 보면 다음과 같다.

		〈산수유〉	〈자전거〉	〈운상각〉
전쟁세대	(a)피해자	(상수 아범)	(구씨부친 포함, 마을 어른 127명)	(김시랑), 해남댁
		(서양인 신부 가르시아)		
	(b)가해자	근배, 병구 등 마을 사람들	당숙	구씨
		장씨		
전후세대	(a)직접적 거리	상수	윤서기	영기
	(b)간접적 거리	탄피주이(△)	구서기	희순, 영걸, 기순, 기숙

여기서 전쟁세대는 전쟁과 직접적으로 연루된 세대로, 이정환은 이것을

10 이 글에서 다루어지는 〈자전거〉 텍스트는 1983년 판(『백마강 달밤에』, 평민사)을 기준으로 하며, 2004년 개고된 〈경상도 거창말본 자전거〉는 참고적으로 활용될 것이다(서연호·장원재 공편, 『오태석 공연대본 전집』 6, 연극과인간, 2005). 한편, 〈자전거〉는 모두 공간 이동을 기준으로 10개의 장면으로 구분되어 있는데, 이해를 돕기 위해 각 장면에 순서대로 숫자를 붙여 표시하도록 한다.

11 이정환은 〈운상각〉의 인물을 크게 '전쟁세대'와 '전후세대'로 나누고, 후자를 다시 '어린 시절 전쟁의 흔적을 간직한 세대'와 '전쟁을 겪지 않은 세대'로 나누고 있다(앞의 글, 435~441면 참조).

'진행형의 전쟁을 안고 사는 전쟁 세대'라 표현한다.[12] 그런데 이것은 (a)피해자와 (b)가해자로 나눌 수 있으며, (a)피해자는 산 자와 죽은 자로 나뉜다(위 표에서 ( ) 표시는 죽은 자를 가리킨다). 6.25 3부작은 전쟁이 끝난 지 가깝게는 십 년 안쪽(〈산수유〉)에서 멀게는 30~40년 후(〈자전거〉, 〈운상각〉)를 배경으로 한다. 이러한 시점에서 전쟁세대가 겪고 있는 전쟁의 상처와 그에 대한 치유의 문제를 다루는 것이다. 세 작품에서 이것은 구체적으로 전쟁세대 (b)가해자의 죄의식이 문제가 된다. 그런데 〈산수유〉에서 이것이 중심적인 문제로 다루어진다면 〈운상각〉에서는 부차적인 문제로 다루어지는 차이가 있다. 즉 〈운상각〉은 남편을 이북에 두고 한평생 홀로 살아야 했던 여성(전쟁세대 (a)피해자)의 한과 해원이 다루어지고 있는 것이다.

전후세대는 우리나라에서 일반적으로 6.25 이후 세대를 가리킨다. 이때, 전후세대 (a)는 전쟁으로 인해 아버지의 부재를 겪거나 반쯤 실성한 어머니를 모신바, 전쟁의 직접적 희생자라고 할 수 있다. 그러나 그럼에도 이들은 전쟁의 당사자는 아니므로 전쟁의 상흔을 이성적으로 파악하고 대처할 수 있는 세대이기도 하다.[13] 〈산수유〉의 상수, 〈자전거〉의 윤서기, 〈운상각〉의 영기 모두 아버지가 부재한 채 자랐다. 또한 상수는 어린 나이에 어머니마저 잃었으며, 영기의 어머니 역시 납북된 아버지와의 금혼식을 치른다고 소동을 벌이는 등 온전한 정신을 가졌다고 보기 어렵다. 반면 〈자전거〉에서 윤서기의 어머니에 대해서는 일절 언급이 없는데, 그렇다고 해서 윤서기의 어머니만 멀쩡한 상태라고 단정할 수는 없다. 윤서기는 자신의 가계에 얽힌 괴로운 기억을 '망각'이라는 방어기제로 지우고 있는바,[14] 어머니는 그에게 있어 가장 커다란 억압의 대상일 수도 있기 때문이다.

앞에서 6.25 3부작이 전쟁세대의 상처를 드러낸다고 지적했거니와, 전쟁의 상처가 전후세대에까지 이어짐은 또 하나의 이야기 줄기를 형성한다. 〈산수

12 위의 글, 435면.

13 위의 글, 441면

14 김만수, 앞의 글, 248~249면.

유〉에서 상수가 뱀에 물려 사경을 헤매는 것이나 〈자전거〉에서 윤서기가 솔매집 화재 사건을 보고 졸도하는 것, 그리고 〈운상각〉에서 영기가 한사코 아버지의 장례식을 인정치 않으려는 것 등이 이에 해당한다. 그러나 그중에서도 〈자전거〉는 전후세대(a)에 속한 윤서기를 중심인물로 취함으로써[15] 〈산수유〉나 〈운상각〉이 전쟁세대를 중심인물로 하는 것과 구별된다.[16] 이것은 일차적으로 〈자전거〉가 다른 두 작품과 달리 전후세대의 상처와 치유에 초점을 맞추고 있음을 보여준다. 그런데 전후세대(a)는 작가 오태석이 속한 세대라는 점에서 또 다른 문제성을 내포하는데, 이것은 다음 장(3.2.)에서 자세히 설명될 것이다.

한편 6.25 3부작에는 같은 전후세대이면서도 전쟁의 직접적인 상흔을 가지지 않은 전후세대(b)가 등장한다. 즉 전쟁세대를 중심으로 6.25의 후유증을 그리되, 전후세대(a)에게는 그 영향관계를 직접적으로 미치게 하고 이것을 전후세대(b)가 바라보는 구도를 취하는 것이다. 이것은 기본적으로 6.25가 단순히 하나의 과거 사건이 아니라 현재에까지 영향이 미치고 있다는 작가 인식에 기인한 것으로 볼 수 있다. 그리고 이에 더해 6.25를 직접 겪지 못한 독자/관객에게 동질감을 느끼게 하기 위한 장치이기도 하다.

이정환은 〈운상각〉에서 기순과 기숙(전후세대(b))이 아버지 구서방을 찾아다니면서도 워키토키와 카세트로 무장한 것은, 이들이 전쟁의 상흔과 무관한 세대임을 상징적으로 드러낸다고 말한다. 그러나 그러면서도 해남댁이 영걸에게 남편을 대신하도록 요구하는 대목은, 이들이 기성세대의 전쟁의 상흔으

15 이상란은 〈자전거〉의 윤서기를, 산발적으로 보이는 장면들을 연결시키는 '중심적 자아'라 보고 있다(이상란, 앞의 글, 76면).

16 백로라는 〈자전거〉 분석에서, 윤서기의 잃어버린 기억을 밝혀내기 위해서는 문둥이 일가의 비극과 당숙 및 생배 마을 주민들의 상처가 공시적·통시적으로 결합되어 있는 양상을 살펴보아야 한다고 지적한다(백로라, 앞의 글, 233면). 이것은 〈자전거〉에 드러나는 역사적 문제가 단지 한 인물에만 집중된 것이 아니라 등장인물 전체와 관련되어 있다는 것에 다름없는데, 이 같은 사실은 〈산수유〉나 〈운상각〉도 마찬가지다. 그러나 그럼에도 이들 작품에는 주요인물이 존재하며, 이것은 위 표에서 밑줄로 표시하였다.

로부터 완전히 자유로울 수는 없으며 어떤 방식으로든 전쟁과 연계되어 있음을 보여준다.[17] 〈산수유〉에서는 탄피주이(서가네)가 이 기능을 담당한다. 탄피주이는 표면적으로 전쟁세대에 속한다고 볼 수 있으나, 이들은 극에서 벌어지는 전쟁세대의 갈등과 전후세대에까지 이어지는 피해상을 바라보는 관찰자의 입장에 섬으로써 전후세대(b)의 기능을 담당하는 것이다.[18] 또한 〈자전거〉에서도 구서기(전후세대(b))로 하여금 윤서기(전후세대(a))의 무의식 여행에 동행하게 하는 것도 6.25를 전후 세대에까지 이어지게 하려는 작가 의도에 따른 것으로 볼 수 있다. 이렇게 볼 때, 극의 구성단계 중 위기(장면6, 신틀매 골챙이)에 이르러 구서기가 사건에 대한 관찰자로서의 소극적 입장에서 벗어나 사건을 지휘하고 연출하는 적극적 입장을 취한다는 것은 주목할 만한 사건이다.

이상의 설명을 통해 〈자전거〉가 6.25 3부작과 동일한 인물 유형을 가지면서도 다른 두 작품과 달리 전후세대(a)를 중심인물로 삼고 있음이 드러났다. 그렇다면 다음에는 〈자전거〉의 플롯에 대해 분석하면서 중심인물의 이 같은 특징이 구체적으로 〈자전거〉 해석에 있어 어떠한 영향을 미치는지 살펴보도록 하겠다.

3. 〈자전거〉의 '숨겨진 플롯'과 6.25의 비극에 대한 알레고리

3.1. '명시적 플롯'과 '숨겨진 플롯'의 이중 구조

〈자전거〉는 크게 테두리극과 극중극으로 나누어진다. 42일 동안 면사무소에 결근한 윤서기는 '길가에 암장된 처녀가 야밤에 불러잡는 바람에 졸도, 42

---

17 이정환, 앞의 글, 441면.

18 탄피주이가 처한 이러한 양가성 때문에 위 표에서 세모꼴(△)로 표시되었다.

일간 경기에 시달렸다'는 내용의 결근계를 제출한다(1장 면사무소). 이러한 황당한 내용에, 윤서기는 구서기를 동반하여 42일 전날 밤 자신이 겪은 사건을 추적하고, 결국 '3년생 한우에 받쳐 고열과 두통에 시달렸다'는 또다른 결근계를 작성하기에 이른다(10장 면사무소). 그러나 실상인즉 42일 전 사건에 대한 추적은 윤서기의 무의식에 대한 탐사에 다름 아니며,[19] 이것이 극중극의 내용을 이룬다.

그날따라 심란했던 윤서기는 귀갓길에 술을 한잔 걸친다. 넉배재에서 만난 임서기에게 오늘이 아버지 제삿날이란 사실을 듣고서도 윤서기의 발걸음은 좀처럼 빨라지지 않는다(2장 넉배재). 그러다 한씨로부터 거위집 둘째 아이가 집을 나갔다는 말을 듣고(3장 거위집), 연이어 한의원과 포목상 노인, 양조장 황씨(황석구) 등을 만난다(4장 삼거리, 5장 돌다리 곗막). 이어 윤서기는 거위집 둘째를 발견하나, 거위집 둘째는 솔매집 문둥이를 보고는 소스라쳐 도망간다. 윤서기는 문둥이에게 거위집 아이가 솔매집 소생이 아니냐고 다그치는데, 이때 솔매집에 불이 오른다(6장 신틀매 골챙이). 이후 윤서기의 기억은 끊기고, 구서기의 지휘에 의해 다시금 장면이 반복되면서, 거위집 첫째가 솔매집에 불을 질렀음이 드러난다(7,8,9장).

여기서 극중극은 과거(42일 전날 밤의 사건 재구성)와 현재(윤서기와 구서기의 대화)를 오가는 복잡한 시공간 구조를 가짐에도 불구하고 기본적으로 선형적 구조를 취한다.[20] 그런데 이것은 위의 요약에서 보이듯 문둥이 가족과 관련된 명시적인 플롯 이외에, 또다른 플롯이 상정되고 있다는 점이 문제적이다. 극중극을 통해 윤서기의 아버지는 수십 년 전 오늘 인공 치하에서 마을 어른 127명과 함께 등기소 건물에서 불타 죽었다는 사실이 알려진다. 그리고

---

19 김만수, 앞의 글, 244~245면.

20 김남석, 「오태석의 '이산' 5부작 연구」, 191면. 그런데 이때 선형적(linear) 구조란 도입부, 중간부, 결말부가 인과관계로 이루어진 구조를 이른다. 이것은 고대 신화나 옛날이야기뿐 아니라, 현대에도 여전히 유효한 이야기의 기본 구조를 이룬다(L. Cowgill, 이문원 옮김, 『시나리오 구조의 비밀』, 시공아트, 2003, 22~25면).

그 사건에서 혼자만 살아남았다는 죄책감에서 윤서기의 당숙은 제삿날마다 사금파리로 자해한다는 사실 또한 알려진다. 그런데 윤서기는 오늘이 제삿날임을 알면서도 집 나간 거위집 아이 일에 사로잡히고, 솔매집 화재 장면에 당면하여 6.25 당시의 등기소 화재 사건을 연상한다. 바로, 등기소에 가두어진 사람들 이름이 일일이 호명되면서 당숙(윤정목)이 등기소에 불을 지르고 살아남게 된 장면이 오버랩되어 나타나는 것이다(9장 솔매집).

여기서 6.25 당시 등기소 화재 사건은 '숨겨진 플롯'으로 볼 수 있다. 기존에 지적되어 왔듯, 이것은 42일 전날 밤 윤서기가 목격한 솔매집 화재 사건과 상동적이다. 거위집 처녀나 당숙은 각각 문둥이라는 혈통과 6.25 전쟁이라는 외적 상황에 의해 자신의 의지대로 행동할 수 없었던 인물이다. 그들은 자신들의 살아남기 위해 방화라는 사건을 통해 혈육에게 상처를 입히고, 이 사건으로 말미암아 깊은 죄의식 속에 시달리게 된다는 공통점이 있다.[21]

와츠에 따르면 모든 서사는 인물을 포함한 사건들의, 목적적이고 결정적인 시퀀스로 이루어진 '명시적 플롯(overt plot)'을 갖는다. 그런데 몇몇 서사는 이러한 명시적 플롯에 덧붙여 '숨겨진 플롯(covert plot)'을 갖는다. 이것은 명시적 플롯과는 별개의 또 다른 시퀀스이면서도 깊이 감추어져 있기 때문에 쉽게 파악되기 어렵다. 그러나 일단 이것이 이해되면 처음에는 이상하거나 변칙적으로 보이던 요소들을 유기적으로 설명할 수 있다.[22]

이런 관점에서 볼 때 윤서기가 3년생 한우에 받쳐 졸도한 사건 역시 〈자전거〉의 숨겨진 플롯으로 볼 수 있다. 그러나 이것은 실상 전집본 〈자전거〉에서는 분명한 징후를 발견하기 어렵다. 이것의 흔적은 너무나 숨겨져 있어서 그

---

21 백로라, 앞의 글, 243면 참조.

22 C. Watts, *The Deceptive Text: An Introduction to Covert Plots*, The Harvest Press, 1984, 30~39면; 장소진, 「자연과 탐색의 역학」, 한국소설학회 편, 『현대소설 플롯의 시학』, 태학사, 1999, 64~66면 재인용. 장소진은 여기에서 'covert plot'을 통한 '지연된 해호화'를 현대 소설의 새로운 경향으로 보고 있다. 한편, 그는 'covert plot'을 '암시적 플롯'으로 번역하고 있으나, 이 글에서는 이것을 '숨겨진 플롯'이라 번역하고 명시적 플롯과 숨겨진 플롯으로 이루어진 구조를 '이중 구조'라 칭한다.

야말로 '비밀다운 비밀'[23]이 되고 있는 것이다. 따라서 이것을 좀더 뚜렷이 보이기 위해 2004년에 개고(改稿)된 〈경상도 거창말 자전거〉를 참고할 필요가 있다.

〈경상도 거창말 자전거〉는 1983년 KAL기 폭파 사건을 첫 부분에 제시하여 이데올로기에 무관한 사람들이 체제의 희생자로 집단 죽음을 맞이하는 역사적 맥락을 강조했다. 이와 함께 등기소 망자들이 대거 등장한다는 점 역시 〈자전거〉와 크게 달라진 점이다.[24] 이로써 1983년 판에는 삼거리에서 윤서기가 죽은 한의원만을 만나던 데 반해, 2004년 판에서는 망자들이 4장 첫머리부터 등장하여 실제로 대화를 주고받는다(경상도 거창말 자전거 : 128-130면). 그러나 이들의 보다 중요한 역할은 그 이후에 나온다. 이들은 신틀매 골챙이에서 황소가 윤서기를 받으려는 순간 윤서기를 위험에서 구해내는 것이다.

> 윤서기 촛불 끈다. <u>멀리 황소같은 물체가 뛰쳐나와 윤서기를 향해 달려든다. 윤서기를 받으려는 순간 한의원과 망자들이 달려들어 윤서기를 밀친다. 윤서기 외마디 소리 내면서 쓰러진다.</u> 칠흙같은 어둠 속에 소방울소리 소발굽소리 이어지다 사라진다. (경상도 거창말 자전거 : 142-3; 밑줄 인용자)

반면 〈자전거〉에는 망자들의 존재가 나타나지 않는다. 황소가 윤서기를 받았다는 사실도 '소방울소리, 소발굽소리'로 암시적으로만 나타날 뿐이다.

> 무엇에 채인 듯 외마디 소리를 내면서 몸을 꺾어 쓰러진다./ 솔매쪽 하늘에 비친 불꽃이 갑자기 사그라든다./ 칠흙같은 어둠 속에 소방울소리, 소발굽소리

---

23 커모드는 위에서 설명된 '명시적 플롯'과 '숨겨진 플롯'을 각각 '전경화된(foregrounding) 플롯'과 '비밀(secret)'이라 칭하고 있다(F. Kermode, 석경징 외 엮음, 「비밀과 서술 순서」, 『현대 서술이론의 흐름』, 솔, 1997, 69~79면 참조). 본문에서 '비밀다운 비밀'이란 이것을 염두에 두고 쓴 표현이다.

24 이상란, 앞의 글, 97~98면.

이어지다가 돌 구르는 듯한 소리되어 멀리 사라진다. (자전거 : 162)

이것은 우선 〈경상도 거창말 자전거〉에서 윤서기가 졸도한 원인이 좀더 분명하게 제시된 것으로 볼 수 있다. 또한 윤서기가 솔매집 문둥이를 만난 직후 황소에 받쳐 쓰러졌다는 것(실은 망자들이 윤서기를 구하느라 그를 밀쳐냈고, 그 충격으로 윤서기가 혼절한 것)이 사실로 드러남으로써, 솔매집 화재 현장에서 거위집 처녀를 목격했다는 것은 그의 무의식이 빚어낸 착오였음이 보다 분명해진다.[25]

그러나 이 글에서 무엇보다 주목하는 것은, 윤서기가 등기소 망자들에 의해 목숨을 건졌다는 사실이다. 이 극에서 황소는 왜 야밤에 미친 듯 날뛰게 되었던가. 그것은 양조장 황씨(황석구)가 소한테 받쳐 똥통에 빠지자 홧김에 소를 걷어찼기 때문이다. 그런데 황석구는 6.25 전쟁에서 귀환한 바로 그날, 지환이 어른의 죽창에 찔려 다리를 절게 된 인물이다(지환이 어른은 인민군에게 잘못 맞아 머리가 돌았다). 그런 그가 자신을 무심코 똥통에 빠뜨린 황소에게 복수를 가한다는 사실은 주목을 요한다.[26]

황석구 (…) 나 참. 널빤지 밑이 저승이라고 까딱 했으면 거꾸로 처백히 죽을 뿐했구마. 황석구 건딜랏응께 지는 죽었지. (경상도 거창말 자전거 : 133)

황석구 끌어내 가꼬서는 배지에 대고 냅다 발길질해뿌링께 천지 모루고 뛰오르디만 디립다 내빼데. (…) (경상도 거창말 자전거 : 134)

---

25 김남석은 〈자전거〉에서 솔매집 화재 사건을 윤서기가 실제로 목격했을 가능성과, 그의 무의식 속에서의 '착오'일 가능성 두 가지로 해석될 수 있다고 본다. 이때 후자는, 윤서기가 솔매집 화재 현장에 갔다면 그가 졸도한 장소가 신틀매 골챙이일 수 없다는 사실을 근거로 한다(「〈자전거〉에 나타난 두 심리 작용에 관한 연구」 참조). 이것은 매우 타당한 지적이다. 반면, 〈경상도 거창말 자전거〉에서는 이러한 두 가지 해석 가운데 후자의 입장에 서있다고 할 수 있다.

26 본문에서 서술된 황석구에 대한 설명과 인용은 1983년 판 〈자전거〉에서도 거의 똑같이 전개된다.

논리의 비약을 어느 정도 감수한다면 이것은 다음과 같이 설명될 수 있다. 황석구(전쟁세대 피해자)가 (의도적인 것은 아니었지만 결과적으로 자신에게 피해를 입힌) 황소(가해자)에게 복수를 했고, 윤서기는 사방으로 미쳐 날뛰게 된 황소에 받칠 위험에 처한다. 그러나 윤서기는 다행히 등기소 망자(전쟁세대 피해자)들의 도움으로 살아난다. 이것을 도식화하자면 전쟁의 피해(구체적으로는 전쟁세대의 피해의식과 그의 복수행위)가 전후세대에까지 미친 것으로 볼 수 있다. 그리고 윤서기가 여기서 살아난 것은, 구서기가 지적한바 '할아버지는 여수배미에서, 아버지는 등기소 불로 죽었으니 윤서기 역시 비명에 죽을' 악순환의 고리(경상도 거창말 자전거 : 131)가 끊어졌음을 보여준다. 그리고 이것이 무엇보다 등기소 망자들의 도움으로 가능했다는 사실은, 전쟁세대 피해자들의 용서[27]가 전후세대를 살린다는 사실을 은유한 것으로 볼 수 있다.

이것은 논리적인 비약이 있는데다 일면 도식화의 위험을 안고 있다. 그러나 그럼에도 이것은, 황석구가 황소의 엉덩이를 걷어차서 야밤에 황소가 날뛰며 황소가 윤서기를 받아서 졸도에 이르게 한다는, 자칫 무의미하게 보일 사건을 전체 극 속에서 유의미하게 해석하게 만든다. 그리고 이에 더해 윤서기가 황소에 받치고서도 멀쩡한데다 "꼭 뭐한테 홀린 것" 같은 느낌(자전거 : 162)[28]에 대해 개연성 있는 해석을 제공한다. 결국 〈경상도 거창말 자전거〉는 〈자전거〉의 의미상 모호성을 교정함으로써 궁극적으로 6.25의 상처와 극복이라는 〈자전거〉의 주제를 보다 분명히 드러낸다고 하겠다.

---

27 이것은 등기소 망자들의 밝은 태도를 미루어 판단한 것이다. 이상란은 2004년 공연에서 망자들은 장난스럽고 유쾌한 모습들로 극에 활력을 불어 넣었다고 말한다. 이들의 존재는 비장한 것이 아니라 놀이처럼 경쾌하게 표현되었다는 것이다(이상란, 앞의 글, 98면).

28 윤서기는 이에 대해 이렇게 말한다: "(…) 뭐 받쳤다는 거 말고는 생각나는 게 없어. 그런게 소에 받쳤나 싶더단, 그게 말이여, 받친 거라면 2, 3일 그러다 말일 아닌가. 멀쩡하다가 숨이 가쁘고 잠이 든 것 모냥 정신이 멍해 갖고 앉았단게. 그런게 꼭 뭐한테 홀린 것 모냥 그려." (자전거 : 162)

3.2. 윤서기-오태석의 연결고리

〈자전거〉에서 윤서기는, 일제강점기에 부역을 하다 해방 후 의문사한 조부나 6.25 때 억울한 죽음을 맞은 아버지 등 가족사로 미루어 볼 때, 우리나라의 비극적 역사를 체현하는 인물로 볼 수 있다. 또한 42일 전 사건을 재구성하는 과정에서 드러나는 마을 사람들 — 공산당의 고문에 머리가 상한 지환이 어른, 그 어른의 죽창에 맞아 다리가 상한 양조장 황씨 — 의 면면을 볼 때, 〈자전거〉는 우리 민족 전체의 비극을 그려내고 있는 데 손색이 없다.[29] 그리고 이에 더해 솔매집 문둥이를 단초로 한 다음과 같은 해석은, 〈자전거〉가 지닌 바 우리 민족의 비극적 역사에 대한 알레고리적 성격에 더욱 깊은 심도를 부여한다.

이것은 〈자전거〉에 등장하는 '문둥이'를 우리나라 역사상 '좌익'의 존재에 비유할 수 있다는 관점에서 출발한다.[30] 주지하듯 문둥병은 하늘이 내린 천형(天刑)으로 여겨지면서 문둥병 환자는 사회에서 격리 수용되며 기피되었다. 한편 냉전체제를 실지 몸으로 겪은 우리나라에서 좌익은 정치사회적인 문둥병, 곧 천형에 다름없다. 1970년대까지만 해도 우리나라에서 좌익이라는 딱지는 실지 좌익 활동을 한 당사자뿐 아니라 그 가족들까지 연좌제에 걸려 공적 영역은 물론 사적 영역에까지 커다란 제약을 받았다.[31]

이런 면에서 볼 때 자식을 남의 집에 보내서라도 그가 정상적으로 대접받고 살기를 바랐던 솔매집의 호소(다음 인용 ①)나 출생의 한계에서 벗어나 남

---

29 백로라, 앞의 글, 251~252면 및 김남석, 「자전거에 나타난 두 심리 작용에 관한 연구」, 137면 참조.

30 문둥이와 좌익의 존재가 유비 가능하다는 입장은 다른 논문에서도 발견된다. 황상익, 「의학사적 측면에서 본 '4.3'」, 역사문제연구소 외 편, 『제주 4.3연구』, 역사비평사, 1999, 336~337면.

31 1970년대까지만 해도 연좌제는 공개적으로 거론조차 되지 않았다. 그러다 군부정권이 들어서면서 민심을 달래기 위한 방책으로 1980년 연좌제를 공식적으로 철폐하기에 이르렀다. 그러나 그 이후에도 연좌제로 인한 유무형의 피해는 계속되었다(오수성, 「통일과 심리적 화합」, 『동아연구』 27, 1994, 173~174면).

처럼 살고 싶었던 거위집 처녀의 대사(다음 인용 ②)는 '좌익'이라는 꼬리표 속에 엄청난 피해를 감수해야 했던 우리 민족의 비극을 대변하는 것으로 볼 수 있다.

> ① **솔매** 잘못했어라우. 그 애 하나 넘같이 살라고, 넘같이 사는 거 볼라고 벌받은 놈이 무선 줄 모르고 잘못했어라우. (이하생략) (자전거 : 160)
>
> ② **처녀** 엄니, 아이고 엄니 불났어, 나와요. 뭘 한다우. 엄니 거기서 나와, 아이고 우리 엄니 타 죽네. 왜 소리도 없어. 엄니, 아이고 내가 엄니 죽이네. 내가 불질렀어라우. 그려, 엄니 병 꼬슬라 버리라고. 엄니 병 낫으라고. 태워번지고 낫으라고 아이고 엄니, 내가 무서서 그랬어. (이하 생략) (자전거 : 168)

그러나 문제는 여기서 끝나지 않는다. 우리는 여기에서 새삼 〈자전거〉에 대한 김만수의 질문을 상기할 필요가 있다. 그는 〈자전거〉에서 가장 충격적이며 근원적인 사건이 등기소 방화사건과 관련된 6.25의 비극인지를 되물으면서, 작품을 선입견 없이 보았을 때 오히려 문둥이 가족의 이야기가 더 강렬한 인상을 준다고 말한다.[32] 그러면서 그는 윤서기가 왜 그렇게 문둥이 처녀의 사연과 비극에 집착하고 있는지는 밝혀지지 않는 의문이라고 지적한다.

> 문제는 왜 윤서기가 이런 처녀들의 사연과 비극에 집착하고 있는가에 있다. (…) 이러한 강박증의 원인이 이 작품에서는 선명하게 드러나지 않는다. 다만 윤서기와 처녀들 사이에서 설명하기 힘든 '동일시'가 일어나고 있음은 분명하다.[33]

---

32 김만수, 앞의 글, 240면.

33 위의 글, 259면. 이상란 역시 이와 유사한 견해를 펼친 바 있다. 그는 윤서기가 한의원을 만나 계속해서 성냥불을 켜대는 행위에 주목한다. 이로 인해 윤서기의 손바닥은 피가 한 움큼이나 엉겨있을 정도였다. 이에 대해 이상란은 "등기소에 불을 지른 당숙이나 솔매집에

실제로 윤서기는 극중에서 거위집 둘째의 가출에 지나치게 관심을 갖는다. 그것은 무엇보다 거위집 아이가 과연 문둥이의 소생이냐 하는 점에 기인한 것이다(다음 인용 밑줄 참조). 그렇다면, 거위집 아이가 문둥이집 소생이냐 하는 것이 왜 그토록 그의 관심사가 되는 것일까.

윤서기 답답하더만. 애는 어디론가 멀리 가고 있고. (자전거 움직인다. 바퀴 방울소리가 두세 번 튕긴다. 화답하듯 거위 울음소리가 극성맞다가 급히 사그라든다) 알겠나. 요새 부쩍 흔한 것이 가출이여. 보따리 싸갖고 집 나갔다, 그래 버리면 까짓거 고만이구만. 헌디 이 애는 그렇게 안되데. 쥐뿔도 모르면서 남 배를 쨌다, 그건 고발해 버리면 고만이여. 그런디 이건 달라. 뭐가 이 애를 내쫓았느냐 이거여. 애는 뉘 집 애냐, 그것부터 알아야 쓰것데. (후략) (자전거 : 147-148)

윤서기는 거위집 둘째를 찾아오던 길에 솔매집 문둥이를 만나자마자 거위집 아이가 누구 소생이냐고 다그친다. 그러면서 그에게 '애들이 남같이 사는 꼴을 보려거든 더 이상 찾지 말고 집 불싸지르고 애들 눈 앞에서 없어지라'고 단박에 소리친다(자전거 : 160). 윤서기는 돌팔이 의사로 행세하는 농고 동창을 고발조치하곤 심란해하고, 멀리서 언니의 사망신고 하러온 아이를 시간이 지났다고 돌려보내지 못하는 여린 마음의 소유자였다(자전거 : 141-142). 그런 그가 솔매집에게는 어떻게 이런 극언을 서슴지 않을 수 있었을까.

이것은 무언 중에 윤서기가 문둥이 문제에 비이성적으로 천착하고 있음을 보여준다. 그렇다면 혹시 거위집 아이가 지닌 태생적 문제를 윤서기 자신도 지니고 있었던 것은 아닐까. 하지만 윤서기를 '좌익'으로 상징되는 문둥이와 직접적인 유비관계에 놓고 보기는 어렵다. 오히려 그의 아버지는 인공 치하

불을 지른(지르고 싶은) 거위집 처녀와 윤서기 자신이 심리적 공범임을 드러낸다"고 지적한다. 그러나 이것의 원인을 단순히 "문둥이 가족의 아픔이 바로 동족상잔 속에 있는 우리 민족의 아픔이라는 은유"라고만 해석(이상란, 앞의 글, 84~85면)하는 것은 한계가 있다.

에서 '반동분자'(자전거 : 143)로 몰려서 죽었기 때문이다. 그렇다면 일제강점기에 친일 활동을 한 할아버지 때문일까. 그러나 이것이 그에게 어느 정도 부채의식을 지웠을지는 몰라도 마을 사람들의 호의적인 태도로 볼 때 이것이 윤서기에게 큰 짐을 지웠다고 보기는 어렵다.

그렇다면 윤서기를 작가 오태석의 대리인으로 보면 어떨까. 잘 알려져 있듯 오태석의 부친은 와세다 대학을 졸업하고 변호사로 활동하던 중에 갑자기 납북되었으며, 이에 따라 오태석은 연좌제의 그늘 아래 성장할 수밖에 없었다.[34] 이와 관련하여 오태석이 구체적으로 어떤 불이익과 상처를 받았는지는 공식적으로 알려진 바가 없다. 그러나 그가 연극의 길에 들어서게 된 첫 번째 동기로 아버지의 납북 사건을 꼽고 있는 것이나 그 자신 연좌제의 그늘 아래 놓여 있었다고 고백하는 것[35]은, 이것이 그에게 적지 않은 영향을 미쳤음을 드러낸다.

이렇게 볼 때 솔매집에 불을 지른 거위집 처녀의 심리는 윤서기(오태석)의 심리일 수 있다. '뭐가 문둥이 집 문 밖에 힐끔 비치기만 해도 사시나무 떨듯하고', '바람이 불 때 삭정이만 부러져도 손가락을 세어보는'(자전거 : 146-147) 불안하고 공포어린 삶은 작가의 삶일 수 있다. 그리고 '문둥이'라는 천형(솔매집)을 불질러 태워버리고 싶었던 거위집 처녀의 욕망(자전거 : 146-147, 168)에 당해, 작가는 자신의 은밀한 욕망을 투영한다. 윤서기가 졸도한 것은 이러한 욕망의 발견이 그만큼 충격적이었음을 반영한다. 이런 점에서 윤서기는 허구 속 등장인물로서의 역할을 넘어 '극작가 의식(playwright's consciousness)'을 이어받고 있다고 할 수 있다.[36]

---

34 오태석·서연호 대담, 앞의 책, 20~21면 및 204면. 이로 미루어 볼 때 오태석 부친은 납북자이며, 이는 자진해서 북으로 간 월북자와는 다르다. 그러나 그럼에도 불구하고 오랜 세월 동안 우리 사회는 납북자와 월북자를 같은 차원으로 취급해 왔다. 이로써 납북자 가족들은 가족이 북으로 납치되었다는 사실뿐 아니라, 국내적으로 '용공분자'의 취급을 받는 이중적 고통에 시달려 왔다(신율, 「납북자 문제 해결방안 연구」, 『사회과학논총』 18, 2002, 153면).

35 같은 책, 같은 곳.

36 에이블은 이러한 극을 '메타극(metatheatre)'이라 부른다. 그는 메타극의 대표적인 예를 〈햄

2장에서 〈산수유〉, 〈운상각〉의 중심인물이 전쟁세대라면 〈자전거〉의 중심인물은 전후세대임이 차이가 난다고 지적했다. 그리고 오태석 역시 전쟁에 직접적인 피해를 입은 전후세대임을 고려할 때, 작가는 자신이 속한 전후세대 (a)를 중심인물로, 성장과정에서 억눌려온 트라우마를 드러내고 있다고 볼 수 있다. 이것은 구체적인 내용은 다르지만, 〈산수유〉 및 〈운상각〉에서도 동일하게 적용되는 부분이다. 그러나 이것은 고(稿)를 달리하여 자세히 논하도록 하고, 다음은 〈자전거〉의 긴장 구성 방식에 대해 살펴보도록 한다.

4. 반복을 통한 긴장 구성 방식

6.25 3부작이 가진 또다른 구조적 상동성은 반복을 통한 긴장 구성 방식이다. 극적 긴장감을 최고조로 하기 위해서는 긴장 구성 방식에 세밀히 주의할 필요가 있다. 로버트 맥기는 절정에 이르기 직전 위기를 다루는 방식에 대해 자세히 설명한다. 이에 따르면 절정에 도달하기 직전 작가가 한번 더 기대와 결과 간에 간극을 벌려줄 때 독자/관객은 결말을 매우 인상 깊은 것으로 받아들인다. 따라서 이것은 느리게 정지되어 다루어질 필요가 있다. 즉, 독자/관객으로 하여금 '그가 어떻게 할까' 못내 궁금해 하며 긴장을 고조시키다, 주인공이 선택을 내리는 순간 마침내 억눌렸던 에너지가 절정으로 터져 나오게끔 하는 것이다.[37]

〈자전거〉를 5단 구성으로 나눌 때,[38] 첫 번째 극적 계기(행동의 자극)는 한

릿〉에서 찾는다. 이 극에서 햄릿의 감정은 때때로 그가 처한 상황에 비해 강도가 지나치다고 비판받는데, 에이블에 따르면 이것은 〈햄릿〉이 비극으로서 미달이라는 사실을 드러내는 것이 아니다. 이것은 오히려 햄릿이 역사상 처음으로 프로타고니스트가 극작가 의식을 부여받고 있는 사례로 보아야 한다(L. Abel, *Tragedy and Metatheatre*, Holmes & Meier Publishers, Inc., 2003, 130~132면 참조).

37 R. Mckee, Story, 고영범·이승민 옮김, 『시나리오 어떻게 쓸 것인가』, 황금가지, 2002, 436~442면 참조.

씨와 거위집 처녀로부터 거위집 둘째가 집을 나갔다는 말을 듣는 것이다(장면 3 거위집). 그리고 두 번째 극적 계기(전환점)는 윤서기가 거위집 둘째와 함께 집으로 향하던 도중 솔매집을 만나는 사건이다(장면6 신틀매 골챙이). 이 사건을 통해 거위집 둘째가 솔매집 문둥이의 자식이라는 사실이 밝혀진다. 그러나 곧이어 솔매집 쪽에서 불길이 오르고 연지(거위집 둘째)를 찾는 웬 여자의 목소리가 들려오면서 동시에 멀리서 소방울 소리가 들리고 윤서기는 졸도한다. 여기까지를 구성단계상 '위기'로 볼 수 있다.

그리고 그 다음부터 이어지는 '하강'의 장면은, 사건의 관찰자로 기능하던 구서기가 연출역을 자임하면서 시작된다. 우선 위에서 요약한 '위기'의 장면이 축약 반복된다. 그리고 이에 덧붙여 연지를 찾는 사람은 솔매집 문둥이 여자임이 드러난다. 그는 촛불을 사방에 비춰대며 연지를 찾고 있다. 그는 솔매집이 불탔으며 자신은 이제 이곳을 떠날 것이니 연지 너는 걱정 말고 집으로 돌아가라고 말한다(자전거 : 194). 그러나 다시 윤서기의 기억은 여기에서 끊긴다. 따라서 솔매집 근처에서 오른 불길의 정체는 아직 드러나지 않았으며 윤서기의 무의식에 내재한 가장 깊은 비밀 역시 밝혀지지 않은 셈이다(장면 6 신틀매골챙이, 종반까지).

이에 구서기는 다시 한번 과거의 사건을 재현해 보자고 제안한다(자전거 : 165-6). 이에 따라 42일 전의 사건이 요약적으로 다시 재현되는데, 이때 재현되는 사건이 세 개의 극적 계기라는 점은 주목을 요한다. 즉 윤서기가 거위집 처녀를 만나는 장면(7장 거위집, 행동의 자극)과 솔매집 문둥이를 만나는 장

---

38 여기서 '5단 구성'은 프라이탁의 5단 구성을 재편성한 테니슨의 견해에 따른다. 이에 따르면 드라마는 발단, 상승, 위기, 하강, 파국의 다섯 단계로 이루어지며, 그 사이에 행동의 자극(inciting force), 전환점(turning point), 절정(climax)이라는 세 개의 극적 계기가 존재한다. 이에 대해서는 G.B. Tennyson, *An Introduction to Drama*, Rinehart and Winston, 1967, 20~22면 참조). 한편 맥기는 이야기의 주요 부분을 도발적인 사건과 발전적 갈등, 위기, 절정, 결말의 다섯 개로 설정한다. 이에 따르면 '절정'은 테니슨의 개념에서 '절정'과 유사한 반면, '위기'는 5단 구성의 '위기'와는 달리 '절정' 직전의 단계로, '위기'와 '절정'은 대개 드라마의 한 장면 안에서 연속적으로 일어난다고 설명된다(R. Mckee, 앞의 책, 436~441면 참조).

면(8장 신틀매 골챙이, 전환점)이 먼저 발췌·제시된다. 그리고 이어 역시 시간과 장소의 비약과 함께 솔매집에 불을 지른 것이 거위집 처녀임이 드러나고 등기소 방화 사건이 오버랩된다(장면 9 솔매집). 이것이 세 번째 극적 계기인 절정이며 이로써 하강이 종결된다.

이 글에서 주목하는 것은 전환점에서 절정까지의 긴장 구성 방식이다. 윤서기가 솔매집을 만난 사건은 '윤서기가 솔매집 문둥이를 만남→솔매집에 불길이 오름→연지를 찾는 소리→소방울 소리와 윤서기의 졸도'라는 도식으로 요약된다. 그런데 구서기가 연출자로 개입되면서 이것이 두 차례 반복된다. 그리고 각 반복의 끝에 연지를 찾는 솔매집 여인과 솔매집에 불을 지른 거위집 처녀가 차례로 등장하게 된다. 시간적 순서로 보자면 이것은 '윤서기가 솔매집을 만남→솔매집의 불길→연지를 찾는 소리→소방울 소리와 윤서기의 졸도→연지를 찾는 솔매집 여인→솔매집에 불을 지른 거위집 처녀의 울부짖음'으로 요약된다. 그런데 절정에 해당하는 밑줄 부분을 순차적으로 제시하는 것을 피하고 세 번에 걸친 반복 끝에 이것을 제시하고 있는 것이다.

이것은 전환점에서 절정에 이르기까지 긴장을 고조시키기 위한 전략으로 볼 수 있다. 전환점에서 절정에 이르기까지 일련의 사건은 순차적인 시간 진행과는 거리가 멀다. 즉 시간은 극중극의 연출자(구서기)의 임의대로 늘려지며 연출의 지시에 따라 장면은 발췌·제시된다. 이와 같은 장면의 반복을 통해 숨겨진 진실이 하나씩 드러남으로써 긴장이 고조된다. 그리고 마지막에 거위집 처녀의 방화 사건이 드러나고 당숙의 이야기가 오버랩되면서, 윤서기의 무의식의 심층을 드러내는 절정의 장면이 충격적으로 제시되는 것이다.

이렇게 절정에 이르기 직전에 의도적으로 시간을 지연하면서 긴장을 고조시키는 방법은 6.25 3부작의 다른 작품에도 유사하게 나타난다. 그런데 다른 작품에서 이것은 순차적 시간 진행에 따라 사실적으로 표현되고 있다면, 〈자전거〉는 다분히 비사실적인 방식으로 표현되는 차이가 있다. 이것은 〈자전거〉의 극중극이 전체적으로 윤서기와 구서기의 '연극 놀이'로 이루어져 있다는 사실에서 비롯된다. 그렇기에 〈자전거〉는 과거와 현재를 넘나들며 진행되고 극중극의 연기자와 관찰자가 역을 바꾸는가 하면, 시공간이 비약되며 필요한 장면이 발췌·요약·제시될 수 있었다. 이것은 이 극이 연극 자체에 대해 말하고 그 스스로를 재현하는 메타극(metatheatre)[39]임을 알려준다. 이렇게 볼 때 3장에서 윤서기가 극작가 의식을 부여받고 있다는 사실이 전혀 생소한 것은 아니라고 할 것이다.

5. 맺음말

이 글에서는 오태석의 6.25 3부작(〈산수유〉, 〈자전거〉, 〈운상각〉)의 구조적 상동성(인물유형, 플롯, 긴장구성 방식의 측면에서)을 밝히고자 하는 의도 아래, 오태석의 최고작 중 하나로 일컬어지는 〈자전거〉를 먼저 고찰하였다.

〈자전거〉에는 전쟁세대와 전후세대가 골고루 등장한다. 이 극 역시 오태석의 6.25 3부작의 다른 극과 마찬가지로 작품에 등장하는 다수 인물이 6.25의 비극을 체현하고 있다. 그러나 그럼에도 이 극의 중심인물은 윤서기로, 〈산수유〉나 〈운상각〉이 전쟁세대를 중심인물로 하고 있는 것과 달리, 전후 세대를 중심인물로 취한다.

〈자전거〉는 극이 벌어지는 현재 시점에서 42일 전 윤서기가 겪은 사건을 재구성하는 방식으로 이루어진다. 여기에서 문둥이 일가를 둘러싼 일련의 사건은 극중극의 명시적 플롯을 구성한다. 그리고 6.25 당시 등기소에서 윤서기 부친을 비롯한 마을 어른 127명을 불태워야 했던 당숙의 진실이 숨겨진 플롯으로 제시된다. 그리고 또하나 황소가 윤서기를 받지만 등기소 망자들이 구

---

39 '메타극', P. Pavis, 신현숙 외 옮김, 『연극학 사전』, 1999 참조. 파비스는 메타극이란 용어가 에이블에게서 비롯되었음을 인정하면서도 그의 논의를 그대로 수용하고 있지는 않다. 그런데 에이블은 메타극의 본질적 속성으로 등장인물이 자신의 연극성을 의식하고 있다는 사실을 든다. 즉 등장인물이 극의 테두리를 넘어선 자의식(self-consciousness)을 지니고 있다는 것이다(L. Abel, 앞의 책, preface 참조). 이렇게 볼 때 에이블의 메타극 개념은 연극의 자기 반영적 속성을 강조한 파비스의 메타극 개념과 상통함을 알 수 있다.

해주는 사건 역시 숨겨진 플롯으로 볼 수 있다(이것은 〈경상도 거창말 자전거〉에서 보다 뚜렷이 드러난다). 그런데 이때 황소가 야밤에 날뛰게 된 것은 양조장 황씨가 소한테 받쳐 똥통에 빠지자 홧김에 소를 걷어찼기 때문이다. 이것은 전쟁피해자가 가해자에게 복수를 하고 그 결과 전후세대에까지 피해가 미친다는 사실을 은유한 것으로 볼 수 있다. 이렇게 〈자전거〉는 명시적 플롯과 숨겨진 플롯의 이중 구조를 통해 6.25의 비극에 대한 알레고리적 성격이 더욱 심화된다.

한편 이 극에 나타나는 문둥이의 존재는 우리나라 역사상 좌익의 알레고리로 볼 수 있다. 오랫동안 천형(天刑)으로 알려진 문둥병처럼, 좌익은 좌익으로 낙인찍힌 당사자뿐 아니라 그 가족들까지 연좌제에 걸려 공적 영역은 물론 사적 영역에까지 심대한 제약을 받아왔다. 극중에서 윤서기는 아버지가 납북되고 연좌제로 고통받은 오태석의 극작가 의식을 이어받고 있다. 즉 자신의 가계에 덧씌워진 불안과 공포의 근원을 불태우고자 했던 거위집 처녀의 욕망은 작가의 은밀한 욕망에 다름 아니다. 윤서기가 졸도한 것은 이같은 충격적인 욕망의 발견 때문으로 해석할 수 있다.

또한 이 극은 전환점에서 절정에 이르는 부분에 있어, 시공간적 비약과 함께 같은 장면을 세 번이나 반복하면서 긴장을 조성한다. 그런데 이것은 다분히 '연극 놀이'에 의한 비사실적 방식으로 형상화되는바 메타극적 성격을 보여준다. 이것은 앞에서 윤서기가 극작가 의식을 부여받고 있다는 해석에서도 드러나는 사실이다.

4

오태석의 6.25 3부작 연구 2

: 〈산수유〉, 〈자전거〉, 〈운상각〉의 상동성과 희곡사적 의의

1. 들어가며

이 글은 「오태석의 6.25 3부작 연구 1」[1]에 이은 후행 논문이다. 앞선 논문이 6.25 3부작 전체에 대한 논의보다는 〈자전거〉(1983) 한 작품에 대한 분석에 무게가 실려 있었던 것이 사실이다. 이에 반해 이 글에서는 〈자전거〉에 대한 기왕의 논의를 바탕으로 〈산수유〉(1980), 〈운상각〉(1989)에 대한 구체적인 작품 분석과 함께 6.25 3부작을 본격적으로 논하게 될 것이다.

기존에 오태석 희곡 〈산수유〉, 〈자전거〉, 〈운상각〉은 '6.25 3부작'으로 불리면서도 그것의 정체성이 분명하지 않았다.[2] 이에 이 글에서는 우선 6.25 3부작의 상동성(相同性)[3]을 밝힘으로써 6.25 3부작의 정체성을 올바로 자리매김하고자 한다. 그런데 이것만으로는 충분하지 않다. 주지하듯 오태석 희곡 중에는 〈사람〉(1984), 〈코소보 그리고 유랑〉(1999), 〈만파식적〉(2005) 등 6.25를 소재로 한 많은 작품들이 존재한다. 그렇다면 6.25 3부작은 이들과 어떤 점에서 차이가 있는가? 더 나아가 오태석 희곡사에서 6.25 3부작이 갖는 의미와 위상은 무엇인지 규명될 필요가 있다. 그럴 때라야 비로소 6.25 3부작의 정체성이 올바로 정립될 수 있을 것이다.

6.25 3부작은 무엇보다 오태석 역사극의 장에서 의미를 찾을 수 있다. 주지하듯 오태석 희곡은 주로 전통과의 연계성 속에서 다루어졌다. 그러나 전통극의 강박관념에서 한 발짝 떨어져서 바라볼 때, 역사극은 오태석 연극에서 전통극에 버금가는 중요한 테마이다. 1990년대 이후 몇 차례의 인터뷰에서

---

1 졸고, 「오태석의 6.25 3부작 연구 1: 〈자전거〉를 중심으로」, 『한국현대문학연구』 25, 2008.

2 '6.25 3부작'은 서연호가 〈산수유〉(1980), 〈자전거〉(1983), 〈운상각〉(1989)을 묶어 이름 붙인 것이다. 그러나 그는 세 작품을 묶는 근거에 대해서는 언급하고 있지 않으며, 후대의 연구자들이 6.25 3부작을 연구할 때조차 이것의 정체성에 대한 물음은 묻고 있지 않다. 따라서 현재 6.25 3부작은 이름은 있되 실체는 밝혀지지 않은 채로 남겨져 있다. 6.25 3부작의 연구사에 대해서는 위의 글, 서론 참조.

3 '상동성(相同性)'이란 생물의 기관이 발생 기원과 기본 구조가 서로 같은 것을 일컫는다. 여기에서는 이것의 비유적 의미로 〈산수유〉, 〈자전거〉, 〈운상각〉이 6.25에 대한 작가의 동일한 태도에서 비롯되었으며 기본 구조 역시 같다는 인식에서 '상동성'이란 표현을 사용했다.

오태석은 향후 작업을 묻는 대담자들에게 우리나라 역사 혹은 역사적 인물에 집중하겠다는 포부를 밝힌다(다음 인용 참조).[4] 그리고 이것은 실제로 〈도라지〉(1994), 〈천 년의 수인(囚人)〉(1998), 〈잃어버린 강〉(2000), 〈백년언약〉(2008)에 이르기까지 한국 역사를 문제삼은 작품을 꾸준히 발표하는 것으로 현실화된다.

> 이제 귀신 이야기는 그만 할 겁니다. 일단 푸닥거리는 하고 넘어간 거니까. 이제는 우리 자신한테 현미경을 들이대야지요. 우리 안에 있는 급소(急所), 한 개인을 집중적으로 잡아서 종합진단을 해보고 싶어요. 왜 이렇게 됐는지. 어떤 한 사람, 흥미로운 인물을 하나 잡아서, 이 사람이 이렇게 살 수밖에 없었던 이유를 진단해 보자는 거지요.

오태석의 역사극 중에는 역사적 소재를 취하되 전통극에 대한 관심의 자장 안에서 해석될 수 있는 것(〈태〉(1974), 〈부자유친〉(1987), 〈백마강 달밤에〉(1993))도 존재한다. 그러나 오태석 역사극의 주된 관심사가 한국 근현대사에 놓여 있음은 분명해 보인다.[5] 이 글에서는 〈도라지〉(1994) 이후 오태석 희곡이 본격적인 역사극 단계에 접어든다고 보는데,[6] 이것은 위에서 지적한 오태석의 인터뷰 시기와도 일치한다. 그렇다면 6.25 3부작은 어떤 위치를 점하는가.

---

4 오태석·이상일·김미도 대담, 〈실험적 언어와 오브제의 연극적 코너웍〉, 『문학정신』, 1992.9; 오태석, 『심청이는 왜 두 번 인당수에 몸을 던졌는가』, 평민사, 1994, 316면 재수록; 오태석·서연호 대담, 『오태석 연극: 실험과 도전의 40년』, 연극과인간, 2002, 311~312면. 본문의 인용문은 후자의 것이다.

5 김옥란, 「오태석 연극에서의 역사와 폭력의 아이러니」, 『대중서사연구』 14, 2005, 60면.

6 김옥란은 오태석 역사극을 (1) 6.25 3부작과 (2) 〈태〉, 〈부자유친〉, 〈백마강 달밤에〉, (3) 〈도라지〉 이후의 극으로 분류한다. 이 글에서는 기본적으로 이러한 분류에 동의하나, 오태석 역사극이 (1)~(3)의 순서에 따라 자전적인 역사 체험으로부터 공적 역사와의 일치를 지향한다고 보는 관점(위의 글, 71면)에 대해서는 좀더 사실 구명이 필요하다고 보고 판단을 유보한다. 이 글의 관점에 따르면 (2)는 전통극의 자장 안에서 역사적 사실이 소재로 취택된 것으로 보다 중립적으로 보며, 작가가 (1)자신의 트라우마와 관련된 6.25를 다루는 것을 시작으로 (3)본격적인 역사극 단계에 접어들었다고 본다.

이 글에서는 6.25 3부작이 오태석이 본격적인 역사극이 전개되는 데 발판이 되었다고 본다. 이것은 한국전쟁[7]과 관련된 트라우마를 이 작품에서 드러내고 있다는 사실과 밀접하게 관련을 갖는다. 이에 대해서는 본론 4장에서 자세한 논구가 이루어질 것이다.

다음 장에서는 앞선 논문에 이어 6.25 3부작의 상동성에 대한 논의가 이루어진다. 앞선 논문에서 6.25 3부작의 인물 유형에 대해서 지적했다. 즉 인물은 크게 전쟁세대와 전후세대로 구분되며, 이때 전자는 전쟁의 직접적 당사자로, (a)전쟁의 피해자와 (b)가해자로 나뉜다. 후자는 전쟁 이후에 태어났거나 어린 시절 자의식이 미성숙한 채로 전쟁을 겪은 세대를 의미한다. 그리고 이는 (a)전쟁 중에 부모를 상실하는 등의 이유로 전쟁으로부터 직접적인 거리를 가진 인물과 (b)간접적인 거리를 가진 인물로 나뉜다. 6.25 3부작 모두 이러한 인물 유형에 기반하고 있다는 사실은, 이들 작품의 상동성을 드러내는 증거가 된다.[8] 이어 본 논문의 2,3장은 각각 플롯과 긴장 구성 방식의 측면에서 상동성을 다룬다. 이때 논의는 〈자전거〉의 경우 선행 논문의 해당 내용을 간단히 요약하고 〈산수유〉, 〈운상각〉 두 작품을 주로 분석하는 식으로 진행될 것이다.[9]

---

7 '6.25'를 뜻하는 학술적인 용어는 '한국전쟁'이다. '6.25'라는 명칭이 냉전시대의 유물임은 박명림, 「한국전쟁, 6.25의 용어 사용과 기억 방식에 대한 단상」, 『역사비평』, 2006 봄호 참조. 그러나 〈산수유〉, 〈자전거〉, 〈운상각〉은 통상적으로 '6.25 3부작'이라 지칭되는바, 이 글에서는 '6.25'와 '한국전쟁'이란 용어가 혼용되고 있다.

8 졸고, 앞의 글, 546~549면 참조.

9 이 글에서 분석 대상이 되는 작품의 출전은 다음과 같다: 〈산수유〉, 『심청이는 왜 두 번 인당수에 몸을 던졌는가』, 평민사, 1994; 〈운상각〉, 위의 책; 〈자전거〉, 『백마강 달밤에』, 평민사, 1994. 작품 인용은 '(작품명 : 인용면수)'의 형태로 본문 중에 직접 표기된다.

2. 선암리를 배경으로 한 '이야기-구조'의 상동성

좁은 의미에서 플롯은 스토리 내에서 행해진 사건의 결합이지만, 넓은 의미로 볼 때는 행동과 인물, 사상 등을 모두 포함한다.[10] 이런 의미에서 본 장에서는 좁은 의미의 플롯에 대해 논하기에 앞서 6.25 3부작의 시공간적 배경 및 인물에 대해서 간략하게 고찰한다.

6.25 3부작의 시간적 배경을 놓고 볼 때, 〈산수유〉의 시간적 배경이 6.25 직후라면, 〈자전거〉와 〈운상각〉은 30~40년 후라는 차이가 있다. 그러나 그럼에도 불구하고 세 작품은 충청남도 서천군 선암리를 직간접적인 배경으로 하고 있다는 점에서 공통적이다. 이러한 공간적 배경은 주로 〈자전거〉 분석에서 중심적으로 지적되어 왔다. 그러나 생배와 솔매, 신틀매 등은 〈자전거〉뿐 아니라 〈산수유〉나 〈운상각〉에도 그대로 나타나는 지명임에 주목할 필요가 있다.[11]

〈산수유〉는 "인간들의 조그만 상처를 감싸고 덮어주는 듯한" 지리산을 중심 배경으로 설정하고 있다(산수유 : 114). 후술되겠지만, 〈산수유〉의 보조 플롯을 이루는 탄피주이들의 생활공간이 바로 이 지리산인 것이다. 그러나 중심플롯에 해당하는 마을이 배경이 되면, 신틀매(산수유 : 117)와 배티마을(산수유 : 121), 생배(산수유 : 125), 솔매(산수유 : 134), 판다리(산수유 : 143, 155) 등 선암리의 지명이 다수 나타난다. 또한 〈운상각〉에는 신틀매 골챙이, 생배(운상각 : 222), 항갱이(운상각 : 233) 등의 지명이 나타나고, 영걸의 본적은 '충

10 아리스토텔레스에 따르면 플롯은 스토리 내에서 행하여진, 사건의 결합이다. 그러나 크레인은 이러한 좁은 플롯 개념을 확장시켜, 작가가 자신의 창작 내용을 구성하는 행동과 인물, 사상의 요소들을 특수하게 시간적으로 종합한 것으로 본다(R.S. Crane, The concept of plot and the plot of "Tom Jones", Crane(ed), *Critics and Criticism*, Univ. of Chicago Press, 1952, 621면).

11 서재화는 충청도 선암리를 배경으로 한 오태석 극으로 6.25 3부작 외에 〈백마강 달밤에〉와 〈갈머리〉를 들고 있다. 이 글에서 지적되듯, 선암리의 지명과 그 부근의 지리적 상황은 오태석 희곡 〈아프리카〉에 잘 드러나 있어, 6.25 3부작의 공간 연구에 좋은 참조가 된다(오태석, 〈아프리카〉, 오태석·서연호 공편, 『오태석 공연대본 전집』 7, 연극과인간, 2005 및 서재화, 「분단 상황이 오태석 희곡의 등장인물에 미친 영향 연구」, 중앙대학교 연극학과 석사학위논문, 2007).

남 서천군 시초면 선암리'요, 그가 사는 곳은 판교(운상각 : 231-2)라는 등 구체적인 지명이 거론된다.

이와 더불어 인물상의 유사성도 찾아볼 수 있다. 6.25 3부작의 인물은 크게 전쟁세대와 전후세대로 구분되며, 이들은 모두 전쟁의 상흔을 깊이 지닌 채 혈육으로 또는 이웃으로 응어리를 안고 한데 모여 살아가는 인물들이다.[12] 또한 〈산수유〉에서 상수아범(귀신)은 '시초면 구서기'로 자신을 소개하고 '읍내 등기소'에 볼일이 있어 간다는 사실(산수유 : 143)은, 면사무소 서기인 윤서기와 구서기의 존재(〈자전거〉)를 강하게 연상시킨다. 〈운상각〉에도 지나가는 말이지만 '읍내 등기소'가 대화 중에 거론된다(운상각 : 243). 〈산수유〉나 〈운상각〉에서 '지관(地官)'이 마을의 어른으로 상정되고 있다는 사실 역시 공통적이다(산수유 : 132-3;운상각 : 222). 이것은 앞에서 다룬바 공간적 유사성(지명(地名)의 반복)과 함께 6.25 3부작에 '개인적인 상호텍스트성'[13]이 존재함을 드러낸다.

그렇다면 이 같은 사실을 바탕으로 6.25 3부작의 (좁은 의미의) 플롯의 상동성에 대해 살펴보도록 하자. 앞서 〈자전거〉의 분석에서 '전쟁세대의 상처와 치유' 및 '6.25의 비극이 전후세대에까지 미치고 있다'는 두 가지 '이야기-구조'[14]를 추출한 바 있다. 그런데 이와 같은 이야기-구조는 〈산수유〉, 〈운상각〉

---

12 이정환, 「'아시에서 현실로 나아가는 여정: 오태석 〈운상각〉」, 『국어국문학』 137, 2004, 445면.

13 '개인적인 상호텍스트성(personal intertexuality)'이란 한 작가의 작품 안에서 선행 작품에 대한 인용 또는 인유가 일어나는 것을 일컫는다(Silvio Gaggi, *Modern / Postmodern: A Study in Twentieth-Century Arts and Ideas*, Univ. of Pennsilvania Press, 1989, 145면; 정영훈, 「최인훈 소설에 나타난 주체성과 글쓰기의 상관성 연구」, 서울대학교 박사학위논문, 2005, 124면 재인용).

14 「오태석의 6.25 3부작 연구 1」에서는 이것을 '이야기 줄기'로 표현하였다(졸고, 앞의 글, 547면). 그러나 이 글에서는 이것을 '이야기-구조'라 재명명하고자 한다. 채트먼에 따르면 서사적 텍스트는 크게 '이야기'(묘사되는 '무엇')와 '담화'(내용이 전달되는 수단, 곧 표현)로 구분되고, 전자는 '사건'과 '존재물'(인물, 배경)로 나뉜다. 그리고 하나의 '이야기 속의 사건'은 그것의 담화, 즉 묘사의 방식에 의해 '플롯'으로 전환된다고 한다. 그런데 이때 '이야기 속의 사건'은 '이야기-사건'이라 명명된다(S. Chatman, 『영화와 소설의 서사 구조』, 김경수 옮김, 민음사, 1990, 20~22면 및 49면). 이에 이 글에서는 6.25 3부작에 나타나는 각각의 구체적인 '이야기-사건'들이 전쟁세대의 상처와 치유, 그리고 전쟁의 비극이 전후 세대에까지 미친다는 두 가지 추상적인 '이야기-사건'으로 추출될 수 있다고 보고, 이것을 '이야기-구조'라 칭한

에도 공통적이다. 이것을 설명하기 위해 각 작품의 플롯을 살펴보자. 이는 다음 장에서 긴장 구성 방식을 논할 때에도 필요하기에 상세히 논할 필요가 있다.

오태석의 많은 작품들이 그렇듯 6.25 3부작 역시 한 작품 안에 하나의 플롯만이 존재하는 단일 플롯(single plot)과는 거리가 멀다. 구체적으로 〈자전거〉가 명시적 플롯(overt plot)과 숨겨진 플롯(covert plot)의 이중 구조로 설명될 수 있다면,[15] 〈산수유〉와 〈운상각〉은 중심플롯과 보조플롯이 존재하는 이중플롯(double plot)의 형태를 취하며,[16] 이들 각각은 5단 구성[17]으로 파악될 수 있다.

그렇다면 세 개의 극적 계기를 중심으로 우선 〈산수유〉의 플롯을 살펴보자. 〈산수유〉에서는 구씨 집안을 중심으로 한 이야기가 중심플롯을 이룬다. 구씨의 손자 상수가 뱀에 물리는 사건이 일어나고(행동의 자극), 이것을 기점으로 마을 사람들 사이에 갈등이 일어난다. 이것은 근배와 병구의 갈등으로 구체화되는데, 이를 통해 마을에 숨겨진 비밀이 드러난다(전환점). 이를 계기로 마을에 화해 모드가 진전되면서 상수 부모의 합장을 계기로(절정) 죽어가던 상수가 되살아난다. 한편 지리산을 배경으로 한 탄피주이의 삶은 보조플롯을 이룬다. '서가네'로 불리는 탄피꾼들은 뱀에 물려 쓰러져 있는 상수를 발견하고 상수를 집으로 데려다준다(행동의 자극). 그 과정에서 닥종이를 붙이며 사

다.

15 '명시적 플롯'과 '숨겨진 플롯'에 대해서는 졸고, 앞의 글, 549~554면 참조.

16 중심플롯과 보조플롯은 채트먼에 따르면 서사적 사건의 '위계의 논리'에 해당한다. 채트먼은 이에 따라 '중핵(kernel)'과 '위성(satellite)'을 구분하는데(S. Chatman, 앞의 책, 61~65면), 중심플롯과 보조플롯을 보다 정당하고 구체적으로 논한 것은 맥기이다(R. Mckee, Story, 『시나리오 어떻게 쓸 것인가』, 황금가지, 2002, 320~340면 참조). 한편, 테니슨은 중심플롯과 보조플롯으로 이루어진 것을 '이중플롯(double plot)'이라 칭하고, 오직 하나의 플롯이 존재하는 것을 '단일플롯(single plot)'이라 부른다(G.B. Tennyson, *An Introduction to Drama*, Rinehart and Winston, 1967, 16~18면).

17 이 글의 플롯 분석에서 사용되는 5단 구성과 3개의 극적 계기는 프라이탁의 구성을 재편성한 테니슨의 견해에 따른다. 이에 의하면 드라마는 발단, 상승, 위기, 하강, 파국의 다섯 단계로 이루어지며, 그 사이에 행동의 자극, 전환점, 절정이라는 세 개의 극적 계기가 존재한다(G.B. Tennyson, 앞의 책, 20~22면).

형(私刑)이 집행되는 광경을 보고 장씨는 6.25 때 기억을 떠올린다. 이어 장씨는 꿈에 신부님과 상수 아범 귀신을 만나고(전환점), 구씨의 추궁 끝에 가르시아 신부를 생매장한 사실을 고백한다(절정).

위 중심플롯에서 전환점은 전환점 자체가 갖는 뜻에 걸맞게 인물(근배와 병구)의 갈등이 첨예화되는 지점으로서도 의미가 있지만, 이와 더불어 전쟁 당시 가해 사실이 드러나면서 가해자의 속죄가 이루어진다는 점에서 중요한 의미가 있다. 즉 이것은 전쟁세대의 상처와 치유라는 이야기-구조로 볼 수 있다. 이와 함께 상수가 뱀에 물려 사경을 헤매다 생명을 회복하는 사건은, 6.25의 비극이 전쟁세대를 넘어 전후세대에까지 미치고 있다는 또다른 이야기-구조를 이룬다.

한편 보조플롯에서 장씨가 가르시아 신부를 생매장한 사실을 고백하는 것은 중심플롯에서 근배의 속죄 행위에 상응한다. 즉 이는 전쟁세대의 상처와 치유라는 이야기-구조를 보조플롯에서 반복한 것이라 하겠다. 그러나 실제로 천주교 박해 사건은 부차적으로 다루어지기에는 그 자체로 커다란 문제를 내포하고 있기에 성공적인 유비를 이루지 못한다.[18] 이것은 〈산수유〉의 중심플롯에서 6.25 3부작의 두 가지 이야기-구조가 매우 설득력 있게 다루어지는 장점에도 불구하고, 〈산수유〉가 가진 구성적 한계로 볼 수 있다.

한편 〈운상각〉의 중심플롯은 6.25 때 남편이 납북되고 한평생 홀로 지내온 해남댁이 남편 김시량의 신위를 모셔놓고 장례를 치르려는 이야기로 구성된다. 그러나 김시량의 신위가 도착한 후(행동의 자극) 장례식을 치르려던 해원댁의 계획은 이북에서 남편을 모셨다는 여자(장정의 여식, 실은 이북에서 남편이 재혼한 부인의 넋이 씐 것)의 등장(전환점)으로 갑작스럽게 금혼식 준비로 바뀐다. 해원댁은 결국 장정의 여식에게 남편의 사모관대를 입히고 금혼식 사진을 박는다(절정).

〈운상각〉의 보조플롯은 크게 볼 때 구서방의 이야기와 희숙-영걸의 이야기

18 김남석, 「'이산 5부작' 연구」, 『인문연구』 48, 2005, 188면 참조.

두 가지로 볼 수 있다. 구서방은 6.25 때 김시량을 상하게 했다는 죄의식으로 정신이상 증세를 보인다. 그런 그가 해원댁의 금혼식 장면에 이르러 김시량에게 속죄의 고백을 한다. 이것은 '전쟁세대의 상처와 치유'라는 이야기-구조에 해당한다. 그러나 이것은 〈산수유〉나 〈자전거〉에서와 같이 숨겨진 비밀이 폭로되는 방식이 아니라, 이미 알려진 사건으로 설정되어 있어 극적 긴장감이 상실된다.[19] 즉, 여기서 구서방의 행위는 희화화되면서 가해자의 참회의 문제는 진지함을 상실하고, 이것이 전체 작품에서 차지하는 비중 역시 앞의 두 작품에 비해 현격히 떨어진다.

그렇다면 희숙과 영걸의 이야기는 어떤가. 〈운상각〉의 처음과 끝이 '약혼사진'(처음은 희숙과 영걸, 끝은 운상댁과 김시량의 약혼 사진이다)으로 동일하다는 것을 보면, 해남댁-김시량의 금혼식과 희숙-영걸의 약혼식은 유비 관계를 의도하고 있음을 알 수 있다. 즉, 해남댁의 불행한 결혼이 희숙의 결혼 결심을 주저하게 한다는 식으로의 해석이 가능한 것이다. 그러나 극중에서 희숙이 영걸과의 약혼을 돌연 취소한 이유는 나타나지 않으며, 파혼이 기정사실화되자 희숙이 울며불며 난리를 치는 이유 역시 명확하지 않다. 이로써 희숙과 영걸의 이야기는 전체 작품에서 차지하는 중요성에도 불구하고 피상적인 이야기에 머물고 만다. 결국 〈운상각〉에서는 '6.25의 비극이 전후세대에까지 이어진다'는 이야기-구조는 성공적으로 구현되지 못한 것으로 볼 수 있다.[20]

이상에서 보듯 6.25 3부작은 전쟁세대의 상처와 치유, 그리고 6.25의 비극

---

19 앞의 글, 175~178면 및 179~180면 참조.

20 한상철 역시 〈운상각〉에 대해, 연극의 구심점이 세 갈래 이야기로 분산된 채 최종적 대단원으로 잘 모아지지 못함으로써 감동 있는 연극이 되지 못했다고 지적한다(「사진 한 장으로 남은 인생의 꾸미기와 허무주의」, 『객석』, 1990.4; 오태석, 앞의 책, 296면 재수록). 이정환도 이 점에 대해 부정적으로 보고 있으며(이정환, 앞의 글, 440면), 현수정 역시 〈운상각〉이 다른 6.25 3부작에 비해 인과관계가 느슨하고 에피소드가 병치되는 등 확산적 성격을 갖는다고 지적한다(현수정, 「오태석의 한국 전쟁 소재 희곡 연구」, 연세대학교 석사학위논문, 2004, 11면).

이 전후세대에까지 이어진다는 두 개의 '이야기-구조'를 갖는다. 또한, 6.25 3부작은 오태석의 고향인 충청남도 서천군 선암리를 직간접적인 배경으로, 그곳 사람들의 전쟁의 상처에 대해 반복적으로 이야기하고 있다. 이것은 한국전쟁을 소재로 한 오태석의 다른 작품과 6.25 3부작의 변별적 지점이 됨과 동시에, 6.25 3부작이 작가의 개인적 체험과 관련되어 있음을 은밀히 드러낸다. 이것에 대해서는 4장에서 다시 다루어질 것이다.

3. 긴장 구성 방식의 상동성

다음으로 살펴볼 것은 긴장 구성 방식이다. 6.25 3부작은 전환점 또는 절정에서 순차적으로 장면이 제시되지 않고 시간이 '지연'되며, 그 지연된 시간 동안 일정한 구조가 의도적으로 '반복'된다. 이러한 방식은 〈자전거〉에서는 다음과 같이 드러난다. 〈자전거〉의 극중극을 5단 구성으로 파악할 때, 솔매집 화재 장면을 절정으로 볼 수 있다. 그런데 거위집 처녀가 솔매집을 불태운 장면을 보여주기까지, 전환점에서 곧장 절정으로 넘어가지 않고 유사한 상황이 세 번이나 반복되며 절정이 제시된다.[21]

〈산수유〉에서는 중심플롯의 전환점에 해당하는 근배의 속죄가 이러한 방식으로 이루어진다. 낯선 사람들이 마을에 드나들면서 근배는 상수 아범과 관련된 과거 사실이 드러날까 조바심을 낸다. 그는 상수를 집에 데려다준 탄피주이를 마을에서 내쫓고도 안심할 수 없었다. 더 나아가 그는 병구를 희생양 삼아 다시 한번 마을 사람들의 입단속을 하고자 한다. 근배는 병구의 얼굴에 닥종이를 붙이며 사형(私刑)을 시작하고, 이에 병구는 과거의 기억을 들추어내며 저항한다.

(1)(a) 병구는 우선 근배를 향해 직접적으로 삼촌 이야기를 끄집어낸다 :

21 졸고, 앞의 글, 559~562면.

"이놈, 내가 니놈 삼촌으로 뵈냐. 이런다고 니 삼촌 살아나냐. 안 될 것이다." (b)그러나 근배는 그 말에 끄떡도 없이 풀칠한 닥종이로 병구 안면을 덮는다. (2)(a)그러자 병구는 입파람으로 닥종이에 구멍을 내 이번에는 구씨 들으라고 소리친다 : "인공때 자식 패 죽이더니 사람 죽이는 데 이골이 났단 말이오. 어른이 애들 시켜 사람 죽이네." (b)하지만 구씨는 아무런 반응도 보이지 않고, (3)(a)병구는 실제 인물의 이름을 들어가며 보다 구체적인 기억을 되살려 낸다 : "근배 엄니가 그랬구만. 상수 아범 아니여. 상수 아범 아니냐. 안 들었나. 자네들 말들 해보소. 들었어. 말었어." (b)그 말을 들은 사람들은 흠칫 놀라고, 무엇보다 근배 어미(상수 고모)가 제일 먼저 반응하기 시작한다 : "(눈물 훔친다) 그려 내가 본게 입성이나 키나 꼭 닮아서……." (4)(a)그러나 또다시 병구의 얼굴에 닥종이가 붙여지고, 이제는 말소리도 내지 못하게 된다. 상황이 이에 이르자 병구 처는 당시 근배의 행위를 구체적으로 풀어 놓는다 : "내 들어서 다 안다. 니놈이라믄서, 제일 먼저 나서 갖고 반동이다 쳐 죽여랴 소리 치고, 몽둥이질 한 것이 바로 니 놈이라믄서. (…)"[22]

위의 (1)~(4)에서 구체적인 내용은 다르지만, (a)병구 또는 병구 처가 과거 사실을 들추어내고 (b)그에 따라 과거 그 사건을 경험했던 인물들의 반응이 나타나는 '구조'는 동일하다. 그리고 (1)에서 (4)로 갈수록 폭로되는 사실은 보다 구체적이 되고 근배의 입지는 점점 좁아진다. 실지로 (4)-(a)의 결과, (b)상수 어미는 다시 한번 근배에게 실지로 네가 삼촌에게 그렇게 했느냐며 눈물을 쏟아내고, 어미의 눈물어린 추궁에 근배도 사실을 토로하게 된다(다음 인용).

근배 이 마당에 뭔 소리 못하겄소. 처음에사 몰라보겄드만 (…) 헌디 손등을 본게 이쪽이 등에 낫 자국이 있어야. 그 자국을 본게 영낙없대.(잠시 암울한 눈빛으로 두리번거린다) 마루에 기둥을 잡고 섰는 할아버님을

---

22 이상 인용된 부분은 〈산수유〉, 앞의 책, 159~164면. 이때 '(…)' 표시는 생략된 부분이 있음을 나타낸다.

> 보고, 손짓헌게 알아들으셨는지 고개짓을 하시더만. 헌디 빨치산 중이 한둘이 날 알아 봤던 모양이여. 뒤로 와서 농고 동기동창이라데. 돌아보려고 헌게 총구를 척추에 대더만 소리치라는 것이여. (잠시) 이 사람은 반동분자다. 인민의 적이다. 뽄데를 보여주자. (잠시) 소리치고 먼저 치라는 것이여. 거역하면 마당에 있는 사람 죄 몰살하겠다는 거여. (…) 몇 번인지 모르겠구만. 낫 들어 손목을 내리칠려다가 말고-누가 알것는가. (욱 치미는 열기를 감당 못하고 비틀거린다) 다른 말할 거 없네야. 나여, 바로 나, 정 근배가 선동을 한 짓이여. 내 외삼춘 쳐죽이라고 선동한 장본인이라우. 엄니, 나라우. 내가 삼촌을 죽였어라우. 죽이자고 소리쳤어라우. (오열한다) 엄니, 일을 어쩌라우 - (산수유 : 162-163)

위의 근배의 고백에서 근친(삼촌)을 가해한 근배의 반인륜적 행위는 비난의 대상이 되고 있지 않다. 오히려 그가 처했던 강압적 상황, 그리고 그 일로 인해 그가 겪은 고민과 아픔이 전해지면서 어느새 독자/관객은 그에게 연민을 갖게 된다. 드라마에 감동하는 이유는 극에서 '무엇'(사건)이 벌어져서가 아니라 '누구'(인물)에게 무슨 일이 벌어지기 때문이다. 그만큼 인물 및 인물의 변화가 독자/관객을 감동시키는 중요한 관건이 된다고 볼 때,[23] 〈산수유〉는 이것을 성공적으로 구현하고 있다.

다음은 〈운상각〉의 긴장 구성 방식이다. 앞 장에서 지적했듯, 김시량의 장례식 계획은 이북에서 김시량을 모셨다는 여인이 나타나면서 금혼식 준비로 급변한다. 여기서 해남댁은 장정의 여식에게 남편의 사모관대를 씌우며 '금혼식 사진 한 장'을 박는 일에 집착한다. 이 와중에 구서방이 김시량에게 사죄하고, 구서방의 엽총을 손에 쥔 해남댁은 아들 영기에게 사진 한 장만 박게 해달라고 애걸복걸하던 태도에서 단번에 벗어난다.[24] 즉 그는 금혼식 사진을 찍기

---

23 L.J. Cowgill, 이문원 옮김, 『시나리오 구조의 비밀』, 시공아트, 71~91면.

(절정)까지, 영기에게 공포를 쏘아대며 금혼식 사진에 대한 자신의 연출과 설계를 조목조목 관철하고 있다.

(1)(a)해남댁은 우선 장정의 여식과 구서방이 전신이 다 나오고 집의 안채가 다 나오게끔 사진을 찍으라고 명령하고 (b)영기는 그것을 이행한다. (2)(a)이어 그는 초례 때 쓰는 나무오리가 있어야 한다고 주문하고 영기가 거부하자 공포를 쏘아댄다. (b)영기가 나무오리를 가져오자 (3)(a)이번에는 사진기에 필름이 들었는지를 확인코자 한다. 해원댁은 사진기에 분명히 필름이 들었으며 필름을 빼면 사진을 찍을 수 없다는 영기의 말을 도통 들을 생각을 하지 않는다. 환갑 사진도 없고 사진 한 장은 남겨야 한다며 영기가 어미 말에 맞서자 공포를 연발로 쏘아대며 (b)자신의 의지를 관철한다. (4)(a)이어 해남댁은 (과거 약혼식에 오셨던) 항갱이 시아주버님이 보이지 않으니 그를 데려오라는 분부를 내린다. 큰아버지는 이미 돌아가셨다는 영기의 말에도 막무가내다. (b)결국 구서방이 그를 데리러 퇴장하고, 그 사이 해남댁은 금혼식 사진을 찍어 버린다.

(3-a)

해남댁 거그 너 필름이 안 들었지야. 속이 비었지. 집에는 왜 들어갔다 나오냐.

영기 초례상 가져 왔잖아요.

해남댁 보자.

영기 뭘 봐요.

해남댁 그 속이 들었는가 이 눈으로 봐야겠어.

---

24 이것은 앞에서 해남댁이 끊임없이 아들의 눈치를 보던 것과 대조적이다. 이것은 사실 극중에서 다소 돌발적인데, 분명한 것은 해남댁이 총을 손에 쥐게 되면서 나타나는 태도 변화가 극중에서 주의깊게 포착되고 있다는 사실이다. 이것의 이유에 대해서는 분명히 나타나지는 않는다. 그러나 〈여자가〉, 〈사추기〉 등 오태석 희곡에 대한 페미니즘적 연구의 연장선 속에서 해석될 가능성이 있다고 본다.

영기 지금 필름 빼란 말이요.

해남댁 <u>보잔게.</u>

(…)

해남댁 <u>열어봐.</u> (*총을 쏜다*)

영기 뭐가 서운해서 이러신대요. 그래요. 내가 다 잘못했어요. 내가 이러고 사과헌게 노여움 푸시고 자 김치 - 김치.

해남댁 <u>봐.</u> (*총쏜다*)

영기 사진 나오면 크게 확대헙시다 이만허게. 신문지 두 장만하게 확대 해 갖고 금박올린 액자에 넣어서 마루방에 걸어놉시다.

해남댁 <u>봐 - 봐 - 봐 - 봐 -</u> (*공포탄이 연발로 터진다*)

(3-b)

영기 알았어요.
(영기가 카메라 뒷판 열어 필름 꺼내 던진다)
보시오. 실컷 봐요. (운상각 : 252-253)

위 인용은 (3)을 예로 들어 (a)-(b) 구조의 단면을 보여준 것이다. 여기에서 드러나듯 (a)해남댁은 총으로 영기를 위협하며 그에게 이런저런 주문을 한다. (b)그리고 영기는 합리적이지 않은 주문에도 어쩔 수 없이 그것을 이행하는 '구조'가 반복된다. 또한, 해남댁은 자신의 의지를 관철하기 위해 공포를 연발하며(인용문 이탤릭체 참조), '봐(보자)'(인용문 밑줄 참조)/'(가서) 오시라고 해'(운상각 : 253-4)/'눌러'(운상각 : 254) 등 짧은 명령형이 반복되는 언어의 구조 역시 (1)~(4)에서 동일하다.

이러한 긴장 구성 방식은 긴장을 최고조로 함으로써 독자/관객으로 하여금 극적인 장면을 더욱 인상 깊은 것으로 만드는 효과를 낸다.[25] 그러나 단순히 이러한 기법상의 효과를 넘어, 이들 작품은 지연된 시간 동안 유사한 상황

---

25 R. Mckee, 고영범·이승민 옮김, 『시나리오 어떻게 쓸 것인가』, 황금가지, 2002, 436~441면.

또는 유사한 언어의 구조가 반복되는 상동성을 갖는다. 이것은 이들 작품이 단순히 소재적인 유사성을 넘어 긴밀한 유대 관계를 가지고 있다는 뚜렷한 근거가 된다.

4. 오태석 역사극에서 6.25 3부작이 갖는 의미

4.1. 트라우마의 발현과 극복

2, 3장의 논의를 통해 〈산수유〉, 〈자전거〉, 〈운상각〉의 상동성이 드러남으로써 이들이 '6.25 3부작'으로 묶이는 근거가 드러났다. 그렇다면 본 장에서는 구체적으로 오태석 역사극에서 6.25 3부작의 위상을 논하도록 한다. 2장에서 지적했듯 6.25 3부작은 충청남도 서천군 선암리라는 작가의 고향을 배경으로 한다. 이 지역이 오태석에게 매우 중요한 공간임은 여러 차례 지적된 바 있다. 6.25가 한창이던 시절 고향에서 보낸 3년은 작가에게 서정적인 정서를 흠뻑 가져다 주었다. 또한 오태석은 그곳에서 〈자전거〉에 나타난 등기소 방화 사건과 같은 참상을 겪었음에도, 자연 속에서 치유의 상태로 그것을 수용할 수 있었다. 그로 인해 작가는 6.25 시절 고향에서 보낸 "그 삼 년 안에 내 일생이 다 녹아있는 거나 마찬가지"라고 고백하는바,[26] 선암리는 물리적 장소를 넘어 오태석의 창작의 산실로서 중요한 의미가 있다.[27]

6.25 3부작은 이러한 위상을 가진 작가의 고향을 배경으로, 그곳 사람들을 인물로 하여 쓰였다. 그리고 작가는 6.25 3부작을 통해 자신의 가족사에서 가장 중요한 인물들을 극의 주요 인물로 등장시켰다. 필자는 앞선 논문에서 〈자

26 오태석·서연호 대담, 앞의 책, 24면.

27 오태석 희곡에서 선암리가 갖는 의미에 대해서는 서재화, 앞의 글, 2장 참조. '아룽구지'라는 고향지명이 오태석이 창단한 극단 목화의 극장명이 되는 것은 이러한 사실을 상징적으로 드러낸다.

전거〉가 전후세대를 중심인물로 취하며, 이것은 작가 오태석이 속한 세대이기도 함에 주목하였다.[28] 그리고 극중에 등장하는 문둥이는 한국 역사상 좌익의 알레고리로, 윤서기가 문둥이의 삶에 비상한 관심을 갖는 것은, 윤서기가 오태석의 '극작가 의식(playwright's consciousness)'을 부여받고 있기 때문이라 해석했다.[29] 이와 유사하게 〈운상각〉에는 납북된 남편을 40년 동안이나 기다리며 자식을 키워온 해남댁이 그려지고 있거니와, 이것은 작가 어머니의 모습과 겹쳐진다.[30]

이렇게 볼 때 〈산수유〉에서 주목되는 것은 상수 아비(귀신)의 존재다. 오태석의 다른 작품에서도 6.25 때 죽거나 실종된 사람(전쟁세대 피해자)이 귀신의 이미지로 나타나는 것은 존재한다. 대표적으로 〈사람〉이나 〈운상각〉의 공연대본(1990)[31]이 그것이다. 그러나 이것은 나뉘어 산 세월 동안 아내의 행적에 대해 질책하는 남편의 모습으로서다. 반면 〈산수유〉에서는 사경을 헤매는 자식(상수)의 아버지로 등장한다. 즉 상수 아비(귀신)는 탄피주이 장씨에게 흑장백질을 아들에게 먹여 달라고 당부하는바, 구천에서나마 아들을 걱정하고 염려하는 아버지의 모습으로 나타나는 것이다.

오태석 희곡은 기존에 '부권부재(父權不在)의 희곡'이라고 지적된 것에서 보듯, 아버지 상이 제대로 확립되어 있지 않다. 아버지는 존재하되 아버지답지 못한 인물이기 십상이다.[32] 이런 상황에서 〈산수유〉에서 아버지가 자식을

---

28 졸고, 앞의 글, 546~549면 참조.

29 위의 글, 554~558면.

30 실제로 〈운상각〉은 오태석의 부모님이 결혼 전에 팔각정으로 배경으로 찍은 사진으로부터 아이디어를 얻은 것이다. 그는 이 작품이 '모친이 그 사진을 보시던 그 시각으로 6.25를 바라본 것'이라고 말한다(오태석·서연호 대담, 앞의 책, 148~149면).

31 서연호·장원재 공편, 『오태석 공연대본전집』 9, 연극과인간, 2005 참조.

32 '부권부재의 희곡'에 대해서는 윤학로, 「부권부재의 희곡: 〈춘풍의 처〉와 〈도라지〉를 중심으로」, 명인서·최준호 편, 『오태석의 연극세계』, 현대미학사, 1995. 〈심청이는 왜 두 번 인당수에 몸을 던졌는가〉에서도 마찬가지다. 여기서 용왕은 심청의 아버지 역할을 한다고 볼 수 있는데, 그는 심청을 보호하기는커녕 심청에게 매춘을 종용하기에 이른다는 점에서 그 역시 아비다운 아비로 볼 수 없다. 이에 대해서는 졸고, 「오태석 희곡의 상호텍스트성 연구」, 『한국현대문학연구』 24, 2008.4, 546면 참조.

극진히 위하는 모습으로 부활된 것은 주목된다. 이것은, 자라면서 아버지의 부재(不在)를 겪어온 작가[33]가 아버지에 대한 무의식적 소원을 상수 아비를 통해 투영하고 있다고 할 수 있다.

이것은 실제로 〈산수유〉에 나타난 삼촌의 이미지가 작가의 작은아버지라는 사실을 상기할 때 더욱 설득력을 얻는다. 오태석은 〈산수유〉에 나오는 삼촌의 이미지에 대해 다음과 같이 말한다 :

> "그러니까 〈산수유〉에 나오는 <u>삼촌의 이미지는 결국은 6.25 때 납치당한 부친, 작은 아버지의 모습인데,</u> 6.25 이후에 살아남은 사람들, 지리산에서 그런 식으로 살아 갈 수박에 없는 그런 사람들을 용서하자(…)"[34]

이에 따르면 삼촌의 이미지는 부친 혹은 작은아버지로 해석될 수 있는 셈이다. 이것이 오태석의 말실수인지 편집자의 실수인지는 알 수 없다. 그러나 여기서 상수의 삼촌이 6.25의 비극에서 살아남은 자라는 사실을 상기한다면, 그를 납북된 오태석의 아버지로 보기는 어려우며, 따라서 극중에서 상수 아비는 작가의 아버지로 볼 수 있다는 것이 이 글의 판단이다.[35]

이러한 사실은 6.25 3부작이 6.25를 모티프로 한 오태석의 다른 희곡들과 가지는 두드러진 차이점이다. 〈사람〉이나 〈코소보 그리고 유랑〉 그 어느 것도 작가의 고향을 배경으로 하고 있지 않다. 또한 여기에 6.25에 대한 작가의 체험적 사실이 나타난다 하더라도, 이것은 개인적 트라우마를 드러내는 것과는

33 와세다 대학에서 법학을 전공하고 변호사로 활동하던 오태석의 아버지가 어느 날 갑자기 납북된 것(오태석·서연호 대담, 앞의 책, 20~21면)은 잘 알려진 사실이다. 이로 인해 오태석은 부자의 관계는 자신이 알지 못하는 무엇이며, 그 방면에 목마름이 있음을 고백한 바 있다(〈부자유친〉에 대한 설명 중에서, 위의 책, 130면).

34 위의 책, 108~109면. 밑줄 인용자.

35 아울러 작품의 제목 역시 이 같은 사실과 관련되어 있다는 해석도 가능하다. 주지하듯 '산수유'는 김종길의 시 〈성탄제〉(『현대문학』, 1955.4)에 나온다. 이 시에서 시적 화자는 심한 열병을 앓던 어린 시절, 아버지가 눈 속을 헤치며 따온 산수유 열매를 기억하며 아버지를 그리워한다. 이것은 한국 현대시 중에서 부정(父情)을 드러내는 대표적인 시로 꼽힌다.

거리가 멀다. 물론 〈만파식적〉은 경우가 좀 다르다. 이 극의 주인공 종수는 그대로 오태석이라 보아도 무방할 정도로 이 작품에는 작가의 개인사가 적잖이 반영되어 있다. 그러나 이 극의 대부분은 선암리와 무관한 지역에서 벌어지며, 종수의 이야기가 토문강을 둘러싼 한중 역사 문제와 이중 플롯을 구성하고 있다. 이것은 〈만파식적〉이 순수하게 자전적 체험을 바탕으로 작가의 트라우마를 드러낸 6.25 3부작과 다르다는 사실을 드러낸다. 이것은 작가가 6.25의 트라우마로부터 벗어나 자전적 사실을 활용하는 단계에까지 이른 것으로 볼 수 있다.

그렇다면 이것은 어떻게 가능했을까. 6.25로부터 시간적 거리의 증가, 작가가 처한 시대적 상황의 변화 등이 영향을 미쳤을 것이다. 그러나 무엇보다 6.25 3부작을 통해 6.25에 대한 작가의 정신적 외상(트라우마, trauma)을 이미 드러냈다는 사실이 큰 영향을 미쳤으리라 판단된다. 주지하듯 짧은 기간 동안 엄청난 자극이 원인이 되어 발생한 정신적 외상은 스스로의 능력으로 자연적인 치유가 불가능하다. 이것은 오직 무의식을 의식으로 환원할 때만 치료가 가능하다.[36] 즉 주체가 트라우마의 원인이 된 사건에 대해 상세하게 진술하고 감정들을 말로 표현할 때 증상은 소멸되고 환자는 고통에서 벗어나게 되는 것이다.[37]

특히 오태석의 희곡 중 사회 문제를 다루거나 역사를 다룬 극을 볼 때, 이들 극에 우리 사회의 '이데올로기(이념)'에 대한 문제의식을 짙게 드러남을

---

36 S. Freud, 『정신분석 강의』, 열린책들, 2003, 381~385면. 오태석의 극을 트라우마와 연결시키는 논의는 기존에도 존재했다. 〈자전거〉를 트라우마와 연결시키는 대표적인 논의로 김남석, 「〈자전거〉에 나타난 두 심리 작용에 관한 연구」, 『오태석 연구의 미학적 지평』, 연극과인간, 2003; 김만수, 「무의식 탐구로서의 연극: 오태석의 〈자전거〉」, 『한국극예술연구』 22, 2005가 있다. 또한, 현수정, 앞의 글과 김옥란, 앞의 글은 6.25 3부작을 오태석의 트라우마와 관련시키고 있다는 점에서 이 글의 문제의식과 유사하다. 그러나 이 글에서는 6.25 3부작의 상동성에 대한 분석을 기반으로, 각 작품이 작가의 트라우마와 관련되어 있는 양상에 대해 보다 구체적으로 분석한다. 또한, 그 결과 6.25 3부작이 오태석 역사극에서 갖는 위상과 의미를 보다 적극적으로 해석한다는 점에서도 구분된다.

37 S. Freud, 김미리혜 옮김, 『히스테리 연구』, 열린책들, 2003, 16~17면.

볼 수 있다. 예를 들어 〈아프리카〉에는 리비아로 인력수출을 나갔다가 국제 미아가 되어 버린 노무자가 흑인 경비병이 'You go'라고 한 말을, 공산국가 'Yugo(유고슬라비아)'로 간다는 말인 줄 알아듣고 밀림으로 내뺀 사건이 그려진다. 이 사건에 대해 오태석은 이념이란 것이 우리에게 얼마나 한 공포심을 일으키는지를 단적으로 보여주는 것이라 말한다.[38] 〈천 년의 수인(囚人)〉, 〈코소보 그리고 유랑〉, 〈잃어버린 강〉 등 역사극으로 가면 이념에 대한 문제의식은 한층 강조된다. 그는 우리나라 국민이라면 6.25 때 비롯된 이념의 문제로부터 자유로울 수 있는 사람은 한 사람도 없다고 말한다. 극단적으로 이것을 기독교의 원죄에 비유하는 것도 이러한 맥락이다.[39]

냉전반공주의가 해방 이후 우리 사회에 지대한 영향을 미쳐왔음은 주지의 사실이다. 이것은 실로 협애한 이념적 대표체제를 가짐으로써 보수독점의 정치사회 구조를 재생산한다. 또한 사회 내 다양한 세력이 조직화하는 것을 막음으로써 민주주의가 뿌리내리는 데 크나큰 걸림돌이 된다.[40] 그러나 여기서 주목하는 것은 이러한 객관적 타당성을 넘어서 오태석이 이러한 이념의 문제성에 대해 거듭 표명한다는 사실이다.

앞에서 보았듯이 이것은 오태석이 사회와 역사에 관한 자신의 작품을 설명하면서 두드러지게 나타난다. 이념의 문제가 삶의 정체성과 밀접하게 관련될 때, 그는 이념의 문제, 직접적으로는 그의 생애에 커다란 트라우마를 남긴 한국 전쟁의 문제를 건드리지 않고는 본격적으로 사회와 역사에 대한 문제로 나아갈 수 없었다. 특히 그가 본격적으로 한국 역사를 탐구하고자 했을 때, 6.25와 관련된 트라우마는 필수적으로 해결되어야만 했다고 볼 수 있다.

이런 점에서 6.25 3부작은 이후 오태석이 본격적으로 역사극을 쓸 수 있게 된 발판이 되었다고 할 수 있다. 즉, 오태석은 6.25 3부작을 통해 자신에게 크나큰 정신적 상처를 남긴 6.25에 대한 트라우마를 드러냈고, 이로써 그것을

38 오태석·서연호 대담, 앞의 책, 126면.

39 위의 책, 208면.

40 최장집, 『민주화 이후의 민주주의』, 후마니타스, 2005, 23면 및 78~80면.

극복하고 본격적으로 시대와 역사를 대면할 수 있었다. 이후 오태석은 "역사라는 큰 덩치와 맞씨름을 해야"겠다는 포부[41]에 걸맞게, 한국 역사를 종횡무진하며 현재와 과거의 문제를 맞물려 엮어낸다.

4.2. 미래지향적 역사관의 정립

서론에서 밝혔다시피 이 글에서는 〈도라지〉(1994)부터 오태석의 본격적인 역사극 시기가 전개된다고 본다. 그런데 이에 대해서는 긍정적이기보다 부정적인 시각이 많은 것이 사실이다. 대표적으로 오태석이 역사적 사실을 개인과 개인의 갈등으로 치환하고 가해자를 중심으로 역사를 재해석하고 있다는 비판을 들 수 있다.[42] 실제로 〈천년의 수인〉이나 〈잃어버린 강〉, 〈앞산아 당겨라 오금아 밀어라〉 등을 보면 이들 극이 역사적 사건에 대한 사실을 규명하고 이에 따른 책임을 묻기보다 용서와 화해의 관점에 서 있음은 분명해 보인다.

그런데 오태석의 본격적인 역사극에 나타난 이러한 면모들이 6.25 3부작에서 이미 단초를 보이고 있음에 주목할 필요가 있다. 6.25 3부작은 과거에 대한 사실 관계보다 현재의 시점에서 그것이 남긴 상처에 주목한다. 그리고 이것은 본질적으로 과거에 대한 용서와 화해의 관점에 서 있다.[43]

---

41 오태석·이상일·김미도 대담, 앞의 글, 316면.

42 김윤정, 「〈천 년의 수인(囚人)〉에 드러난 '해원(解寃)'의 의미 고찰」, 『한국극예술연구』, 2002.4, 332~341면 참조. 더 나아가 김윤정은 오태석 역사극이 역사의 객관적인 진리를 외면함으로써 역사에 대해 주관적으로 재해석하고, 역사 왜곡적 화해를 만든다고 말한다(위의 글, 341면). 그러나 이러한 단정에 앞서 오태석 역사극의 사실 관계가 보다 치밀하게 논구될 필요가 있다고 본다. 이에 대해서는 지면을 달리 하여 다시 논할 것이다.

43 이렇게 볼 때 〈산수유〉를 올리면서 쓴 작가의 말은 주목된다. "억울하다거나 원망스럽다거나 하는 따위의 원초적인 감정의 선입관을 없이할 때 사물이나 사건의 객관화가 정직해질 수 있다고 믿는다. 그런 정직성으로 30년 전의 자국들을 바라보는 시선 ― 이를테면 그 참혹했던 시절의 지리산을 살아낸 사람들의 경우, 피해자이건 가해자이건 그 대부분이 위로받아야 하고 용서 받아야 할 입장이었음을 헤아려 보자는 뜻이다."(오태석, 「6.25, 30년」, 『심청이는 왜 두 번 인당수에 몸을 던졌는가』, 286면). 김윤정은 이러한 시각이 〈산수유〉 이후 〈천년의 수인〉에 이르기까지 공통적으로 적용된다고 지적한다(앞의 글, 326~327면 참조).

여기서 한 가지 차이점을 거론할 수도 있다. 6.25 3부작에서는 화해와 용서에 앞서 가해자에 대한 참회와 속죄가 공통적으로 나타난다. 〈산수유〉에는 오태석 역사극의 그 어느 작품에서보다 가해자의 통회가 절실하게 드러난다. 또한 〈자전거〉에서 당숙은 매년 자신의 얼굴을 사금파리로 그을 정도로 죄의식이 뿌리 깊다. 그러나 이들의 속죄가 과거사에 대한 통절한 반성보다는 당시의 불가피한 상황에 보다 방점이 찍혀 있음을 간과할 수 없다. 〈자전거〉의 마지막 부분에 당숙이 얼굴을 사금파리로 그으며 "내가 불질렀다. 그려. 산 사람이나 살자"(자전거 : 170)라는 대사는 이것을 단적으로 보여준다. 이렇게 볼 때 〈운상각〉에 이르러 가해자의 속죄가 우스꽝스럽게 희화화되는 것도 이상한 일이 아니다.

결과적으로 6.25 3부작에서 과거사의 속죄와 참회는 용서와 화해를 이루기 위한 전제조건이 아니라 과거 상황의 불가피성을 강조하는 형국이다. 그리고 이것은 이후 오태석 역사극에서 가해자 속죄의 문제, 더 나아가 역사적 사실 관계의 문제가 크게 문제되지 않는 것의 전초를 보여준다. 이것은 미래지향적 역사관이라 표현될 수 있다.

그런데 이때 한국전쟁은 오태석이 이후 극에서 다루는 다른 역사적 소재와 차이가 있음이 분명히 지적될 필요가 있다. 6.25는 좌우익 어느 한쪽에 가해 사실을 전가하기란 어렵다. 전쟁 당시 민중은 좌우익 양측으로부터 고초를 겪었으며 남북한 모두 세계 냉전 체제 아래 이데올로기의 희생양이 되었다고 할 수 있다. 또한 분단 체제로 말미암아 전쟁이 끝난 지 50년이 지난 현재까지 전쟁의 피해가 계속되고 있다.[44] 이런 상황을 고려한다면 역사적 사실 관계를

---

44 한국전쟁이 국내외에 미친 영향에 대해서는 박명림, 「한국전쟁사의 쟁점」, 박명림 외, 『해방 전후사의 인식』 6, 한길사, 1989, 206~213면 참조. 한국 전쟁을 바라보는 시각은 시간이 흐르면서 전통론에서 수정론으로 옮겨졌다. 전자는 한국 전쟁이 소련을 위시한 공산권의 적화야욕에 의해 발발했으며, 미국은 한반도의 평화를 위해 이를 저지했다는 견해이다. 반면 후자는 한국 전쟁의 발발과 전개 과정, 및 휴전 과정 속에 미국의 제국주의적 야심과 폭력성을 인정하고 비판하는 관점으로, 1990년대 말 이후 전통론을 압도했다. 이후 보다 폭넓은 자료를 바탕으로 보다 객관적인 시각을 견지하려는 연구들이 다수 나타나지만, 이

떠나 화해와 용서를 주장하는 6.25 3부작의 시각과 비전은 독자/관객의 동의를 이끌어 낼 수 있는 지점이 분명히 존재한다. 반면 이것을 다른 역사적 사실에까지 확대하는 것은 보다 신중할 필요가 있다.

5. 맺음말

이상의 논의를 통해 오태석의 6.25 3부작은 인물, 플롯, 긴장 구성 방식의 측면에서 상동적임이 밝혀졌다. 6.25 3부작의 인물은 전쟁세대와 전후세대에 걸쳐 있다. 이들은 작가의 고향인 충청남도 서천군 선암리를 직간접적인 배경으로, 혈연 또는 지연 속에서 한 가족처럼 살아가는 사람들이다. 6.25 3부작은 오태석의 많은 작품들이 그렇듯이 단일 플롯과는 거리가 멀다. 구체적으로 〈자전거〉는 명시적 플롯과 숨겨진 플롯의 이중 구조로, 〈산수유〉와 〈운상각〉은 중심플롯과 보조플롯으로 구성된다. 그러나 세 작품에서 모두 전쟁세대의 상처와 치유, 그리고 6.25의 비극이 전후세대에까지 이어진다는 두 가지 '이야기-구조'를 갖는 것은 공통적이다. 또한 세 작품을 5단 구성으로 파악할 때 전환점(〈산수유〉)과 절정(〈자전거〉, 〈운상각〉) 단계에서 긴장 구성 방식이 상동적이다. 여기서 극적인 장면은 순차적으로 제시되지 않고 각 작품에서 유사한 상황이 반복되거나 대사에 있어서 유사한 구조가 반복된다. 이것은 이들 세 작품이 피상적인 유사성을 넘어 긴밀한 유대관계를 가지고 있음을 보여주며, 이런 점에서 6.25를 소재로 한 오태석의 다른 희곡들과 차별된다.

그렇다면 6.25 3부작은 오태석 역사극에서 어떠한 위상과 의미를 갖는가. 무엇보다 이것은 작가의 트라우마를 드러낸다는 사실에 의미가 있다. 구체적으로 〈산수유〉에는 황천길에 들어서서도 자식을 위하는 아버지의 모습이,

---

역시 수정론의 영향권 아래 놓여 있다고 할 수 있다. 이에 대해서는 이완범, 「한국전쟁 연구 50년과 과제」, 『경제와사회』, 2000 여름호 참조.

〈운상각〉에는 납북된 남편을 한평생 기다려온 어머니의 한이 그려진다. 또한 〈자전거〉에는 태생적인 삶의 굴레에 옥죄인 문둥이 일가의 삶을 통해 자신의 가계와 관련된 작가 오태석의 갈등이 투영되어 있다. 6.25 3부작은 이로써 작가의 트라우마가 치유되는 계기를 마련하고, 1990년대 이후 오태석 역사극이 본격적으로 전개되는 발판이 된다.

5

오태석 역사극에 나타난 사실과 허구의 긴장관계

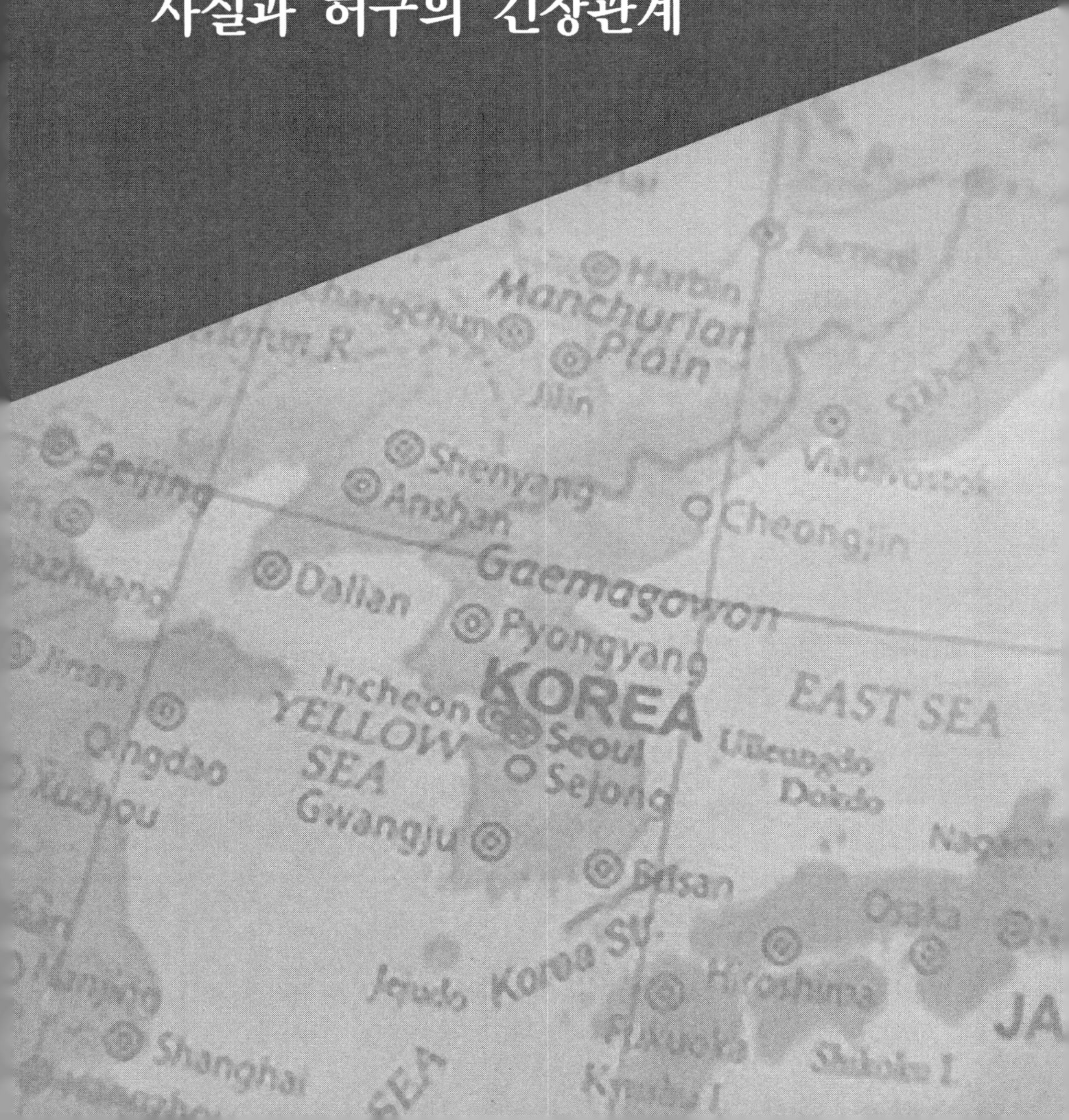

1. 역사극을 바라보는 시각

오랫동안 오태석 희곡은 전통극과의 연계성 속에서 연구되었다. 그러나 전통극의 강박관념에서 한 발짝 떨어져서 바라볼 때 역사극은 오태석 희곡에 있어 전통극에 버금가는 중요한 테마이다. 역사극에 대한 오태석의 관심은 멀게는 1974년에 쓰인 〈태〉로 거슬러 올라갈 수 있지만, 본격적인 역사극 창작 시기는 1990년대 중반부터로 보는 것이 적절하다. 1992년과 2001년 행한 두 번의 인터뷰[1]에서 한국 역사 혹은 역사적 인물에 집중하겠다는 포부를 밝힌 이래, 오태석은 한국의 근현대사를 종횡무진하며 역사극에 대한 본격적인 창작을 계속해 오고 있다. 〈도라지〉(1994)나 〈천년의 수인〉(1998), 〈잃어버린 강〉(2000), 〈앞산아 당겨라 오금아 밀어라〉(2003), 〈백년언약〉(2008) 등은 그 구체적인 산물들이다.

이 글에서는 〈도라지〉 이후 일련의 역사극을 오태석의 '본격적인 역사극'이라 칭하고 이에 대한 연구를 행하고자 한다.[2] 오태석의 본격적인 역사극에 대한 연구는 그다지 많지 않다. 이런 상황에서 〈천년의 수인〉에 대한 김윤정의 논문[3]은 오태석이 역사를 다루는 방식에 대해 비판적으로 고찰한 의미 있는 논문이다. 이에 따르면 오태석은 역사의 가해자에 초점을 맞추고 가해자 역시 역사의 피해자임을 강조함으로써 화해와 해원의 메시지를 전달한다. 그러나 이것은 역사의 객관적인 진리를 외면하고 역사왜곡적 화해를 만들어 가는 것에 다름 아니다.[4] 그리고 더 나아가 논자는 이러한 비판이 〈천년의 수인〉을 넘어 〈잃어버린 강〉에도 적용된다고 지적함으로써[5] 오태석의 다른 역사극

---

1 오태석·김미도 대담, 「실험적 언어와 오브제의 연극적 코너윅」, 『문학정신』, 1992.9; 오태석, 『심청이는 왜 두 번 인당수에 몸을 던졌는가』, 평민사, 1994, 316면 재수록; 오태석·서연호 대담, 『오태석 연극: 실험과 도전의 40년』, 연극과인간, 2002, 311~312면.

2 오태석 역사극을 보는 필자의 관점에 대해서는 졸고, 「오태석의 6.25 3부작 연구 2」, 『한국현대문학연구』 26, 2008, 493~494면 참조.

3 김윤정, 「〈천 년의 수인〉에 드러난 '해원(解冤)'의 의미 고찰」, 『한국극예술연구』 15, 2002.

4 위의 글, 340~341면.

으로 확대 해석될 가능성을 암시하고 있다.

그러나 이것은 자칫 오태석의 본격적인 역사극에 대한 오해를 불러일으킬 소지가 있다. 〈천년의 수인〉은 역사적 사실 그대로를 형상화하고 있지 않으며 많은 부분 허구적 요소로 이루어져 있는 것이 사실이다. 그러나 그렇다고 해서 〈천년의 수인〉이 역사적 사실을 전혀 고려하지 않은 것은 아니며, 〈잃어버린 강〉은 오히려 많은 부분 역사적 사실에 기반하고 있다. 이것은 오태석의 다른 역사극에도 마찬가지로 적용되는 것으로, 이에 대해서는 2장에서 자세히 다루어진다. 이것은 오태석 역사극에 나타난 역사적 사실과의 상호텍스트성이라 보아도 무방한 것으로, 그의 극이 역사적 사실을 어느 정도, 어떻게 수용하고 있는지에 대한 구체적인 분석이다. 이를 통해 오태석 극이 역사적 사건에 대한 자세한 탐구를 수반하고 있음이 드러날 것이다. 그러나 오태석 역사극에서 허구적인 요소가 있음 또한 분명하다. 3장은 이것을 중심적으로 다룰 터인데, 이를 통해 작가의 역사적 상상력이 역사적 사실을 압도하고 있는 작품도 존재함을 알 수 있다.

한편 2, 3장을 통해 드러나는 일견 이러한 모순적인 결과는 자연스럽게 역사극의 역사적 사실 관계에 대한 물음으로 이어진다. 주지하듯 역사극은 장르적 특성상 '역사'와 '극'이라는 이중적 개념의 지배를 받는다. 다시 말해 역사극은 원하든 원하지 않든 역사적 사실 관계에 대한 부담을 안고 있다는 것이며, 역사극이 끊임없이 역사적 사실과 허구의 긴장관계 속에 놓여 있음을 의미한다. 그렇다면 역사극은 역사적 사실에 대해 어느 정도, 어떠한 책임을 지는가? 이는 다시 말해, 역사극에서 허구적 요소에 대해 어떠한 평가를 내려야 하느냐 하는 질문에 다름 아니다.

이것은 비단 역사극뿐만 아니라 역사소설, 서사시 등 역사를 소재로 한 허구물(이것을 이 글에서는 '역사적 허구물'이라 칭하겠다)이 오랫동안 공통적으로 당면하고 있는 문제이기도 하다.[6] 이것을 다루기 위해서는 짧게나마 역

5 앞의 글, 340~341면.

사적 허구물과 역사적 사실 관계에 대한 이론적 배경을 소개하고 넘어갈 필요가 있다. 보수적 시각에 따르면 역사소설은 ①현재로부터 30-40년 이전에 일어난 ②역사적 사건을 다루어야 하며, 거기에는 반드시 ③역사적 인물이 등장해야 한다. 이에 따라 역사소설은 역사적 사실에 충실할 것이 요청되며 이런 점에서 역사소설가는 역사가와 크게 다르지 않다. 다만 역사적 사실들 사이의 빈 공간을 채워넣는 과정에서 발휘되는 상상력의 '정도'에 차이가 있다. 즉 역사가는 과거에 반드시 일어났을 것만을 엮어 짜는 데 반해, 역사소설가는 역사가라면 손을 대지 않을 곳에 역사적 상상력을 발휘하여 그럴 듯한 이야기를 엮어내는 자이다.[7] 이러한 시각에 따르면 역사소설은 매우 엄격한 개념 적용을 받게 되며, 역사적 사실 관계에 대한 부담 역시 크다고 할 수 있다.

그러나 오늘날 다양한 장르에서 쏟아져 나오는 역사적 허구물을 볼 때 이것을 그대로 현실에 적용하는 것은 무리가 있다. 비근한 예로 영화, TV드라마 등만 보더라도 역사적 사실이 매우 자유롭게 다루어지는 것을 볼 수 있다. 이러한 상황을 고려할 때 검토해 볼 만한 것이 바로, 역사소설을 역사적 사실 관계에 따라 분류하여 역사적 사실에 대한 부담을 서로 다르게 적용할 필요가 있다는 관점이다. 이에 따르면 역사소설은 '역사'에 초점을 맞춘 '역사' 소설과, '소설'에 초점을 맞춘 역사 '소설'로 구분할 수 있다. 다시 말해, 역사소설은 두 가지 경계가 설정될 수 있으니, 그 하나가 '역사 서사'와의 경계요, 다른 하나가 '소설'과의 경계다. 이러한 관점 아래 사실과 허구를 양 축으로 역사소설은 3가지로 분류된다. 즉, 역사적 인물을 주인공으로 역사적 사실 재구를 목적으로 하는 '기록적 역사소설(documented historical novel)', 허구적 인물과 사건으로 이루어진 '창안적 역사소설(invented historical novel)', 그 중간에 위치한 '가장적 역사소설(disguised historical novel)'이 그것이다.[8] 기록적 역사소

---

6 A. Fleishman 역시 역사소설과 역사극, 서사시 등이 역사를 다루는 방식에 차이가 있음을 인정하면서도 이들을 하나의 분류 아래 다루고 있다(A. Fleishman, *The English Historical Novel*, The Johns Hopkins Press, 1971, 8면).

7 위의 책, 3~7면 참조.

설은 역사적 사실 관계가 뚜렷한 만큼 텍스트의 외적 원천(역사적 사실)에 의한 '사실-효과'를 가지며, 가장적 역사소설은 역사적 기대지평과 소설의 관습적 기대지평을 나누어 가진다. 반면 창안적 역사소설은 어디까지나 소설의 관습적 지대지평만을 가진다.[9] 이 글에서는 역사소설에 대한 이러한 시각이 역사극에서도 유용하게 활용될 수 있다고 보고, 오태석 역사극의 사실과 허구의 관계에 대해 비판적으로 고찰하는 3장에서 이러한 시각을 도입, 활용하도록 한다.[10]

이와 함께 이 글이 지니고 있는 또 다른 문제의식은 오태석의 역사관에 대한 것이다. 오태석 희곡의 전개과정에서 6.25 3부작(〈산수유〉, 〈자전거〉, 〈운상각〉)은 본격적인 역사극 창작을 가능케 한 직접적인 마련이 된다.[11] 주지하

8 J.W. Turner, "The Kinds of Historical Fiction: An Essay in Definition and Methodology", *Genre* XII, fall 1979; 공임순, 「한국 근대 역사소설의 장르론적 연구」, 서강대학교 박사학위논문, 2001 참조. 공임순은 터너의 관점을 한국역사소설에 적용한다. 그러나 가장적 역사소설의 개념은 터너와 공임순이 서로 다르다. 터너는 이에 대해 역사적 인물이나 사건이 등장하지 않으면서도 역사에 대한 물음을 유지함으로써 현실에 대한 알레고리적 의미를 갖는 것으로 보았다(Turner, 위의 글, 338면). 반면 공임순은 가장적 역사소설을 역사적 인물 또는 야사적 인물을 주인공으로 하는 것으로 보고 있다(공임순, 위의 글, 59면). 이 글에서는 터너의 가장적 역사물의 개념이 한국 역사소설이나 역사극에 있어 그다지 유의미한 범주가 되지 못한다는 판단 아래, 가장적 역사소설에 대한 공임순의 개념을 따른다.

9 이때 '사실-효과'란 현실(사실)이라는 것이 외적으로 고정된 실체가 아니라 끊임없이 산출되고 재구성되는 담론의 효과물이며, 그로 인해 현실은 다양하게 생산될 수 있다는 것을 전제로 하는 개념이다. 이로 인해 역사적 허구물은 과거 사실에 얼마나 부합하느냐를 따지는 단선적인 문제의식에서 벗어나, 사실-효과를 창출하는 다양한 담론의 전략을 살펴봄으로써 각 작품들이 어떤 방식으로 사실성을 획득해 내고 있는지를 파악해내는 데 초점이 모아진다(공임순, 위의 글, 21~22면). 또한, '기대지평'이란 독자 또는 관객이 역사적 허구물을 대할 때 그것을 이해하고 해석하기 위해 역사적 사실, 또는 소설의 관습 등에 대해 가지는 관점(perspective)으로 볼 수 있다.

10 소설과 극은 엄연히 다른 장르이다. 또한 똑같이 역사적 사실을 소재로 하더라도 역사소설과 역사극이 그것을 다루는 방식에는 차이가 있다. 이에 대해서는 G. Lukacs, 이영욱 옮김, 『역사소설론』, 거름, 1999, 2장 참조. 그러나 그럼에도 이들은 모두 역사적 허구물로 분류될 수 있으며, 역사소설에 대한 터너 및 공임순의 논의는 역사극 논의에 유용한 시사점이 될 수 있으리라 본다. 따라서 이 글에서는 터너의 개념을 기록적 역사물, 가장적 역사물, 창안적 역사물이란 개념으로 확장시키고, 이것을 오태석 역사극 분석에 적용할 것이다.

11 졸고, 앞의 글 참조.

듯 한국전쟁은 오태석 개인의 생애에 있어서나 작품 세계에 있어 중요한 동인이 되며, 그렇기에 작가는 6.25 3부작을 통해 한국전쟁과 관련된 트라우마를 드러내고 치유하고 나서야 한국 근현대사의 문제에 본격적으로 천착할 수 있었다. 그리고 여기에 이르러 한국사와 관련된 작가의 입장과 관점을 본격적으로 펼쳐냈다. 그렇다면 본격적인 역사극에 나타난 작가의 역사관이란 어떤 것인가. 더욱이 이것은 작품 속에서 다소 계몽적이고 생경한 형태로 나타나기에 이에 대한 평가 역시 필요하리라 본다(4장).

그러나 이 글에서 오태석의 본격적인 역사극 모두를 다루기는 어렵다. 이 글의 주 분석대상은 기존에 오태석 역사극의 대표적인 작품으로 거론된 〈도라지〉와 〈천년의 수인〉, 〈잃어버린 강〉, 〈앞산아 당겨라 오금아 밀어라〉 네 작품이 될 것이다.[12] 다만, 논의 전개에 있어 필요한 경우 오태석의 본격적인 역사극에 속하는 다른 작품들도 거론하도록 한다.

2. 근현대 한국사에 근거한 역사적 사실관계

〈도라지〉는 1884년 갑신정변을 전후한 시점부터 1907년 고종 퇴위에 이르기까지 김옥균, 홍종우, 고종과 민비의 삶을 세 가지 각도에서 조명하고 있다.[13] 특히 이 작품은 같은 시기 김옥균과 홍종우의 서로 다른 길에 대해 교차편집하듯 다룬다. 예를 들어 김옥균이 갑신정변을 일으킬 때 홍종우가 프랑스 유학을 준비하며, 김옥균이 일본으로 망명을 떠났을 때 홍종우가 유학을 마치고 조선으로 돌아오는 식이다. 이것은 이 극이 김옥균과 홍종우 두 사람

---

12 이 글이 대상으로 하는 텍스트의 출전은 다음과 같다. 오태석, 〈도라지〉, 『도라지』, 평민사, 1994; 〈천년의 수인〉, 『천년의 수인』, 평민사, 2000; 〈앞산아 당겨라 오금아 밀어라〉, 연극 대본(2003.11.12 공연, 극단 목화 제공). 〈잃어버린 강〉에 대한 연극 대본은 구하지 못해 공연 비디오 자료를 활용했다.

13 최준호, 「도라지의 극작술 연구」, 명인서·최준호 편, 『오태석의 연극세계』, 현대미학사, 1995, 207면.

의 유사하면서도 다른 삶에 주목하고 있음을 말해주거니와 이 극의 커다란 줄기는 역사적 사실과 일치한다.

특히 홍종우가 기메 박물관에 근무하는 장면에서(장면 8, 불란서 파리)[14], 조선으로 돌아오기 직전 동료에게 자신이 번역한 심청전(불역본 제목은 *Printemps parfumé*(향기로운 봄))의 서문을 건네는 부분은 의미심장하다. 주지하듯 홍종우는 프랑스 유학 당시 기메박물관에 근무하면서 『심청전』을 번역했는데, 이때 『심청전』의 서문은 조선의 역사를 소개하며 한불관계에 대한 홍종우의 생각을 적은 중요한 것이다.[15] 또한, 김옥균이 일본 망명 중 매우 퇴폐적인 생활을 일삼았던 것(장면 7, 東京 有樂町)이나 일본 정부에 홀대받았던 것(장면 9, 오가사와라) 등은 사실과 같다. 극중에 보면 홍종우가 고종의 명을 받고 김옥균을 암살하러 오는데, 이것을 일본 정부가 은근히 반기는 것(장면 11, 일본중신회의) 역시 사실과 일치한다.

그런데 홍종우는 역사학계에서조차 많이 알려진 인물이 아니며, 그가 김옥균을 암살한 이유 역시 왜곡되어 알려졌다.[16] 즉, 그는 특별한 주관도 없는 '무뇌아'였으며, 몰락한 양반 가문 태생으로 개인의 입신영달을 꿈꾸던 중 조선 정부의 사주를 받아 김옥균을 살해한 흉한으로 인식되었던 것이다. 그러나 실상 홍종우는 프랑스 유학을 거치면서도 서구 문물에 맹목적으로 함몰되지 않았으며 오히려 조선의 문화적 토대 위에서 자주적 근대화를 주장한 선구적 인물이다. 이런 점에서 그는 보수적 유생이나 양반 관료로 대표되는 수구적 위정척사파와도 다르고, 외세의 힘을 통해 근대화를 달성하고자 한 개화파 세력과도 구별되는 제3의 세력으로 파악된다.[17]

---

14 〈도라지〉에는 장면 제목이 쓰여 있는데, 이 글에서는 편의상 이것을 순서대로 번호를 매겼다.

15 조재곤, 『그래서 나는 김옥균을 쏘았다』, 푸른역사, 2005, 75~76면.

16 홍종우에 대한 왜곡된 인식은 김옥균에 대한 신화화와 밀접하게 연관되어 있다. 김옥균의 친일 성향은 이후 친일파들에게 자신들의 행위를 합리화하기 위한 방편으로 이용되어 왔다. 이렇듯 김옥균에 대한 호의적인 평가는 자연스럽게 김옥균 암살범인 홍종우에 대한 부정적인 인식으로 이어졌다(공임순, 『식민지의 적자들』, 푸른역사, 2006, 263~264면).

17 조재곤, 앞의 책, 255~260면 및 조재곤, 「홍종우 재조명-왜 김옥균을 살해하였는가」, 『역사

이렇게 보았을 때 홍종우가 김옥균을 암살한 것은 고종의 지시도 있었지만 정치적 이상(理想)의 차이에도 근거하고 있음을 알 수 있다. 극중에는 홍종우의 이러한 자주적 근대화 노선이 다음의 인용에서 보듯 대사 중에 표현되거나, 대한제국 성립 이후 그의 행적을 통해 드러나고 있다.

> **종우** …나의 이 글은 공화국에 사는데 습관이 된 프랑스인들을 대상으로 하고 있다는 것을 내가 모르는 바는 아니다. 그러나 그들은 우리 선조가 세운 정부형태에 우리가 집착하는 것을 탓하지 않으리라고 나는 확신한다. 그것은 기질의 문제이다… 마찬가지로 나라마다 다른 政體가 존재하게 되는 것이다. 우리는 우리 정부형태를 그대로 지켜나가면서 이번에는 우리가 유럽 문명을 이용하고자 한다. 이 일에 있어 우리를 돕고자 하는 자에게 우리의 존경심과 사랑을 바칠 것을 미리 약속한다.(도라지 : 23)

그런가 하면 〈천년의 수인〉은 백범 암살범 안두희, 광주항쟁에 군사로 동원되었다가 정신이 이상해진 젊은 병사, 비전향장기수 세 사람이 한 병원에서 만나서 겪게 되는 일을 다룬 작품이다. 이 중에서 안두희만이 실제 인물이고, 역사적 사실관계는 안두희를 중심으로 이루어진다. 여기서 안두희가 백범을 암살하는 상상적 장면이나 그와 그의 가족이 평생 동안 테러 위협에 시달린 것 등은 사실에 기반을 둔 것이다. 또한 그가 이승만을 정점으로 하는 군 수뇌부의 공작으로 백범을 암살하게 되었다는 설정 또한 안두희의 배후에 대한 사적 탐구의 결과를 반영하고 있다.[18]

비평』, 1992 여름호, 278면 참조. 이태진 역시 대한제국 때 행해진 광무개혁의 중심세력이면서도 여태까지 조명받지 못한 인물로 홍종우를 거론하고 있다(교수신문 기획, 『고종황제 역사청문회』, 푸른역사, 2005, 252면).

18 백범 암살 과정에 대해서는 전정일 편저, 『백범 김구 선생 살해범 안두희 그는 누구인가』, 삼성서적, 1994; 백범 암살의 배후에 대해서는 김삼웅 엮음, 『패배한 암살자』, 학민글밭, 1992 참조.

다음 인용은 안두희의 아들 국보가 안두희의 삶, 그리고 국보 자신의 삶에 대해 하소연하는 장면이다.

> **국보** 아니오. 아버지보다 먼저 보내 드릴 겁니다. 불쌍해서 더 못 보겠어요 … 왜 우리는 평생 발 뻗고 자면 안 되고 자되 반수면으로 귀 세우고서 담 넘어 발자국소리 문 여는 소리 들어야 되고 - 한밤에 창틀 뛰어넘어 개구녕으로 빠지고 담치기해서 달아빼면서 살아가야 됩니까 - 도망치고 또 도망치고 도망치고 도망치고 도망치고 - 그저 도망치고 평생 도망치고 - . (천년의 수인 : 193-4)
>
> **국보** 손가락질 받지 않으려고 무슨 일이라도 해보려고 했습니다. 두 손 멀쩡해요. 그런데 이 손으로 여태 뭐 해본 일이 없습니다. 당신 아들로는 안 돼요. 안두희 아들로는 안 돼요. (천년의 수인 : 197)

실제로 안두희는 이승만 정권 내내 정부의 보호를 받으며 승승장구했지만, 자유당 정권이 무너진 4.19 이후 테러의 위협에 끊임없이 시달렸다. 이로 인해 그는 여러 차례 집을 옮기며 가명으로 생활해 왔고,[19] 그의 자녀들은 사회의 냉대로 한국에 자리 잡지 못하고 미국 이민을 떠났다. 안두희 역시 이민을 희망했으나 국민 정서를 이유로 비자 발급을 거부당해 이민이 좌절된 것이나 그의 아내가 안두희와 합의 이혼 후 자식들을 따라 나선 사실[20] 역시 극의 내용에 반영되어 있다.

다음으로 〈잃어버린 강〉은 안중근을 주인공으로 한 작품이다. 이 극은 안중근이 만주에서 무장투쟁을 벌이는 이야기(1900년대)와 조선시대 백두산 정계

---

19 "숨어 산 가시방석 38년", 『동아일보』, 1987.3.28; 권중희, 『백범 암살범 안두희』, 범조사, 1987, 185~187면 재인용.

20 위의 책, 82면 및 185~187면 참조. 안두희의 자녀들(3남 2녀)은 차례로 이민을 떠났으며, 부인 박옥례 씨 역시 77년 안두희와 합의 이혼 후 미국 이민을 떠났다. 안두희는 74년과 81년 미국 이민을 시도했으나 비자 발급 거부로 좌절되었으며, 이후 재혼하여 김포에 살았다.

비가 세워지던 1712년 무렵의 이야기가 이중플롯으로 다루어진다. 후자의 이야기에서 청의 관리 목극등과 조선의 관리 박권, 이선부 등은 실존 인물이며, 조선의 관리가 목극등의 책략으로 백두산에 실제로 오르지 못했다는 것 역시 사실이다. 또한 여기서 안중근의 행적은 역사적 사실에 근거한 부분이 적지 않다. 극중에서 안중근은 청국, 한국, 일본은 '(천자문) 3형제'라며 삼국의 평화 연대를 강조하는데,[21] 이는 안중근이 여순 감옥에서 집필한 『동양평화론』에 나타나는 것으로 안중근 사상의 핵심적인 내용을 담고 있다.[22]

또한 안중근은 사로잡은 적군은 죽이지 않는다는 만국 공법에 따라 일본군 포로를 풀어주는데 이것 역시 실재했던 사건이다.[23] 적군을 풀어주면 아군의 위치가 노출된다는 일부 반발에도 불구하고 그는 의지를 굽히지 않았는데, 안중근의 이러한 종교적이며 평화적인 성향은 그가 무장투쟁에 적합하지 않았다는 평가를 낳기도 한다. 그러나 안중근은 항일독립운동세력 중에서도 계몽운동과 의병운동을 동시에 수행했다는 점에서 매우 특별한 위치를 점하

---

21 안중근의 '동양평화론'은 한말 개화파에 의해 거론된 '삼국제휴론'을 계승하면서도 일본이 주장한 '아시아연대론'과는 차이가 있다. 아시아연대론이 실상 일본의 한·청 지배를 목표로 하는 것과 달리 동양평화론은 삼국이 확고한 독립국가로 존재해야 한다고 보고 있기 때문이다. 이에 대해서는 현광호, 「안중근의 동양평화론과 그 성격」, 『아세아연구』 46-3, 2003, 169~177면 참조.

22 안중근은 옥중에서 『안중근 자전』과 『동양평화론』을 저술했다. 그러나 『동양평화론』을 탈고하기 전 사형을 당해 현재 남아 있는 것은 서문과 전감(前鑑)에 불과하다. 그러나 사형 집행 전 안중근은 고등법원장과의 면담을 통해 동양평화론 에서 기술하려고 했던 내용의 상당 부분을 진술한 고로 안중근의 사상을 살펴보는 데 소중한 자료가 되고 있다(「청취서 - 안중근 의사 일 관동도독부 고등법원장 면담 내용」, 보훈처 편, 『21세기와 동양평화론』, 1996, 51~57면). 이에 따르면 안중근은 동양평화를 실현하기 위해 여순을 청에 돌려준 뒤 일본, 청국, 한국 3국이 공동으로 관리하는 군항으로 만들 것을 제안했으며, 이를 운영하기 위한 재정 마련을 위해 3국의 국민에게 회비로 1원씩 모금하여 공용화폐를 발행하자는 매우 구체적인 방안을 제시했다. 이는 오늘날 일각에서 논의되고 있는 동아시아 연대론의 선구로 볼 수 있을 만큼 놀라운 것이다(이태진, 「안중근의 '하얼빈 대첩'과 평화주의」, 『동북아 평화와 안중근 의거 재조명』, 안중근 의거 99주년 기념 국제학술대회 발표 자료집, 2008.10.17~18 및 서영희, 「안중근의 국제정세 인식과 동양평화론」, 위의 책 참조).

23 안중근, 『안중근 의사 자서전』, 범우사, 2007, 73~77면. 이 책에는 안중근 의사의 옥중 자서전과 동양평화론을 비롯한 몇 편의 글이 실려 있다.

며[24] 이러한 면도가 극중에 잘 나타나고 있다.

그런가 하면 극중에서 안중근은 일본군이 자신을 의병으로 인정하지 않는 것에 대해 불만을 토로하고 저승에서 이토 히로부미를 만나 "나, 대한민국의 의병 중장 안중근입니다"라고 자신을 소개한다. 이것은, 그가 이토를 저격한 후 자신은 '개인의 자격으로 이토를 살해한 것이 아니라 대한민국 의병장으로서 적국의 대장을 죽인 것'이라는 안중근의 실제 항변[25]을 염두에 둔 것이다. 안중근은 이러한 항변을 통해 일본이 조선을 불법 점령하고 있고 조선에서 이에 항거하는 의병 운동이 일어나고 있음을 만천하에 알리려 했던 것이다.[26] 이것을 알고 있는 일본은 그러나 의병장으로서 안중근의 신분을 인정치 않고 그를 개인 자격의 암살자로 규정, 사건의 파장을 축소하였다.

〈앞산아 당겨라 오금아 밀어라〉는 1948년에 일어난 제주 4.3 사건을 배경으로 하고 있다. 이는 성춘배와 맹구자라는 부부를 중심인물로 하는데, 여기서 성춘배는 4.3 사건 때 억울하게 붙잡혀 마포 형무소에 갇혔다가 한국전쟁 당시 감옥 문이 열리는 바람에 출옥한다. 그러나 얼마 후 다시 붙잡혀 잔형 18년을 공주형무소에서 복역하게 된다. 실제로 4.3 사건 연루자들이 제대로 된 재판 한 번 받지 못한 채 억울하게 형을 산 사람이 부지기수라는 것은 잘 알려진 사실이다. 그리고 극중의 성춘배와 같이 복역 중 옥문이 열려 나왔다가 다시 붙잡혀 잔형을 산 것도 여러 사람이 경험한 사실이다.[27]

---

24 오영섭, 「간도지역 독립운동과 안중근이 지도한 의병전선」, 『동북아 평화와 안중근 의거 재조명』, 32~34면. 오영섭은 논문에서 안중근처럼 계몽운동에 종사했던 재야인사가 의병운동과 계몽운동을 동시에 수행한 사례가 없었음을 강조한다(19면). 이는 서영희 등 다른 논자의 글에서도 확인되는 것이다(서영희, 앞의 글, 45~46면).

25 안중근은 공판에서 이 사실을 여러 차례 강조했다(1910년 2월 12일 제5회 공판시말서, 한국독립운동사 자료 6(안중근 편 1 및 안중근 의사 자서전, 112면 참조). 이것을 근거로 이태진은 안중근의 이토 저격 사건은 안중근이 밝힌 대로 '대한의군 특파 독립대'가 거둔 '하얼빈 대첩'으로 새롭게 명명해야 한다고 주장한다(이태진, 앞의 글, 3~4면).

26 서영희는 이에 대해 안중근의 탁월한 전략가적 면모라고 평가한다(서영희, 앞의 글, 45면).

27 제주 4.3 연구소 편, 『무덤에서 살아나온 4.3 '수형자'들』, 역사비평사, 2002 참조. 여기에서 김춘배 씨, 양근방 씨의 사례가 극중 성춘배의 경우와 같다.

한편 이렇듯 성춘배가 두 번이나 붙잡혀 억울하게 형을 살고 있을 때, 배포가 큰 그의 아내 맹구자는 남편을 구원하기 위해 백방으로 애를 쓴다. 재판이나 문서상 기록도 없이 부당하게 형을 살고 있다는 사실을 국가에 문제 제기하는 것이다. 그러나 맹구자는 국가를 상대로 한 호소가 먹히지 않는다는 사실을 깨닫고 남장을 하고 남편을 탈옥시킨다. 즉 맹구자가 남장을 한 채 남편 대신 형을 살고, 여장을 한 성춘배는 제주도에서 해녀로 살아가게 되는 것이다. 이것은 일차적으로는 고전소설 『옥낭자전』을 변용한 것으로 보인다.[28] 그러나 그 외에 4.3 사건 연루자 중 잔형을 빌미로 남편이 재차 옥에 갇히게 되자 그 아내가 두 달이 넘도록 매일 형무소를 찾아다니고 변호사를 구하여 남편을 석방시킨 실제 사례[29] 역시 간접적인 영향을 미쳤을 가능성이 있다.

이상 오태석의 역사극은 정도의 차이는 있지만 역사적 사실에 대한 탐구를 기반으로 하고 있음을 알 수 있다. 그중에서도 〈도라지〉는 상대적으로 역사적 사실성이 높다. 또한 이들 역사적 사실관계 중에는 역사에 대한 일반인의 통념과 다른 것도 있어 오태석 역사극에 대한 섣부른 오해를 낳을 수 있는 소지 역시 있음을 확인할 수 있다. 그렇다면 다음으로 작가의 역사적 상상력에 따른 허구적 요소에 대해 살펴보도록 한다.

---

28 『옥낭자전(玉娘子傳)』에서 옥랑은 약혼자 이시업이 옥에 갇히자 그를 찾아가 옷을 맞바꿔 입고 자신이 대신 옥에 갇히고 이시업을 구해낸다. 이 점 영남대학교 서인석 교수의 논평에 도움을 받았다.

29 4.3 관련자 중 '김춘배' 씨의 사례가 그렇다. 그의 아내 이점희 씨는 남편이 불법으로 감옥 생활을 하고 있다는 소송 운동을 전개하여 김춘배 씨를 옥에서 풀려나오도록 했다. 당시 그는 아이를 업은 채 두 달여 동안 매일 형무소에 다니고, 그곳에서 이한동, 윤종수 대위를 만나 그들의 도움으로 당시 유력한 변호사 노재필을 소개받아 소송에 성공한다(위의 책, 76~80면 참조). 이것을 고려하면 극중에서 '성춘배'라는 이름 역시 예사롭게 보이지 않는다.

3. 역사적 상상력에 따른 허구적 요소

2장에서 〈도라지〉가 사건의 틀에 있어서나 김옥균·홍종우의 행적에 있어 많은 부분 역사적 사실에 근거한다고 서술했다. 그러나 그렇다고 이 작품에 허구적 요소가 없다는 것은 아니다. 예를 들어 대한제국 성립 이후 홍종우의 행적은 사실과 다른 부분이 발견된다. 극중에서 홍종우는 김옥균 암살 직후 고종에게 배척당하고 제주목사로 좌천된다. 그럼에도 조선을 향한 그의 우국충정은 변함이 없으며, 헤이그 밀사 사건이 터지자 모든 책임을 자기가 지겠다며 고종을 감싸기까지 한다. 그러나 실상인즉 김옥균 암살 후 홍종우는 왕실의 실세로 활약했고 제주목사로 좌천된 것은 1903년이다. 이후 1905년 홍종우는 관직을 그만두고 은둔에 들어갔으며 이후 행적은 잘 알려지지 않았다.[30] 2장에서도 서술했듯 이 극은 홍종우에 대해 일반인에게 잘못 알려진 왜곡된 시선을 상당 부분 바로잡고 있는데, 김옥균 암살 이후 홍종우의 행적을 이렇게 허구적 사실로 채운 것은 그의 우국충정을 강조하려는 의도로 보인다.

이렇듯 〈도라지〉에도 역사적 사실과는 다른 허구적인 요소가 존재한다. 그러나 그렇다 하더라도 전체적으로 이 극은 역사적 사실성이 허구적 요소보다 우세한 작품에 속한다. 즉 이 극은 근대 국가를 성립하는 것이 초미의 관심사로 떠오르던 한말의 역사상을 재구하고 근대화를 주장했던 두 명의 선각자(김옥균과 홍종우)를 사실적으로 조명하는 데 초점이 맞춰져 있다. 사실과 허구를 양 축으로 오태석 역사극을 놓고 볼 때, 〈도라지〉는 어떤 다른 작품보다 사실의 축에 가까운 작품으로 '역사극'과 '역사 서사'의 경계에 위치한다.[31] 그러나 이러한 종류의 역사극은 오랫동안 오태석의 흥미를 끌지 못했던 것으로 보인다. 작가는 사실-효과를 텍스트 외적 원천에 두고 독자/관객으로 하여금

---

30 조재곤, 앞의 책, 13면 및 147~149면.

31 이것은 '기록적 역사소설'에 대한 터너의 논의를 기록적 역사극에 변형 적용한 것이다. 터너에 따르면 기록적 역사소설은 '소설'보다는 '역사'에 방점이 찍힌 것으로, 역사 소설(historical fiction)과 역사 서사(narrative history)의 경계에 위치한다(Turner, 앞의 글, 336~337면).

역사적 사실에 대한 기대지평을 갖게 하는 이러한 종류의 역사극[32]을 넘어 역사에 대한 자신의 생각을 좀더 직접적으로 드러낼 수 있는 방법을 모색했고, 그 결과가 〈천년의 수인〉이나 〈잃어버린 강〉이다.

이 두 작품에서 허구적 요소를 찾는 것은 어렵지 않다. 역사에 대해 큰 상식이 없는 사람도 이들 작품이 역사적 사실과 거리가 있다는 것을 쉽게 알아차리게 된다. 〈천년의 수인〉[33]에서는 무엇보다 안두희와 광주항쟁 병사, 비전향 장기수가 한 병원에서 만난다는 사실 자체가 허구다. 여기서 광주항쟁 병사와 비전향 장기수는 허구적 인물이다. 상식적으로 볼 때 서로 전혀 연관이 없는 이들을 하나로 묶는 것은 전적으로 작가의 상상력 덕분이다.

안두희와 광주항쟁 병사는 각각 김구를 암살하고 민간인에게 총을 겨눈 자신들의 행위는 상급자의 지시에 따른 것일 뿐 자신들에게만 죄를 지울 수 없다는 항변을 한다는 점(천년의 수인 : 177)에서 공통적이다. 비전향 장기수와 안두희는 이 중에서도 가장 거리가 멀 것만 같은 인물이다. 비전향장기수란 소위 빨갱이이고, 안두희는 빨갱이라면 치를 떠는 서북청년단의 일원이었음은 물론 김구를 암살한 이유도 우익적 목적에 따른 것이기 때문이다. 그러나 이것은 작가의 '천재적 상상력'[34]에 의해 다음과 같은 공통점이 설정된다. 비전향장기수는 원래 김구를 살해하라는 이북의 지령을 받은 간첩이었다. 따라서 안두희와 비전향장기수는 "남과 북으로 장소는 달랐지만 같은 운명을

32 공임순, 앞의 글, 59면.

33 〈천년의 수인〉은 기존에 역사극으로서 다루어진 예가 있긴 하지만(김옥란, 「오태석 연극에서의 역사와 폭력의 아이러니」, 『대중서사연구』 14, 2005), 서론에서 소개된바 허구적 역사물에 대한 엄격한 기준(Fleishman)으로 본다면 역사극으로 볼 타당한 근거를 갖고 있지 못하다. 무엇보다 이 작품이 배경으로 하는 시대와 작품이 창작된 시기 간에는 불과 10여 년의 차이가 있기 때문이다. 그러나 이 작품에는 역사적 인물이 등장함은 물론, 작가의 역사관이 표현된바 오태석의 본격적인 역사극의 연장선 내에서 창작되었음이 분명하다. 이 글의 직접적인 분석 대상은 아니지만 〈지네와 지렁이〉 역시 마찬가지다. 2010년, 일본이 한국을 식민지화했다는 가정 아래 펼쳐지는 이 극은 마찬가지 이유로 오태석 역사극 논의에 포함될 수 있으며, 역사적 사실 관계의 기준으로 볼 때 '환상적 역사극'으로 분류될 수 있다고 본다('환상적 역사극'에 대해서는 공임순, 앞의 글 참조).

34 김미도, 「천재적 상상력의 높이와 깊이」, 오태석, 『천년의 수인』, 373면 참조.

타고난…일란성 쌍둥이"라는 것이 그 논리다(천년의 수인 : 181). 이에 더해 비전향장기수의 부친은 일제강점기에 창씨개명을 하지 않았다는 이유로 고초를 겪고 순절한 인물이라고 설정되는데(천년의 수인 : 182), 이는 비전향장기수에 대한 독자/관객의 거부 반응을 약화시키려는 의도로 보인다. 마지막으로 병사와 장기수는 어떤가. 이는 장기수가 북에 아들을 두고 있다는 것, 그리고 병사는 나이로 치면 장기수의 막내아들뻘이라는 사실이 소통의 매개가 된다. 이어 정신이상 증세를 보이는 병사는 자신은 광주에서, 장기수는 지리산에서 각각 양민을 학살하고 승전가를 불렀다는 말도 안 되는 공통점을 찾아내기도 한다(천년의 수인 : 189).

그러나 무엇보다 이 작품에서 가장 두드러진 허구적 설정은, 안두희와 장기수가 병사의 목숨을 살린다는 명분으로 복어국을 함께 나눠 먹고 자살하는 것이다. 즉 역사의 죄과를 지고 있는 자신들이 죽음으로써 그 죄를 뉘우치니, 젊은 병사만은 살려달라는 것이다. 그 장면에선 백범 김구의 모습까지 나타난다(다음 인용 참조).

테러 이게 정말 우릴 죽이는 거요. 맛만 나네.

복역수 (소주병 건넨다.)
소크라테스모양 된답니다. 몸 속에다 석고를 부은 거모양 발목부터 굳어지기 시작해서 허리로 가슴으로 올라오면서 굳는다고 그래요.

테러 석고상 두 개 만드는 게야 그럼-

복역수 그렇지.

테러 이거 장난 같애.

복역수 장난-그러지 장난이지.

두 노인이 정답게 숟가락질 하는 동안 촛불이 깜박거린다.
백범 김구 선생의 존영이 희미하게 보인다.
'해방된 역마차' – Ending.(천년의 수인 : 229)[35]

그렇다면 〈잃어버린 강〉은 어떤가. 2장에서도 언급했듯 〈잃어버린 강〉은 안중근의 이야기와 백두산정계비 이야기 두 개가 이중플롯을 이루고 있다. 이 극에서 첫 번째 허구적 요소는 이 두 이야기를 얽는 방식에 있다. 즉 극중에 안중근과 일본인 교사를 통해 간도에서 백두산정계비를 둘러싼 한중일 삼국의 분쟁이 언급되는가 하면, 이토가 청일 간의 국경 문제에 지원을 얻기 위해 러시아에 온다는 설정, 그리고 바로 이때를 포착하여 안중근이 이토를 암살한다는 설정이 그러하다.[36] 이에 더해 백두산정계비를 둘러싼 박권, 이선부의 행태가 희화화된 것 역시 허구적이다. 그러나 뭐니 뭐니 해도 이 극에서 가장 핵심적인 허구적 요소는 마지막 부분, 여순 형무소에 수감되었던 안중근이 사형당하고 다시 살아나 먼저 죽은 이토와 대면하는 장면이다. 저승에서 만난 두 사람은 "나, 대한민국의 의병 중장 안중근입니다", "일본군 이토요"라며 서로 인사를 나누고, '각자 조국에 몸 바쳤으니, 우리는 군인으로서의 본분을 다한 것'이라며 이승에서 죽고 죽인 회한을 잊고 화해한다.

〈천년의 수인〉과 〈잃어버린 강〉을 비교할 때 후자가 전자에 비해 역사적 사실 관련성이 보다 밀접하다. 그러나 이 두 작품 모두 역사적 인물을 주인공으로 하되 허구적 요소가 상당 부분 활용된 가장적 역사극에 속한다는 점에서 공통적이다.[37] 그런데 이때 역사적 인물을 주인공으로 하면서도 역사적 사실과 어긋나는 부분이 적지 않다는 데 문제가 있다. 터너의 논의에 따르자면 기록적 역사물, 가장적 역사물, 창안적 역사물의 순으로 역사적 사실에 대한 부담을 안고 있다.[38] 이렇게 보면 가장적 역사극은 기록적 역사극에 비해서 역사적 사실에 대한 부담이 적다. 그러나 가장적 역사극이 어디까지나 역사적 인물을 주인공으로 하고 있는 한, 여기에는 역사적 기대지평과 허구의 관

---

35 위 인용에서 '테러'는 테러범 안두희, '복역수'는 비전향장기수를 의미한다.

36 안중근 자서전에 따르면 안중근은 특별한 정보 없이 블라디보스톡으로 갔으며, 이곳에서 이토 히로부미가 온다는 소식을 듣고 거사를 계획했다(안중근, 『안중근 의사 자서전』, 91~93면).

37 공임순, 앞의 글, 59면.

38 Turner, 앞의 글, 345면.

습적 기대지평이 중첩되고 그런 만큼 〈천년의 수인〉과 〈잃어버린 강〉은 역사 왜곡 논란에서 자유로울 수 없다.

반면 〈앞산아 당겨라 오금아 밀어라〉는 이러한 논란의 예봉을 피해 간다. 바로 역사적 인물 대신 허구적 인물을 등장시켰기 때문이다. 이 극에서 맹구자가 남편을 탈옥시키기 위해 남장을 하고 복역 중인 남편을 대신한다는 설정은 허구이다. 또한 무장대가 순진한 성춘배를 붙잡아 성형수술에 더해 혀가 잘라진 병신으로 만들어 무장대 대장 강우재로 둔갑시켰다는 것 역시 허구적 설정으로 보인다. 이것만이 아니다. 남편 대신 형을 살던 맹구자가 4.3 수형자들을 이끌고 제주도에 와서 방목형 수감생활을 한다는 사실, 그리고 이것이 제주도에 해녀파크를 건립하려는 일군의 제주도민과 충돌한다는 사실은 그중에서도 가장 허구적인 설정이다.

그러나 결국 수형자들은 제주도에 들어오고, 제주도민은 해녀파크 건립을 통해 얻는 경제적 이득보다 제주도를 '역사적인 성지(聖地)'로 만드는 데 합의한다. 이리하여 수형자들은 물론 제주도민, 정부 세력(수형자들을 관리 감독하러 온 행정관, 교정관, 정보관, 경찰관 등)까지 모두 한마음 한뜻으로 디딤불미 노래를 부른다.

> **구자** 이제야 찾아 왔습니다. 용서하세요. 세 식구가 모였어요. ① 엄니 아범 형제간 불에 잃고 그 지간 지옥불속에 살아온 처녀가 왔구요. ② 오라리 불지르고 숨어지낸 애 아범이 왔구요. ③ 못본사람 못봤다구 했대서 옥살이지낸 아범이 와서 엎디렸구만요 본게 모다 그지간 감옥 살았어요. 그 지긋지긋한 세월 이 비석 밑이다 파묻어요. 그래도 되지요. (번호는 인용자)

위의 맹구자의 대사는 4.3 당시 마을 주민 132명이 죽은 곳에 '백조일손지비'를 세우며 맹구자가 하는 말이다. 여기서 ①은 오라리 방화사건의 피해자요 ②는 가해자, ③은 4.3에 연루된 무고한 희생자를 대표한다. 맹구자의 말에

의하면 이들 어느 누구도 과거로부터 자유로울 수 없었다. 이들이 모두 한자리에 모여 '백조일손지비' 아래 그 한을 파묻는다는 것은 곧 지나간 과거를 잊고 앞으로 새롭게 산다는 말이다.

이 작품은 허구적 인물을 주인공으로, 허구의 관습적 기대 지평 내에 머무는 창안적 역사극에 해당한다. 이것은 사실-효과를 리얼리즘의 관습에 의거하고 텍스트 바깥에 중심적으로 의존하지 않는다.[39] 또한 4.3 수형자들이 제주도에 방목 수감된다는 설정이나 제주도에 해녀파크 설립이 추진되는 등 허구적 이야기를 과감하게 창조함으로써 작가의 역사관을 드러내는 데도 효과적으로 기여한다. 이런 점에서 창안적 역사극은 역사 왜곡의 문제도 피해 가면서 역사에 대한 뚜렷한 시각을 표출하려는 작가의 의도도 충족시키는바, 오태석 역사극의 형태 중 가장 바람직한 형태라고 할 수 있다. 이런 점에서 최근작 〈백년언약〉이 창안적 역사극의 형태를 띠는 것은 작가 역시 이러한 사실을 의식하고 있는 결과라 보면 너무 지나친 해석일까.

그러나 엄격하게 보자면, 〈앞산아 당겨라 오금아 밀어라〉도 역사적 사건을 다루는 방식에는 문제가 있음을 지적할 수 있다. 그 대표적인 예로 오라리 방화사건을 들 수 있다. 주지하듯 이것은 1948년 4월 3일 사건 직후 좌익 무장세력과 군경찰 간에 사건을 평화적으로 해결하려는 움직임이 진행되던 중 오라리에서 일어났던 방화 사건이다. 이것이 당시 군경찰에 의해 좌익의 소행으로 간주되면서 좌익 무장대에 대한 강경진압의 계기가 되었다. 그로부터 수십 년 후 이루어진 진상 조사 결과 이것은 무장 세력에 대한 탄압의 명분을 얻기 위한 우익 측의 조작극이었음이 밝혀졌지만,[40] 극중에서는 좌익세력에 의해 저질러진 사건으로 설정되어 있다. 이 작품이 제주도에서 공연되었을 때 제주도민의 반발을 산 것도 이러한 사실과 무관하지 않다.[41]

---

39 창안적 역사물에 대한 설명은 공임순, 앞의 글.

40 이에 대해서는 제주 4.3 사건 진상 규명 및 희생자 명예회복 위원회, 『제주 4.3사건 진상조사 보고서』, 선인, 2003, 199~200면 참조.

41 '그릇된 현실 인식이 빚어낸 빗나간 상상력의 실험'(김경훈, "연극 〈앞산아 당겨라 -〉를 보고:

그러나 이 작품이 창작되었을 때는 아직 4.3 사건에 대한 진상규명이 일단락되기 전이었다. 이렇게 본다면, 〈앞산아 당겨라 오금아 밀어라〉에 나타난 오라리 방화사건에 대한 처리는 의도적인 역사왜곡의 결과라기보다는 4.3 사건을 바라보는 작가의 시각에 기인한다고 보는 편이 옳을 것 같다. 이는 과거에 대한 진상 규명보다는 피해자와 가해자의 용서와 화해를 중시하는 작가의 역사관을 암암리에 드러내는데, 이에 대해서는 다음 장에서 구체적으로 다루도록 한다.

4. 미래지향적 역사관의 허와 실

이제 문제는 자연스럽게 이상의 작품에 나타난 오태석의 역사관에 대한 문제로 넘어온다. 역사적 사실 또는 역사적 인물을 재구하는 것을 넘어 작품 내에 많은 부분을 허구로 채우면서, 게다가 역사적 인물이나 역사적 사건을 다룰 때 일어나게 될 역사왜곡의 문제도 마다치 않으면서 작가가 드러내고자 하는 역사에 대한 입장과 관점이란 어떤 것일까.

첫 번째로 꼽을 수 있는 것은 친일과 반일, 좌파와 우파의 대립을 지양하고, 이들 대립 세력 간에 화해와 포용을 강조하는 것이다. 〈앞산아 당겨라 오금아 밀어라〉의 경우는 3장에서 이미 분석했기에 여기서는 〈천년의 수인〉과 〈잃어버린 강〉를 중심으로 논의를 전개한다. 이 극에는 기존에 서로 합일될 수 없는 극좌와 극우 세력(비전향장기수와 안두희)이 하나로 통합되며, 일본 제국주의와 항일 저항 세력(이토 히로부미와 안중근)도 화해하게 된다. '역사의 심판에는 시효가 없다'는 것은 백범 암살에 대한 진상규명을 위해 평생 안두희의 뒤를 쫓아다닌 인물의 모토였던가.[42] 이러한 시각으로 볼 때 안두희는

명성에 가려진 제주의 진실", 『한라일보』, 2003.11.3)이라거나 '4.3에 대한 감상적 접근과 낭만적인 해결법'(강용준, "연극비평: 극단 목화 '앞산아 당겨라 오금아 밀어라", 『제주일보』, 2003.11.3) 등이 이러한 비판의 예이다.

'영원'을 뜻하는 '천년(千年)'의 '수인(囚人)'일 수밖에 없다. 〈천년의 수인〉은 이러한 시각을 정면으로 반박한다. 즉 한국 현대사를 통해 '역사의 심판'이란 이름으로 지속적으로 반복되어 온 악순환의 고리를 끊어야 한다는 메시지를 강하게 전달하는 것이다.[43]

이는 오태석 극이 말하고 있는 용서와 화해가 과거청산에 대한 일반적 시각과 차이가 있음을 드러낸다. 역사적 사실은 '밝혀져야' 하고 가해자는 '처벌되어야' 하며 피해자의 권리는 '되찾아져야' 한다는 것이 일반적 시각이다. 반면 오태석은 과거의 사실을 덮고 가해자와 피해자 간의 용서와 화해를 내세운다. 과거사에 대한 규명 없이 섣불리 용서와 화해를 내세우는 것은 자칫 가해자의 손을 들어주고 피해자를 두 번 죽이는 일이 될 수 있다. 더욱이 가해자와 피해자가 권력에 있어 큰 차이가 난다면 이러한 시각의 위험성은 더 말할 것도 없다.[44]

그러나 이에 대해 다르게 생각해 볼 여지도 존재한다. 과거사 청산이란 사법적이고 정치적인 의미만으로 한정지을 수는 없다. 이것은 기실 과거사에 대한 비판과 반성, 애도와 치유를 뜻하는 '과거 성찰'로서의 의미가 있으며, 또다른 사회적 갈등과 대립을 낳는 것이 아니라 궁극적으로 사회 통합에 기여해야 하기 때문이다. 더욱이 과거사 규명과 청산 작업은 사회적 차원에서 집단적 기억을 만드는 과정이며, 어떤 형태의 과거 청산도 절대적일 수 없다는 사실[45]을 상기해 보면 이러한 시각은 더욱 설득력을 얻는다.

---

42 '역사의 심판에는 시효가 없다'는 것은 평생토록 안두희를 추적하며 백범 암살 사건의 전모를 밝히려 했던 권중희의 책(돌베개, 1993) 제목이다.

43 이러한 오태석의 시각에 대해서는 졸고, 앞의 글, 509~510면 참조.

44 이러한 문제점은 4.3 사건의 예에서 잘 드러난다. 4.3 사건에 대한 진상규명은 어느 정도 이루어졌음에도 불구하고 이것을 둘러싼 좌우익의 이념갈등은 여전히 지속되고 있다. 4.3 사건의 명칭이 '4.3 폭동'인지, '4.3 항쟁'인지 모호함은 물론, 4.3 희생자 위령제는 아직도 군경 유가족과 진보단체의 갈등 속에 놓여 있다. 이에 진보단체는 4.3 사건의 진상 규명과 명확한 책임 규명 없이 4.3 위령제 때마다 '용서와 화합'이 강조된다는 점에 불만을 드러낸다(김성례, 「근대성과 폭력: 제주 4.3의 담론정치」, 역사문제연구소 등 편, 『제주 4.3 연구』, 역사비평사, 1999, 251~258면 참조).

과거 청산에 있어 과거사 규명에 집중하는 것을 과거지향적이라고 한다면, 사회 통합을 우선시하는 것을 미래지향적인 역사관이라 할 수 있다.[46] 오태석 역사극에서 주장되는 용서와 화해 역시 용서와 화해 그 자체를 목적으로 한 것이 아니라 그 근저에 미래지향적인 역사관을 깔고 있다. 그렇다면 이때 작가가 염두에 두고 있는 '미래'란 어떤 것일까. 그것은 민족주의로 파악될 수 있다고 보인다.[47] 〈잃어버린 강〉에서 '도문강'(이것은 '두만강'의 다른 이름이다)으로 잘못 읽힌 '토문강'을 되찾아 잃어버린 간도 땅을 회복해야 한다는 것이 대표적이다. 한말 외세의 침략과 왕실의 무능으로 성취하지 못한 근대화에 대한 열망을 나타내는 것(〈도라지〉) 역시 같은 맥락에서 파악될 수 있다. 그 외에 이 글의 직접적인 분석 대상은 아니지만 〈지네와 지렁이〉, 〈백년언약〉 등에서 통일을 우리 민족이 궁극적으로 성취해야 할 목표로 보는 것 또한 이러한 민족주의적 시각으로 파악할 수 있다.

사실 민족주의는 비단 오태석에게만 나타나는 독특한 것이 아니라 한국인이라면 누구나 가지고 있는 도덕적 정언 명령이자 사회 규범이다.[48] 그러나 이것이 지니는 배타성으로 인해 여러 가지 문제를 유발하고 있음은 주지의 사실이다. 또한 민족주의는 그 자체로는 자기완결적 논리 구조를 가지지 못하며 여타의 사회 이데올로기와 결합되어 나타난다는 사실[49]을 상기할 때, 그것이 어떤 민족주의인가를 밝히지 않고 다만 민족주의만을 내세우는 오태석의 시각은 문제가 있다. 이러한 상태에 머물 때 민족주의는 이성이 아닌 감성에 의해 지배되는, 집단의 심리상태로서의 무드에 그치고 말 위험이 있다.[50]

45 안병직 외, 『세계의 과거사 청산』, 푸른역사, 2005, 14~37면 참조.

46 위의 책, 23면 및 37면.

47 김옥란은 오태석 역사극에 나타난 이러한 시각을 강력하고 통일된 근대국가에 대한 지향이라고 적절하게 표현하고 있다. 또한 이것은, 냉전 체제 아래 사회적 '약자'의 위치에 설 수밖에 없었던 오태석에게 내셔널리즘적 거대서사화의 욕망이 이미 개입되어 있음을 보여주기에 문제적이라고 지적된다(앞의 글, 59~70면 참조).

48 임지현, 『민족주의는 반역이다』, 소나무, 1999, 6면.

49 위의 책, 53~54면.

50 안병직·이영훈 대담, 『대한민국 역사의 기로에 서다』, 기파랑, 2008, 255~257면.

한편 역사관에 대한 이러한 평가와 함께 오태석의 역사극이 갖는 미학적 한계 역시 지적되어야 한다. 그는 서연호와 가진 대담에서 민족상잔이 벌려 놓은 상처, 그것이 한국에 미친 부정적 영향을 후세대에 전해주는 것이 '작가가 속한 세대의 역사적 책무'임을 반복해서 강조한다.[51] 이러한 그의 의도는 오태석의 본격적인 역사극에 고스란히 나타난다. 작품의 인물들은 작가의 역사관을 직접적으로 발화하거나 행동으로 나타내는 경우가 적지 않다.[52] 이때 인물이 실제 생존했던 역사적 인물이기 때문에 독자/관객이 느낄 생경함도 거리낌의 이유가 되지 못한다. 이렇게 볼 때 작품의 미학적 측면보다 독자/관객에게 전하고자 하는 메시지가 우선시되는 경우가 왕왕 존재함을 알 수 있으며, 이것은 어떻게 해서든 후세대에게 이것만은 전해주어야겠다는 작가의 조바심으로 읽힐 수 있을 정도이다. 아울러 본격적인 역사극의 후기로 갈수록 연극 형상화 방식이 복잡하고 산만해짐으로써 연극적 표현에서 그다지 좋은 평가를 받지 못하는 것[53] 역시 문제로 지적된다.

5. 맺음말

오태석은 1994년 〈도라지〉로부터 시작하여 현재까지 한국 근현대사에 대한 역사극을 지속적으로 발표하고 있다. 이 글에서는 이것을 오태석의 '본격적인 역사극'이라 칭하고 〈도라지〉, 〈천년의 수인〉, 〈잃어버린 강〉, 〈앞산아 당

---

51 오태석·서연호 대담, 앞의 책, 116면, 173~174면, 192~194면 참조.

52 예를 들어 〈잃어버린 강〉에서 이토와 안중근은 저승에서 만나 각자 조국에 몸 바쳤으니 군인으로서 본분을 다한 것이라며 화해한다. 〈지네와 지렁이〉에서는 육당이 직접 등장하여 "육당 용서 못해, 춘원 용서 못해, 그럼 통일 안 돼. 민주주의 했다고 용서 못할 거 아니야, 사회주의 했다고 용서 못할 거 아니야."라고 말한다.

53 양승국, 「공허한 메시지의 황당한 울림: 〈지네와 지렁이〉」, 『한국 현대극의 주름과 틈』, 연극과인간, 2008, 184~187면; 김명화, "백년 담은 과한 상차림 '소화불량': 〈백년언약〉", 『한겨레』, 2008.6.5 참조.

겨라 오금아 밀어라〉 등 4작품을 중심으로 사실과 허구의 긴장관계에 대해 분석하고, 이것을 바탕으로 작가의 역사관에 대해 고찰했다.

이 글에서 우선적으로 주목한 것은, 오태석 역사극이 정도의 차이는 있지만 역사적 사실에 대한 상세한 탐구를 기반으로 하고 있다는 사실이다. 〈도라지〉는 한말 김옥균과 홍종우의 생애에 대한 역사적 사실에 근거하고 있으며, 〈천년의 수인〉은 백범 암살범 안두희의 생애를 다루고 있다. 또한 〈잃어버린 강〉은 만주에서 안중근의 독립운동과 1700년대 백두산 정계비가 세워지던 무렵의 이야기를 이중플롯으로 다루고 있으며, 〈앞산아 당겨라 오금아 밀어라〉는 1948년에 발생한 4.3 사건을 배경으로 하고 있다.

그러나 오태석 역사극이 물론 역사적 사실만으로 이루어진 것은 아니며, 허구적 요소가 상당 부분 활용된다. 사실과 허구를 양 축으로 오태석 역사극을 놓고 볼 때, 〈도라지〉는 사실의 축에 가장 가까운 작품으로, '역사극'과 '역사서사'의 경계에 위치한다. 또한 〈천년의 수인〉과 〈잃어버린 강〉은 역사적 인물을 주인공으로 하되 허구적 요소가 적지 않게 나타남으로써 역사적 기대지평과 허구의 관습적 기대지평이 공존한다. 그런데 이 두 작품은 역사적 사실과 다른 부분으로 말미암아 역사왜곡 논란에서 자유롭지 못하다. 반면 〈앞산아 당겨라 오금아 밀어라〉는 허구적 인물과 허구적 사건을 중심적으로 다룬다. 따라서 역사 왜곡의 문제를 피해가는 것은 물론, 허구적 이야기를 과감하게 창조함으로써 작가의 역사관을 드러내는 데도 효과적으로 기여하는바 오태석 역사극의 성격상 가장 적합한 형태라 하겠다.

이상에서 보듯 오태석 역사극이 역사적 사실에 대한 상세한 탐구를 기반으로 하면서도 그에 못지않게 허구적 요소를 중시한 것을 알 수 있다. 이것은 무엇보다 역사극을 통해 작가가 전달하고자 하는 메시지가 분명한 까닭이라고 하겠다. 그렇다면 이들 역사극을 통해 작가가 표현하고자 하는 역사관은 어떻게 파악될 수 있을까. 이것은 가해자와 피해자 간의 용서와 화해로 표현되는바 한국 역사상 친일과 반일, 좌익과 우익의 대립을 지양하는 것이다. 이것은 미래지향적 역사관으로 표현될 수 있는데 이때 작가가 상정하는 미래란

민족주의로 파악될 수 있다. 통일된 조국, 강한 조국에 대한 희구는 어찌 보면 한국전쟁을 겪은 작가의 세대가 갖는 존재론적 한계일지도 모르겠다. 그러나 오태석의 본격적인 역사극은 작품에 따라 계몽적 의도가 생경하게 드러나고 연극 형상화 방식 역시 복잡하고 산만함으로 인해 일정한 미학적 한계를 갖는다.

6

이반의 분단희곡 연구

: 망향의식과 분단 극복 방식을 중심으로

1. 들어가며

이반은 박조열, 이재현과 함께 대표적인 월남 희곡 작가로 꼽힌다.[1] 이들의 작품세계는 월남민으로서의 정체성이 일정한 영향을 미쳤다고 판단되는데,[2] 그중에서도 이반은 이러한 영향력이 매우 큰 경우에 해당한다.[3] 이반은 1943년 함경남도 홍원군에서 태어나 1.4후퇴 때 월남, 강원도 속초의 월남민 마을에서 자랐다. 속칭 '아바이 마을'로 불리는 이곳 생활이 작가에게 미친 영향은 그의 분단희곡 대부분이 아바이 마을을 배경으로 하고 있다는 사실에서도 잘 드러난다.

이반은 동극(童劇)으로 등단했지만 그가 가장 역점을 둔 것은 분단극[4]과 종교극[5]이다. 이반 희곡에 대한 연구는 그다지 많지 않다. 분단희곡을 중심으로

---

1 박조열은 1930년 함경남도 함주 출생이며, 이재현은 1940년 평안남도 평양 출생이다. 월남민으로서의 박조열의 정체성이 그의 작품세계에 전반에 영향을 미쳤다는 것은 주지의 사실이다. 한편 이재현에 대해서는 실향민의 아픔을 매우 서정적으로 묘사한 작가라는 평가(유민영, 『한국현대희곡사』, 기린원, 1991, 530면)도 있지만 이에 대해서는 더 많은 논구가 필요하다. 유민영은 한국현대희곡사에서 박조열과 이재현을 월남 희곡 작가로 묶어 다루고 있으며(위의 책, 527~533면), 김방옥은 박조열, 이재현에 더해 이반을 대표적인 월남 희곡 작가로 꼽고 있다(「이반의 희곡 세계」, 이반, 『이반희곡선집』 2, 연극과인간, 2008).

2 월남민으로서의 정체성은 '월남민 의식'이라고도 표현될 수 있다. '월남민 의식'이란 월남민들의 현실인식이 개인적 차원에 머물지 않고 일정한 집단적 성격을 띠고 있으며 사회적, 역사적인 실체를 형성하고 있다는 점에 근거하여 사용된다(김효석, 「전후월남작가 연구」, 중앙대학교 박사학위논문, 2006, 11면).

3 이반은 〈샛바람〉 후기에서 자신을 어릴 때 부모님을 따라 이남으로 피난 나온 피난민으로 소개하고 있다. 또한 '피난민 학교'(숭실대학을 일컬음)에서 근무하고 있다거나 고향에 돌아가야 된다는 생각을 누구 못지않게 많이 하고 있다는 말 등에서 월남민으로서의 작가의식을 엿볼 수 있다(『샛바람』, 종로서적, 1994, 197면).

4 이 글에서 분단극 혹은 분단희곡은 분단을 소재로 삼은 작품을 가리키는 현상기술적 개념이자 분단 상황의 극복을 지향하는 극으로, 다소 가치중립적이며 포괄적인 개념으로 사용된다(졸고, 「분단희곡에 있어서 '경계인'의 위상과 의미」, 『한국극예술연구』 32, 2010, 312면 참조). 통상적으로 보자면 '분단희곡'이라고 표현하는 것이 옳겠으나, 이 글에서는 이반의 분단극과 종교극을 모두 고려하고 있기에 '종교극'에 상응하는 용어로 '분단극'이라는 표현을 쓴다. 따라서 다소 혼란스럽지만 '분단희곡'과 '분단극'이 혼용되고 있다.

5 서구 연극의 개념으로 보자면 종교극(religious drama)은 기독교 전통에 따른 극으로 개념화된다. 이렇게 보면 중세극이 대표적인 경우지만, 20세기에 들어 유럽을 중심으로 종교극 부흥

연구사를 살펴보자면, 김문숙의 논문은 이반 희곡에 대한 유일한 학위논문이긴 하나 이반 희곡을 분단극과 종교극으로 나누어 소개하는 데 그치고 있다.[6] 이외에 김방옥[7]은 분단희곡을 전체적으로 개괄하고 있으며, 신현숙[8]은 〈환상무대〉에 대한 작품 해설을, 조보라미[9]는 '경계인'의 관점에서 〈아버지 바다〉를 분석하고 있다. 이들 연구는 나름대로 이반 희곡을 개괄적으로 이해하는 데 도움을 주고 있으나, 이반 희곡이 한국의 분단희곡사[10]에서 어떠한 독특한 위상을 지니는지 뚜렷이 밝히고 있지 못하며, 작품 분석도 보다 상세히 이루어질 필요가 있다.

이에 이 글에서는 이반 희곡에 대한 연구가 본격화될 필요가 있다는 문제의식 아래 작가의 분단희곡을 고찰해 보고자 한다. 사실 이반의 첫 번째 분단희곡은 〈나자의 소리〉(1970)지만 본격적인 분단희곡은 〈그날, 그날에〉부터 시작된다고 보는 것이 적절하다. 이반은 종교극 공부를 위해 떠난 스웨덴 유학 시절 분단 문제를 새롭게 인식하고 아버지 세대의 삶을 희곡화할 것을 결심했음을 밝히고 있거니와, 〈그날, 그날에〉는 그 결과 쓰인 작품인 것이다.[11]

운동이 일어나 현대 종교극이 창작된 바 있다. 그 대표적인 경우가 영국의 T.S.엘리어트와 스웨덴의 하르트만이다(*Religious Drama 3*(edit.by Marvin Halverson, The World Publishing Company, 1959, 서문 및 이반, 『연극과 예배』, 연극과인간, 2003, 제2부 참조). 이반은 70년대 중반 종교극을 공부하기 위해 영국과 스웨덴에 유학하여 브라우네와 하르트만을 사사했다. 그리고 이러한 경험을 바탕으로 현대 종교극을 창작하는데, 이것은 한국희곡사에서 매우 예외적인 사례이다.

6 김문숙, 「이반 희곡의 작품세계 연구」, 위덕대학교 석사학위논문, 2004.

7 김방옥, 앞의 글.

8 신현숙, 「열린 세계를 향하여: 환상무대의 의미」, 『이반희곡선집』 2.

9 졸고, 앞의 글.

10 분단희곡을 사적으로 고찰한 것으로는 이미원의 『한국근대극연구』(현대미학사, 1994, 436~454면), 오영미의 일련의 논문(「분단희곡연구 1」, 『한국연극연구』 1, 1998; 「분단희곡연구 2」, 『한국문화연구』 2, 1999; 「분단희곡연구 4」, 『한민족어문학』, 2005), 권순대의 논문(「분단희곡의 담론 특성에 관한 연구」, 경희대학교 박사학위논문, 2003) 등을 들 수 있다.

11 스웨덴은 서구 국가 중에서 북한을 제일 먼저 국가로 인정한 나라였다. 이반은 스웨덴의 자유로운 사회 풍토 속에서 한반도 문제가 공공연히 거론되는 것을 보고 국토와 민족의 분단 상황에 대해 심각하게 고민하게 되었다고 밝히고 있다. 작가의 말을 직접 옮겨보면 다음과 같다: "한반도가 아니라 세계에서 가장 변두리라 할 수 있는 북구에서 내가 확인한

이반의 분단희곡은 무엇보다 월남민의 삶을 사실적으로 다루고 있음은 물론, 아바이 마을 주민의 말씨와 습속을 살려 그곳의 독특한 망탈리테(mentalités)[12]를 드러내고 있다는 점에서 주목된다. 이런 관점에서 이 글에서는 아바이 마을을 배경으로 한 분단희곡을 주요 대상으로 삼아, 이반 희곡에 나타난 망향의식과 분단 극복 방식을 분석해 보고자 한다. 이를 위해 먼저 2장에서는 〈그날, 그날에〉, 〈동창생〉을 통해 월남 1세대의 망향의식을 살펴본다.[13] 여기서 월남 1세대의 강렬한 망향의식은 상상계와 상징계의 전도된 관계를 통해 분석될 것이다. 3장에서는 〈아버지 바다〉를 통해 월남 1.5세대 및 그 후속 세대의 삶에 대한 관심을 분석한다. 이 작품에서 형철은 월남 1세대의 망향의식을 이으면서 분단 극복을 위한 행동에 나서고 있다는 점에서 문제적이다. 그러나 미리 밝히자면 이반의 분단희곡에서 분단 극복에 대한 구체적인 비전을 찾기는 어려우며, 오히려 이것은 한일문제를 다룬 종교극에서 그 실마리를 찾을 수 있다고 판단된다. 4장에서는 〈바람 타는 성〉과 〈샛바람〉을 통해 이반 희곡에서 분단 문제와 종교 문제가 서로 결합되어 있다는 사실을 분석함으로써 이러한 추정의 개연성을 높이고자 한다.

것은 국토와 민족의 분단 상황이 치료할 수 없는 상처를 만들어 내고 있다는 사실이었다./ 나는 웁살라의 춥고 어두운 겨울 속에서 통일을 염원하다 죽어간 내 아버지 세대의 처절한 삶을, 리얼을 그려야 되겠다고 결심했다. 하르트만 선생이 창작해 내는 현대 예배극에 대한 관심은 자연히 뒤로 밀려났다."(이반, 「미메시스와 미토스」, 『이반 희곡선집』 1, 연극과인간, 2008, 228~229면).

12 '망탈리테'란 한 공동체에 특징적인 사고 및 정신 성향의 총체로, 그 내용에 있어 지각·감성·태도·신념·신앙·사고방식·감정·심리 상태 등 지적·감성적 차원을 두루 포괄한다. 망탈리테가 역사학계의 용어라면, 이에 상응하는 사회학계의 용어로 '집합 의식'(한 사회의 평균적 성원들에게 공통된 신념과 감정의 총체)을 들 수 있다(김영범, 「망탈리테사: 심층사의 한 지평」, 한국사회사연구회 편, 『사회사 연구와 사회이론』, 문학과 지성사, 1991, 259~265면).

13 〈동창생〉은 아바이 마을을 배경으로 한 작품이 아니지만, 〈그날, 그날에〉와 마찬가지로 월남 1세대의 망향의식을 잘 드러낸 작품이기에 분석 대상에 포함시킨다.

2. 월남 1세대의 강렬한 망향의식

〈그날, 그날에〉는 1979년 제3회 대한민국 연극제에 출품되어 문화공보부장관상과 희곡 부문상, 남자 연기상 등을 수상하면서 집중 조명을 받았다.[14] 또한 이 작품으로 아바이 마을이 대대적으로 보도된 것으로 볼 때[15] 사회적으로 미친 파장 역시 만만치 않았다고 할 수 있다. 주지하듯 아바이 마을은 함경도 출신 월남민들의 집단 정착지로, 이들은 고향땅이 바라보이는 강원도 속초시 청호동에 가건물을 짓고 모여 살면서 함경도 말씨와 풍속을 그대로 이어갔다. 앞에서 언급한 대로 이반의 희곡은 아바이 마을을 배경으로 그곳에 사는 주민들의 말씨와 습속을 형상화하고 있는데, 그중에서도 특히 〈그날, 그날에〉는 월남민 1세대, 속칭 '아바이'들의 의식구조를 고스란히 담아내고 있는 작품이다.

〈그날, 그날에〉는 1970년대 초 동해안 소도시가 배경이다. 김 노인과 박 노인, 북청댁 모두 함경도 출신으로, 박 노인이나 북청댁은 가족을 이북에 남겨두고 온 반면 김 노인은 가족 모두를 데리고 월남했다. 그러나 이들의 처지가 어떻든 이들은 고향에 돌아갈 날만을 손꼽아 기다리고 있다는 점에서 모두 동일하다. 그러던 어느 날 대처에서 대학을 졸업한 김 노인의 아들(창길)이 고향을 방문하면서 갈등이 시작된다. 창길은 아버지와 함께 이곳을 떠나 서울에서 새 생활을 하기를 원하며, 그것이 불가능하다면 20년 된 낡은 집이라

14 당시 공연에 대해 함경도 출신 어민의 절절한 망향의 정을 그림으로써 인간성의 통찰을 보인다거나("제3회 대한민국 연극제를 평가한다", 『경향신문』, 1979.11.30.) 기존의 신파극적 리얼리즘을 차분하게 극복했다(이상일, "79문화회고(5)연극", 『동아일보』, 1979.12.25.)는 등, 긍정적인 평가들이 눈에 띈다.

15 이반이 밝히고 있듯이 이 작품을 기화로 1980년 1월 신문에 아바이 마을이 대대적으로 보도되었다("무덤도 나란히…실향민 모여 30년", 『경향신문』, 1980.1.12. 이반이 "미메시스와 미토스"에서 이것을 1월 1일이라고 쓴 것은 착오로 보인다). 이때 이반은 기자와 동행했는데, 여기서 남한에서 죽은 부인의 시체를 다락방에 숨겨온 남편의 사례나 바다에 나갔다가 뱃머리를 북으로 돌린 사례 등 〈그날, 그날에〉에서 다루어진 사건들이 아바이 마을의 실제 사건이었음이 보고되고 있다.

도 고쳐 사람답게 살자고 한다. 그러나 김 노인은 이곳에서 한 발짝도 움직일 수 없으며 집 역시 손댈 수 없다고 대응한다. 김 노인(그리고 박 노인, 북청댁 등을 포함한 월남 1세대들)에게 삶이란 고향을 그리는 마음에 다름 아니기 때문이다.[16]

> **김 노인** 그렇다. 저기는 행복이란기 없지비. 나두 저 사람들과 마찬가지지비. 고향을 떠나던 그날부터 우리에게는 생활이구, 행복이구 다 없어졌지비. 그저 죽지 못해…… 아이, 아이지비. 고향에 가는 그날, 그날이 올 때를 기다리며 사는 거지비. 고향으로 갈 때까진 개처럼 살면 어떻구, 돼지처럼 살면 어떻니? 그런 거는 문제두 아이된다. (그날, 그날에 : 52)

여기서 김 노인은 '고향을 떠나던 그날부터 우리에게는 생활이구, 행복이구 다 없어졌다'고 말하고 있거니와, '고향'은 곧 김 노인에게 '삶다운 삶'과 '행복'을 보장해 주는 존재요, 남한에서의 삶은 오직 '고향에 돌아갈 그날'을 그리며 사는 임시적인 것에 불과하다. 이렇게 볼 때 김 노인에게 있어 고향은 자아가 동일시하는 대상으로 격상됨을 알 수 있다. 그러나 기실 고향을 자아와 동일시하는 것은 '착각'이요 '자기 소외'에 다름 아니다. 그리고 그러한 '착각'과 '자기 소외' 속에 남북을 둘러싼 객관적 정세와 통일에 대한 냉철한 시각은 고려에 들어올 수 없다는 데 문제가 있다.[17]

창길은 이러한 생각을 가진 아버지와 대립하면서 한반도를 둘러싼 강대국들의 화해 모드에 대해서 언급한다. 이런 상황 속에 통일이란 쉽게 되지 않으

---

16 이반, 〈그날, 그날에〉, 『이반 희곡선집』 2, 48면. 이 글에서 작품 인용은 2008년에 출판된 『이반 희곡선집』에 따르며, 앞으로는 별도의 각주 없이 본문 속에 '(작품명 : 인용면수)'로 표시한다.

17 여기서 '착각' 혹은 '자기 소외'는 상상계에 대한 라캉의 설명에서 빌려왔다(Dylan Evans, 김종주 외 옮김, 『라깡 정신분석 사전』, 인간사랑, 1998, 175~176면). 딜런 에반스의 저서 외에도 이 글에서 상상계 및 상징계, 상상계에 대한 상징계의 우위관계 등에 대한 설명은 자크 라캉, 권택영 엮음, 『욕망 이론』(문예출판사, 1994)과 김석, 『에크리』(살림, 2007)를 참조했다.

며 적어도 아버지 대에서는 불가능하다는 사실을 인정해야 한다는 것이다. 이것은 현실적이고 이성적인 판단으로, 앞에서 김 노인이 자아와 고향의 이자 관계(dual relation)만을 상정한 상상계적 영역에 속해 있다면, 형철은 남과 북, 그리고 한반도를 둘러싼 세계정세라는 타자의 영역이 개입된바 상징계적 영역에 속해 있다고 할 수 있다. 이렇게 볼 때 김 노인과 형철의 대립에서 우위 관계는 분명하다. 전자가 자아와 거울상을 동일시한 상상계로의 퇴행이라면, 후자는 거기에서 벗어나 언어와 타자, '법'의 영역에 들어간 상위의 단계에 속한 것이다.[18]

그러나 극의 결말은 이러한 자명한 우열 관계에 저항한다. 배만 타면 저도 모르게 뱃머리를 이북으로 돌리던 박 노인이 영영 돌아오지 못할 길을 가버렸다는 사실이 드러나자, 감정이 고조된 김 노인은 창길에게 창길 어미의 시신을 내보인다. 월남 직후 거제도에서 죽은 창길 어미는 자신의 유해를 고향 땅에 묻어 달라는 유언을 남겼고, 그에 따라 김 노인은 부인의 시신을 수십 년간 다락방에 보관해 온 것이다. 어머니의 시신 앞에 창길은 망연자실할 수밖에 없다. 이런 상황에서 김 노인은 "사람은, 제 물에서 살아야" 하며 통일이 될 "그날 그날은 빠르면 봄에, 늦어두 가슬까지는" 오고야 만다는 평생의 신념을 되뇌며 막이 내린다.

이것은 김 노인이 속한 상상계가 형철이 속한 상징계를 압도하는 장면으로 볼 수 있다. 사실 상징계 자체는 기표의 끊임없는 미끄러짐과 순환에 의해 구성되는 불완전한 체계이고, 상상계 역시 인간의 모든 지식과 앎에 지속적으로 관여한다는 점에서 무시될 수 없는 영역이다. 그러나 그럼에도 상상계에 대한 상징계의 우위가 분명한 사실이라고 한다면, 이 극에서 김 노인이 속한 상상계가 이성과 상식을 바탕으로 한 상징계를 전도할 정도의 위상을

18 월남민이 겪는 강렬한 고향 지향성을 상상계로의 퇴행으로 보는 관점은 류동규의 논문에서도 나타난다. 그에 따르면 이범선은 월남으로 인한 고향 상실을 모성적 세계의 상실로 그리면서, 모성적 세계와의 상상적 동일화를 통해 자아정체성을 형성하고 있다(「전후 월남작가 소설에 나타난 자아정체성의 형성 양상」, 경북대학교 박사학위논문, 2008, 34~49면).

부여받고 있다는 것은 문제적이다. 이것은 곧 월남 1세대가 지향하는 망향의식이 얼마나 강렬한가를 드러내고 있는 것에 다름 아니다.

한편 1950년대를 배경으로 한 〈동창생〉(정확한 창작 연대 미상)도 비슷한 맥락에서 이해할 수 있다. 〈그날, 그날에〉가 잘 정돈된 3막극인 데 반해 〈동창생〉은 짧은 단막극이다. 월남 청년 박성일은 야간열차 안에서 소란을 부리다 헌병에게 붙잡힌다. "답답한 기차칸의 분위기를 바꿔보려고" 노래를 불렀다는 성일의 항변, "바람 찬 흥남부두"('굳세어라 금순아')를 노래하자 불순분자라고 끌려가는 것, 군에 입대를 했으나 도로 나왔다는 말에 돈이나 빽을 썼을 것이라는 추측, 불순분자를 쉽게 빨갱이로 몰아세우는 사태 등은 극의 배경인 1950년대 혹은 극을 창작한 당대를 풍자하려는 의도로 읽힌다. 그러나 극의 중심은 이러한 정치사회적 알레고리에 있지 않다.

박성일이 이런 해프닝에서 구출되는 것은 헌병 하사 안정호 덕분이다. 안정호는 성일의 나이가 22세에 본적이 함경남도 홍원군이고 홍원 제2인민학교를 졸업했다는 말을 듣고, 그를 홍원 제1인민학교 동기동창생으로 몰아버린다. 그리곤 그에 대한 끈끈한 애정과 관심으로 태도가 180도 변하게 된다. 성일에 대한 이러한 관심은 성일의 어려운 처지를 적극 도와 그와 그의 누이동생을 취직시키며 정성껏 돌보는 것으로 확대된다. 이에 성일은 진실을 속인 것 같아 양심의 가책을 느끼지만, 사실이 아니란 것을 알면서도 성일을 동기동창생으로 몬 장본인은 바로 정호였다.

정호 사실이나 진실이 우리 세대에게 준 것이 뭐가 있어? 내게 준 게 무엇이 있어? 나도 사실이나 진실에 대해 알고 있어. 그러나 그것들은 내게 단 한 명의 가족도 친구도 갖다 주지 않았어. 이 넓은 땅에 내게는 단 한 명의 피붙이도 없어. 근데 이제 와서 사실이라는 이름으로 단 한 명의 동기동창생을 가져가겠다는 말이야? 성일인 내 동기동창이야. 이남 땅엔 내게 동창이 하나 있어. (동창생 : 164-165)

위의 인용에서 정호는 사실이나 진실이 우리 세대에 준 것이 없으며, 자신에게 중요한 것은 사실이나 진실이 아닌 단 한 명의 피붙이, 아니 단 한 명의 동기동창생이라고 강조한다. 여기에서 정호는 고향에 대한 그리움을 타지에서 만난 친구에게 투영한다. 그에게 동기동창생 성일은 돌아갈 수 없는 고향을 대체하는 매개물이되, 그것은 환상 속의 산물이었다. 이때 그 환상이 현실을 왜곡하고 무시하고 있다는 사실은 중요치 않다. 그것으로 인해 작중인물이 현실을 견디게 되거니와 그것은 현실을 구성하는 필수불가결한 요소로 작용하고 있기 때문이다.[19]

〈그날, 그날에〉에서 자아와 고향을 동일시하는 월남 1세대의 상상계적 인식은 이성과 상식을 바탕으로 한 상징계를 압도하고 있다. 또한 우연히 만난 동향인을 동기동창생으로 치부하는 환상은 남한에 아무런 뿌리를 갖지 못한 월남민이 현실을 견디는 데 필수적인 매개로 기능한다(〈동창생〉). 이것은 상상계와 상징계의 자명한 우열관계를 전복할 뿐 아니라 사실과 진실을 왜곡하는 것이기도 하다. 그러나 그럼에도 이것은 현실(상징계)에 가려진 또 다른 진실을 말해준다. 그러면서 통일에 대한 소망이 점점 희박해져가는 현재, 통일의 심정적 당위성을 강하게 환기시켜 주고 있다.

3. 월남 1.5세대 및 그 후속세대에 대한 관심

〈아버지 바다〉는 작가에 의해 "내 분단 희곡의 마지막 편"[20]이라고 일컬어

---

19 지젝에 따르면 현실과 상상 간의 기본적 대립에서 '환상'은 단순히 상상의 편에 있지 않다. 그것은 우리의 현실 접근, 우리의 '현실감각'을 보증하는 프레임이며, 근원적 환상이 붕괴될 때 우리는 '현실의 상실'을 경험한다(T. Meyers, 박정수 옮김, 『누가 슬라보예 지젝을 미워하는가』, 앨피, 2005, 191면). 한편 박찬효는 「1960~70년대 소설의 '고향' 이미지 연구」라는 논문에서, 이향(離鄕)한 도시인이 고향을 원시성, 자연 등 고향과 연결시키는 '환상'을 통해 정체성을 확보하고 있다고 보고 있어 참고가 된다(이화여자대학교 박사학위논문, 2010, 47면).

20 「미메시스와 미토스」, 236면.

진 것으로, 〈그날, 그날에〉와 마찬가지로 아바이 마을을 배경으로 하고 있다. 그러나 이것은 앞의 작품과 차이가 있으니, 바로 어린 시절에 월남해 아바이 마을에서 자란 월남 1.5세대는 물론, 명금이란 인물을 통해 그 후속 세대의 삶에 관심을 표명하고 있기 때문이다.[21]

이 극은 형철이 30년 만에 고향을 다시 찾는 것으로 시작한다. 이곳에서 그는 옛 친구 길모, 동호와 만나는데, 마침 이곳에선 선주(船主)와 선원을 둘러싸고 노사 갈등이 벌어진다. 선주가 몇 달치 임금을 밀린 채 선원들에게 배를 탈 것을 강요했고 이에 선원들이 반기를 든 것이다. 선주는 '이까'(오징어) 값을 받지 못했기에 임금을 줄 돈이 없다고 잡아떼는데, 실은 뒷거래를 통해 잡지 않은 이까 값까지 미리 받았으며 그 돈으로 철선(鐵船)까지 사놓았다. 그런데 여기서 1980년대가 노동 운동이 거세게 일어났던 시기임을 감안하면,[22] 〈아버지 바다〉에서 선주와 선원의 갈등은 당대 한국 사회에 일었던 노사문제의 축소판임을 알 수 있다.

이에 대해 길모와 동호는 입장이 갈린다. 어판장 경비를 맡고 있는 길모는 선원들 편을 든다. 그러나 그러면서도 길모의 문제의식은 어판장을 넘어 사회 전체에 만연한 소유주와 노동자 간의 근본적인 부조리를 바로잡는 데까지 닿아 있다. 반면 동호는 선주와 선원들 간의 싸움에 직접적으로 개입하지 않는다. 그는 선주가 잘못하고 있다는 것을 알지만 그럼에도 배는 출항해야 한다고 생각한다. 한편 작가는 길모와 동호의 입장 중 어느 하나만이 옳다고

---

21 일반적으로 월남 1세대의 후손으로 남한에서 태어났거나 어릴 때 월남한 경우를 '월남 2세대'라 칭하나, 여기서는 허원무의 연구를 참조하여 후자의 경우를 '월남 1.5세대'라 일컫는다(김귀옥, 『월남민의 생활 경험과 정체성』, 서울대학교 출판부, 1999, 358면 참조). 한편 명금은 성자가 경영하는 포장마차에서 일을 거드는 인물이다. 그는 처음에는 성자에게 지청구나 맞는 어리숙한 인물로 나오는데, 성자가 무대를 등퇴장을 반복하는 데 반해 그는 계속 무대에 남아 형철과 길모, 동호가 하는 말을 엿듣는다. 그러다 나중에는 그들의 말에 빠져드는 모습을 보이고, 마지막에는 형철을 위해 경찰을 따돌리기까지 한다. 명금은 이처럼 형철, 길모, 동호의 삶의 방식을 가까이서 지켜보면서 변화를 겪는데, 이는 전쟁 미체험 세대가 분단의식을 이어받기를 원하는 작가의 의도가 내재된 것으로 볼 수 있다.

22 조희연, 「80년대 한국사회운동의 전개와 90년대의 발전전망」, 『한국사회운동사』, 죽산, 1990, 19~25면 참조.

보지 않는다. 길모의 입장(형철의 입장 역시)이 하나의 큰 파도와 같은 것이라면, 이 사회를 유지하고 지속하기 위해서는 동호와 같은 입장도 필요하다는 것이다(아버지 바다 : 224 참조). 이것은 곧 당대 한국 사회를 살아가는 방식에 대한 작가의 입장이기도 할 터인데, 이를 통해 작가는 월남민 후속 세대들이 남한의 사회 문제에 적극적으로 동참하여 문제해결에 나설 필요가 있다고 보고 있다.

그러면서도 여기서 작가가 전제하는 것은 이들이 궁극적으로 '아버지 세대'(월남 1세대)의 계승자라는 사실이다. 이때 '아버지'란 보다 직접적으로는 형철의 아버지를 뜻한다. 한국전쟁 당시 형철의 아버지는 등대지기였고 작전상 등댓불을 밝히지 말라는 국군의 지시를 어긴 탓에 반동으로 몰려 희생당했다. 그리고 그 결과 길모와 동호의 아버지는 등댓불이 없어 바다에서 죽음을 맞았다. 길모와 동호, 형철은 모두 이러한 형철의 아버지로부터 삶의 교훈을 얻고 있다고 할 수 있다. 즉 길모는 형철 아버지의 부당한 죽음으로부터 사회의 부조리를 개혁하겠다는 쪽으로, 동호는 어떠한 경우에도 본분에 충실해야 함을 삶의 지표로 삼고 있는 것이다. 바로 이 때문에 극의 마지막에 길모는 형철, 길모, 동호가 각기 다른 길을 걸으나 이것이 모두 '아버지 바다'로 가는 것이라고 말하고 있다(아버지 바다 : 228).

그러나 이렇듯 월남 1세대들의 삶을 후속 세대와 연결시킬 때 무엇보다 주목되는 것은 형철이다. 그는 북에 두고 온 가족(어머니와 누이)에 대한 그리움을 한평생 지니고 사는 인물로, 〈그날, 그날에〉의 김 노인의 망향의식을 직접적으로 잇고 있다. 그런데 그는 과거 군 복무 당시 소대원을 이끌고 북한군과 어울린 전력을 가지고 있으며, 앞으로도 분단 극복을 위해 행동에 나설 것임이 암시되고 있다. 이렇게 볼 때 김 노인의 망향의식이 단지 심정적인데 그쳤음에 반해, 형철은 분단 극복을 위한 행동으로 나아갔다는 점에서 분단 극복에 대한 한발 진전된 의식을 엿볼 수 있다.

그러나 그럼에도 형철의 한계 또한 명확하다. 다음은 형철이 왜 휴전선을 넘었는가 하는 것을 동호와 길모에게 밝힌 대목이다 :

형철 사회의 법도 사람을 위해 있어. 인간의 기본권을 박탈하는 법은 법이 아니야. 그래 무슨 짓을 하지 않고는 가만있을 수가 없었어. 우선 만나서 상대를 확인하고 싶었어. 그들의 혈관에도 나와 같은 피가 흐르고, 그들의 가슴도 나와 같이 뛰는지 안아 보고 싶었어. 그 같은 확인 작업이야말로 벽을 허무는 출발점이라고 생각했어. 나는 사람이 되고 싶었어. 우리에 갇힌 동물이 아닌, 자유스러운 인간이 되고 싶었어. (아버지 바다 : 213)

위의 인용에서 형철은 "우선 만나서 상대를 확인하고 싶었"으며 "그들의 혈관에도 나와 같은 피가 흐르고, 그들의 가슴도 나와 같이 뛰는지 안아보고 싶었"다고 밝힌다. 이것이야말로 '남북의 벽을 허무는 출발점이요 자유스러운 인간성의 표현'이라는 것이다. 그러나 이것은 남북문제에 대한 단순하고 감상적인 접근 이상의 의미를 부여하기 어렵다는 데 문제가 있다. 앞으로 형철이 걸어가게 될 길 역시 "이 민족이 한데 어울려서 벌리는 춤판과 씨름판" (아버지 바다 : 228) 이상으로 표현되지 못한 것은 남북문제에 대한 형철의 인식이 상상계적 수준에 머문다는 비판 역시 가능하다.[23]

이것은 일면 이 작품이 창작된 당대가 강고한 반공 이데올로기 아래 분단과 통일에 대한 발언에 제약을 받았기 때문이라고 볼 수 있다.[24] 작가의 진술을 보면 형철을 이 정도로 표현하는 데에도 상당한 용기가 필요했음을 짐작할 수 있다.[25] 이러한 점을 감안하면 〈아버지 바다〉에서 표현된 형철의 분단

23 김방옥은 〈아버지 바다〉의 형철이 계속 이상주의자로 남으며, 그의 통일관은 너무 낭만적이라고 지적한다(앞의 글, 240면). 필자 역시 〈아버지 바다〉를 다룬 적이 있거니와 이 작품을 바라보는 관점은 앞의 논문과 크게 다르지 않다. 앞의 논문에서 필자는 형철을 분단 극복을 위해 행동에 나서는 '자발적 경계인'이라 보면서도 인물 형상화의 미흡함을 한계로 지적한 바 있다(졸고, 앞의 글, 330~331면).

24 1980년대는 연이은 군사정권이 반공이데올로기를 통해 사회에 대한 지배력을 강화시켜 나갔던 때이다. 당시 반공산주의적 냉전의식이 일체의 사회적 가치들을 초월하는 것으로 인식되었다(김진균·조희연, 「분단과 사회상황의 상관성에 관하여」, 변형윤 외, 『분단시대와 한국사회』, 까치, 1985, 419~423면 참조).

극복 의지나 노사 문제에 대한 관점 등이 상당히 급진적이었다고 평가될 수도 있다. 그러나 그럼에도 형철의 성격이 불완전하게 형상화된 것이나 분단 극복에 대한 비전이 모호하게 처리된 것을 모두 현실 탓으로 돌리는 것은 문제가 있다. 이것은 극작술의 문제에 기인하는 점이 없지 않으며, 90년대 이후 변화된 상황 속에서 또 다른 분단 희곡을 통해 분단 극복의 문제를 추구해 갈 여지 역시 있었다고 보기 때문이다.

그렇다면 이반의 희곡세계에 있어서 분단 극복의 문제는 이렇게 미진한 채로 끝나고 마는가. 이 지점에서 한일 문제를 다룬 작가의 종교극을 검토할 필요성이 제기된다. 한일 문제와 남북문제는 분명 구분되는 것이지만, 이반의 종교극에서 한일 간 갈등을 풀어가는 방식과 해법은 분단 문제에도 시사하는 바가 있다고 판단된다.[26] 다음 장에서는 이반 희곡에서 분단 문제와 종교 문제가 서로 결합되어 있다는 일단(一端)을 밝힘으로써 이러한 문제의식의 개연성을 확보하고자 한다.

4. 분단 극복을 위한 모색: 분단 문제와 종교 문제의 결합

〈바람 타는 성〉과 〈샛바람〉은 이반 희곡에서 분단 문제와 종교 문제가 결합되어 있음을 드러내는 대표적인 작품이다. 그러면서도 전자는 종교극으로서 분단의 모티프를 취하고 있으며 후자는 분단극으로서 종교의 모티프를 취하고 있다는 차이가 있다.

먼저 〈바람 타는 성〉(1982)은 구한말 국가 권력과 천주교도의 행패에 맞서

25 「미메시스와 미토스」, 238면.

26 한일문제와 한반도의 분단문제는 결코 같은 것이 아니다. 그러나 이 두 가지가 역사적으로 한국 사회의 고질적인 갈등 사안이라는 점은 부인할 수 없는 사실이다. 이에 더해 분단 문제의 기원이 일본의 식민 지배에 있다고 보는 역사학계 일각의 시각 역시 이 두 문제 간의 연관성을 뒷받침한다.

제주도에서 일어난 '이재수의 난'을 소재로 하고 있다. 제주도에 천주교가 전파된 이래 다수의 천주교인들이 나라의 세금을 걷는 봉세관의 수하로 들어가 횡포를 부린다. 그리고 그에 더해 신목(神木)이나 신당(神堂)을 파괴하는 등 전통 문화를 무시함으로써 제주도민과 갈등을 빚는다. 이재수를 비롯한 민중들은 이에 맞서 항거하거니와, 이 극은 조선에 전파된 기독교의 잘못을 반성적 시선으로 바라보고 있는 종교극이다. 더군다나 이 작품에서 다루어진바 기독교와 전통 문화와의 갈등 문제는 이반의 종교극에서 중요하게 다루어지는 모티프이기도 하다.[27]

그럼에도 여기에서 분단의 모티프를 찾을 수 있으니, 그것은 바로 일본의 도움을 통해 제주도가 조선으로부터 독립할 기회를 얻지만 이재수가 이를 거부하는 장면 때문이다.

이재수 독립이라고 했소. 그렇게 되면 얼마나 편리하겠소? 그러나 이념이나, 편리한 것으로도 가를 수 없는 것이 있소.

아라가와 그게 무엇이오?

이재수 <u>민족이오. 민족의 끈은 어떠한 물리적인 힘으로도 끊을 수 없습니다.</u>

아라가와 잡히면 죽습니다.

이재수 <u>그 길밖엔, 민족을 가를 수는 없소.</u> (바람 타는 성 : 172-173)

민병과 관군과의 싸움에서 관군이 열세에 몰리자 조정으로부터 관군을 지원하는 지원병이 도착하고 천주교도를 지원하고자 프랑스 함대가 제주도에 상륙한다. 이에 일본군이 민병 세력에 접근하여 자신들이 적극 지원할 테니 관군에 맞서 싸우라고 부추긴다. 잘되면 조선으로부터 제주도의 독립이요, 못되어도 이재수를 비롯한 민병 중심 세력은 일본에 망명할 수 있다는 것이다.

---

27 김문숙 역시 기독교와 전통 문화와의 갈등 문제를 이반 종교극의 중요한 모티프라고 보고 있으며, 〈바람 타는 성〉을 종교 문제를 다룬 극으로 보고 있다(김문숙, 앞의 글 참조).

그러나 이재수는 이러한 아라가와의 제안을 거부한다. 위의 인용(밑줄)에서 이재수는 이념이나 그 무엇으로도 가를 수 없는 것이 '민족'이며 민족의 끈은 어떠한 물리적 힘으로도 끊을 수 없다고 하거니와, 바로 이러한 점으로 인해 이 작품이 분단과 통일 문제를 알레고리화한 작품이라는 해석이 가능하다.[28]

그런가 하면 〈샛바람〉[29]은 1953년 동해안을 배경으로 함경도 출신 월남민들의 삶을 다루고 있되, 12~15살가량의 소년 소녀가 주요 인물이 되고 있다. 전쟁이 나서 남자 어른은 다 차출되고 어머니와 누이를 먹여 살리기 위해 기식·기호 형제가 바다에 나간다. 그들은 다 썩은 나무배를 타고 낚시 도구도 없이 맨손으로 꽁치를 잡아온다. 이들의 배에 수련이란 여자아이가 동승하는데, 그는 전쟁 통에 조실부모하고 할머니 손에 맡겨진 아이이다. 머리 위로 총알이 발사되는 상황 속에서 생계를 위해 나설 수밖에 없는 아이들의 상황은 전쟁의 처참함을 여실히 보여준다.

그런데 무엇보다 여기서 주목되는 것이 마지막 장면이다. 기식은 수련이가 배를 탄 이후 한 마디 말도 하지 않고 침묵을 지키는데, 이것을 자신에 대한 무시라고 느낀 수련이 기식에게 말을 걸고, 이에 기호는 형에게 말을 건네지 말라며 안절부절못한다. 사실인즉 집에 폭탄이 터졌을 때 기식이 기호를 감

28 이러한 이유로 김방옥은 〈바람 타는 성〉을 분단희곡으로 보고 있다(김방옥, 앞의 글, 241~243면). 그러나 이 글에서는 이 극을 분단 모티프를 내재한 종교극으로 본다. 이반 역시 〈바람 타는 성〉을 "분단, 민족 문제에 대한 미메시스"라고 보면서도 선교 200주년, 또는 100주년을 맞는 한국 기독교가 한국의 전통 문화와 국민들에게 행한 행위를 정확히 성찰하고 미래로 나갈 필요가 있다는 생각에서 이 작품을 썼다고 밝힘으로써 이 극의 종교극으로서의 성격을 분명히 한다(「미메시스와 미토스」, 232~233면 참조). 한편 시각을 달리하여 보자면 이러한 진술은 〈바람 타는 성〉이 분단 모티프와 종교적 모티프 양자를 담지하고 있음에 대한 인정이라고도 볼 수 있다.

29 『이반 희곡선집』(2008)에서 〈샛바람〉은 1994년 조병진 연출로 극단 현대극장이 공연했다고 소개되어 있다. 그러나 〈샛바람〉의 판본은 총 3개이다. 하나는 1979년에 출판된 이반 희곡집 『나자의 소리』이고, 두 번째는 1994년에 출판된 『샛바람』이다. 이들 3개의 판본은 약간씩 차이가 나는데, 1994년 판은 1979년 판으로부터 맨 앞의 무대지시문과 마지막 부분을 개작했다. 2008년 판은 첫 부분은 1979년 판을 따르고 마지막은 1994년 판을 따랐다. 이 글에서는 이반 희곡의 판본 문제를 본격적으로 다루지는 않는다. 다만 필요에 따라 1994년 판의 무대지시문만을 부분적으로 고찰하도록 한다.

싸 안아 기호는 무사했지만 기식은 고막이 터지고 혀를 다쳐 벙어리가 되었던 것이다.

기호 수련아. 너 형에게 말을 시키지 마.

수련 난 묻고 싶은 게 많아.

기호 (수련의 등을 때리며) 형에게 말을 시키지 말라니까!

수련 왜 때려? 니들은 나쁜 애들이야!

기호 한 번만 형에게 말을 시켰다가는 죽을 줄 알아.

수련 ⓐ그래도 난 하겠어. 사람은 왜 남을 때려. 사람은 왜 고기를 죽이고, 사람이 사람을 죽이는 거야? 어른들은 왜 우리 같은 아이들을 무서워해! 난 죽은 사람들을 많이 봤어. 우리 엄마는 내가 무서워 어디론가 가버렸어.

기호 너 미쳤구나. 그만 두지 못해?

수련 ⓐ′오빠, 말을 해. 빨리 대답해 줘.

기식 무서운 얼굴을 하고 벌떡 일어서서 돛대를 안고 운다.
그의 울음소리는 짐승의 괴성과도 같다.

(…)

기호 형은 말을 못하는 벙어리야. 형을 괴롭히지 마.

기식 (돛대를 부여잡고 괴성을 지른다.)

ⓑ조명이 어두워지기 시작하면 돛대는 십자가가 되어 기식을 짓누른다. 조용히 암전되면 막이 내린다. (샛바람 : 36-37)

여기서 기식은 자신이 벙어리임이 드러나자 돛대를 부여잡고 괴성을 지르며 운다. 그리고 ⓑ“조명이 어두워지기 시작하면 돛대는 십자가가 되어 기식을 짓누"른다는 것이 마지막 무대 설정이다. 그런데 이때 돛대가 십자가 형상으로 되었다는 것은 다분히 상징적 의미를 띤다. 기실 돛대를 십자가에 비유한 것은 〈샛바람〉의 1994년 판을 보면 더욱 뚜렷하다. 작품 첫머리의 무대지시문 중 일부를 인용하면 다음과 같다 :

> 하얀 돛대와 돛을 묶기 위해 가로지른 나무만이 희미한 어둠 속에서 뚜렷이 자태를 나타낸다. ⓒ 뒤뚱거리는 돛대와 가로지리 나무는 십자가(十字架)가 되어 동쪽으로 향하고 있다. 십자가는 점점 멀어지고 시간의 흐름을 알리는 음악이 잔잔히 흘러나온다.[30]

위의 인용에서 ⓒ"뒤뚱거리는 돛대와 가로지리 나무는 십자가(十字架)가 되어 동쪽으로 향하고 있다."고 하고 있거니와, 바로 뒤에서 소년 소녀가 탄 배 자체가 '십자가'(굵은 글씨로 강조)로 표현되어 있다. 이것을 볼 때 소년 소녀의 위태로운 삶 속에 신이 함께한다는 해석이 가능하며, 인용 ⓑ에서 돛대가 십자가가 되어 기식을 짓누른다는 설정 역시 고난 중의 신의 임재(臨在)로 보는 것이 적절하다.[31] 그리고 이처럼 이 작품에서 기독교의 의미를 적극적으로 본다면, ⓐ와 ⓐ'에서 수련이 기식에게 던지는 질문, 곧 사람이 왜 남을 때리고 물고기를 죽이며 사람이 사람을 죽이는가 하는 것은 궁극적으로 신에게 던지는 것으로 해석할 수 있다.

〈샛바람〉은 1970년대 처음 창작된 이후 약간의 개작을 거쳐 1994년 다시 공연되었거니와, 이반은 그 이후 〈아, 제암리여!〉(1999, 초연되었을 당시의 제목은 〈총검과 처용무〉), 〈하늘, 바람, 별 그리고 학〉(2007) 등의 종교극을 창작

30 〈샛바람〉, 『샛바람』, 종로서적, 1994, 5면.

31 김화수 역시 위에서 인용한 〈샛바람〉의 무대지시문에 주목하면서 배는 곧 십자가이며 십자가는 곧 기식이라고 해석한 바 있다. 십자가는 구원과 희생의 상징이고, 기식은 동생을 구하다가(구원) 벙어리가 되었기(희생) 때문이다(「바람과 바다의 언어: 배를 타고 건너다」, 『이반 희곡선집』 1, 200면).

하게 된다. 그런데 이들 작품에서 한일 문제를 바라보는 방식이나 갈등 극복에 대한 탐구가 분단 문제에 하나의 유비(analogy)가 되고 있다. 기실 이반이 독실한 크리스천이고 종교극을 공부하러 유학을 떠났다가 분단희곡 창작에 대한 열망을 갖게 된 점 등을 고려하면, 작가의 작품 세계에서 분단과 종교 문제가 어떤 방식으로든 연결되어 있다고 보는 것은 자연스러운 관점이다. 덧붙여 작가의 생애와 밀접한 관련이 있는 이반의 분단희곡의 특성상, 분단희곡이라는 틀에서 분단 극복 방식을 본격적으로 탐구하는 것이 어려웠으리라는 추정도 가능하다.

5. 맺음말

이반은 박조열, 이재현과 함께 대표적인 월남 희곡 작가로 꼽힌다. 함경도 태생으로 어린 시절 월남한 경험이 이반의 정체성은 물론 작품 세계에 지대한 영향을 미쳤다고 하겠는데, 그의 분단희곡은 월남민의 삶을 사실적으로 천착하고 있다는 점에서 다른 월남 작가의 작품과 구별된다. 또한 그는 함경도 출신 월남민 마을인 '아바이 마을'을 배경으로 그곳 주민의 말씨와 습속을 형상화함으로써 아바이 마을의 망탈리테를 표현하고 있다는 점에서 한국희곡사에서 독특한 위상을 부여받는다.

이 글은 아바이 마을을 배경으로 한 분단희곡을 주요 분석 대상으로 하여 이반 희곡에 나타난 망향의식과 분단 극복 방식을 고찰하고 있다. 1979년에 발표된 〈그날, 그날에〉는 한평생 고향으로 돌아갈 날을 손꼽아 기다리는 월남 1세대의 삶을 다루고 있다. 여기서 월남 1세대의 강렬한 망향의식은 고향과 자아를 동일시함으로써 상상계로 퇴행하고 있는 양상을 띠는데, 그럼에도 오히려 이성과 상식을 바탕으로 한 상징계적 영역을 압도한다. 이로써 통일에 대한 소망이 희박해져 가는 현재, 통일의 심정적 당위성을 강하게 환기하고 있다.

한편 작가에 의해 '분단희곡의 마지막 편'이라고 불린 〈아버지 바다〉는 월남 1.5세대, 더 나아가 그 후속세대의 삶에 관심을 두고 있다. 여기서 형철은 〈그날, 그날에〉의 김 노인을 잇는 망향의식을 드러내는데, 그것이 단순히 심정적 차원에 머무는 것이 아니라 구체적인 행동으로 나서고 있다는 점에서 문제적이다. 그러나 이때 민족 화합을 위해 행동에 나서겠다는 형철의 비전이 모호하게 표현된 것이나 분단과 통일에 대한 형철의 지향이 여전히 상상계적 영역에 머물러 있다는 것은 한계로 지적된다.

이렇게 볼 때 이반의 분단희곡에서 분단 극복을 위한 모색은 다소 미흡한 채로 끝난다고 할 수 있다. 이에 〈아버지 바다〉 이후에 쓰인 이반의 종교극에 주목할 필요가 있다. 기실 이반 희곡에서 분단과 종교의 문제는 서로 결합되어 있으며, 이것을 보여주는 대표적인 작품이 〈바람 타는 성〉과 〈샛바람〉이다. 한일문제를 다룬 이반의 종교극에서 한일 간의 갈등을 푸는 방식은 분단 극복 방식에 하나의 유비가 되고 있다. 곧 한일 문제를 다룬 종교극에서 분단 극복의 단초를 발견할 수 있다는 관점인데, 이에 대해서는 후고를 기약한다.

7

이반의 종교극 연구

: 한일 문제를 다룬 극을 중심으로

1. 들어가며

이반은 함경도 출신의 월남 작가로 분단극과 종교극에 역점을 두고 창작했다. 그의 분단극은 특히 함경도 출신 월남민들의 집단 거주지인 '아바이 마을'을 배경으로 그곳의 말씨와 습속을 살리고 있다는 점에서 한국의 분단희곡사에서 독특한 위치를 차지한다.[1] 그러나 그의 자전적 글인 「미메시스와 미토스」에 따르면 이반이 연극을 시작하고 맨 처음 관심을 가진 것은 "제의, 예배"였고, 분단 문제는 종교극 유학 중에 새롭게 관심을 갖게 되었음을 알 수 있다.[2] 그의 작품 세계 전체를 놓고 보더라도 그는 분단극과 종교극을 거의 비등하게 썼으며 작가 자신이 '마지막 분단희곡'이라 부른 〈아버지 바다〉(1989) 이후에는 종교극 창작에 집중한 것을 볼 수 있다.

이반의 종교극을 문제 삼고자 할 때 먼저 선결되어야 할 것은 종교극의 개념이다. 그런데 한국 희곡사나 연극사에서 종교극이 따로 명징하게 개념화되지 못했으므로, 종교문학에 대한 기존의 연구를 참조할 필요가 있다. 종교문학은 문학 작품에 나타난 주제나 전언을 추출하여 그것을 일정한 종교 사상의 의미로 범주화할 때 그 작품을 통칭하여 일컫는 개념이다. 이렇게 볼 때 유교나 불교, 도교, 기독교 모두 종교문학에 귀속될 수 있음은 물론이다.[3] 그런데 이때 종교성이 드러난다고 하여 모두 종교 문학의 범주로 포함시켜 다루는 것은 문제가 있다. 각 종교에서 종교문학의 범위를 어떻게 규정하든, 포교성 선전물이나 신앙 미담, 간증류 등 종교적 소재가 작품의 표면에 등장하는 것을 모두 종교문학에 포함시키는 것은 경계해야 할 것이다.[4] 그 자신 종교극을 쓰기도 한 T.S.엘리어트 역시 문학비평이 분명한 윤리적·신학적 견

1 졸고, 「이반의 분단희곡 연구: 망향의식과 분단 극복 방식을 중심으로」, 『한민족어문학』 64, 한민족어문학회, 2013, 482면.

2 이반, 「미메시스와 미토스」, 『이반 희곡선집』 1, 연극과인간, 2008, 227~229면.

3 유성호, 「한국 현대문학과 종교적 상상력」, 한국문학과 종교학회 편, 『문학과 종교』, 동인, 2008, 247면 참조.

4 위의 글, 248면 참조.

지에 따른 비평에 의해 완성되어야 한다고 보면서도, 그것이 문학작품인가 아닌가 하는 결정은 오직 문학적 기준에 따른다고 역설하고 있다.[5]

한편 서구에서 종교극은 대개 기독교극과 동일시되며, 대표적으로 중세극이 여기에 속한다. 그러나 종교극이 근대극의 등장으로 그 명맥이 끊긴 것은 아니다. 20세기 초 전쟁의 충격과 신학의 재개로 유럽을 중심으로 종교극 운동이 일어나기 때문이다. 영국의 T.S.엘리어트와 스웨덴의 O.하르트만이 그 대표 작가인데, 이들은 연극에 시의 복귀를 표상하거나(엘리어트) '예배극'이라는 새로운 형태의 극형식을 고안하기도 했다(하르트만).[6] 그러나 점차 20세기 후반으로 가면서 종교극은 이러한 형식에 얽매이지 않고 소재나 내용에 있어 현대인의 상황과 고뇌를 담아내는 극으로 변모하고 있다.[7]

앞에서 종교문학의 개념을 검토한 것에 따르면 이반의 희곡은 종교극 중에서도 기독교극에 해당한다. 한국의 기독교극에 관한 기존 연구에 따르면, 일제 치하에서 기독 청년회 혹은 교회 주최로 소인극이 왕왕 행해졌으나[8] 이것

---

5 T.S. Eliot, "Religion and Literature", *Selected Essays*, Faber and faber limited, 1934, 388면.

6 종교극의 개념과 역사에 대해서는 Marvin Halverson(ed.), *Religious Drama 1*(Meridian Books, Inc., 1957)의 서문 및 이반, 『연극과 예배』(연극과인간, 2003) 1장 참조.

7 Halverson은 중세극과 현대 종교극에 대해 전자는 행위의 도덕성이요 후자는 은혜의 도덕성이라 구분한다. 그리고 현대 종교극 중 일부는 은혜의 도덕성을 반영하며 일부는 은혜의 부재에 대해 말하고 있다고 한다. 그에 따르면 현대는 부활의 실제성에 대해 즉각적으로 경험할 수 없는 낯섦과 소외의 시대에 다름 아니다. 이런 이유로 현대 종교극은 전통적인 종교적 언어로 쓰이지 않으며 궁극적인 대답을 주거나 보편적 이상을 선포하려고 시도하지 않는다(Marvin Halverson(ed.), *Religious Drama 3*, The World Publishing Company, 1959, 5~13면). Robertson 역시 이와 비슷한 맥락에서 현대 종교극을 정의한다. 그에 따르면 현대 종교극이 다루는 주제로 다음 세 가지가 있다: ①현대인이 신으로부터 고립된 상태를 그린 것 ②신과의 관계를 회복하는 과정을 다룬 것 ③신과의 관계 아래 놓인 종교적 영웅상을 그린 것. 각각에 속하는 작품으로는 다음과 같은 것들이 있다: 유진 오닐의 〈끝없는 나날〉(①), 로날드 던컨의 〈무덤으로 가는 길〉(②), T.S. 엘리어트의 〈가족의 재회〉(②), 버나드 쇼의 〈성녀 조안〉(③) 등(R. Robertson, Toward a Definition of Religious Drama, *Educational Theatre Journal*, 1957.5, 99~105면). 이렇게 보면 현대 종교극은 다루는 소재나 형식이 일반 극과 차이가 있는 것이 아니라 작가의 관점이 무엇이냐, 그리고 이것을 어떻게 해석하느냐에 달린 문제라고 생각된다.

8 실제로 1920~30년대 『동아일보』에 기독청년회 혹은 교회 내에서 소인극이 행해졌음을 알리는 기사들이 보인다("기독청년소인극", 1922. 9.4; "경신 기청(基靑) 주최 연극영화의 밤",

을 제대로 된 종교극이라 보기는 어렵다. 이런 상황에서 1945년 창단된 원예술좌가 한국 기독교 연극 중 거론할 만한 첫 번째 사례로 꼽힌다.[9] 그리고 1960~70년대 이르러 극단 가교를 비롯한 몇몇 극단들의 활동으로 기독교극이 활성화되는 듯하다가 80년대 다시 침체기를 맞는다.[10] 더군다나 이때 공연되었던 희곡의 다수가 외국 작품이었고 창작 희곡은 몇 편 되지 않았던 점을 감안하면,[11] 한국의 기독교극은 아직까지 그 위상이 뚜렷이 정립되었다고 보기 어렵다.[12]

이런 상황에서 이반의 존재는 두드러진다. 그는 70년대 중반 종교극을 본격적으로 공부하기 위해 스웨덴과 영국에 유학하여 하르트만과 E.M.브라우네를 사사하고,[13] 수적으로 많지는 않으나 꾸준히 종교극을 창작해왔다. 이반

1934.11.24 등).

9 원예술좌는 결성된 지 얼마 지나지 않아 '예술무대'로 개칭된다. 이들의 활동에 대해서는 김은주, 『기독교 연극 개론』(성공문화사, 1991, 356~357면) 및 이반, 「한국 기독교 연극의 역사와 방향」(『한국기독교연구논총』 4, 숭실대학교 한국기독교문화연구소, 1986, 115~121면) 참조. 배우 장민호 역시 원예술좌에서 연극 활동을 시작했다. 그는 이곳의 두 번째 작품인 〈모세〉에서 모세 역을 맡아 데뷔했다("신극육십년의 증언: 장민호와의 인터뷰", 『경향신문』, 1968.12.23. 인터뷰 기사에서 장민호가 데뷔무대를 '원설술좌'로 표현한 것으로 착오로 보인다).

10 1970년대까지 한국 기독교극의 역사에 대해서는 이반, 「한국 기독교 연극의 역사와 방향」, 114~127면 참조. 80년대에 침체기를 맞는다는 것은 정선일(「한국 기독교 연극의 역사와 그 방향성에 대한 연구」, 중앙대학교 예술대학원 공연영상학과 연극 전공 석사학위논문, 2008)의 견해이다. 그러나 『경향신문』, 『동아일보』 기사를 참고할 때 70년대나 80년대에 종교극이 비등하게 올려졌음을 알 수 있어, 이에 대해서는 좀더 정치한 연구가 필요할 것 같다.

11 70년대 이전에 기독교극을 창작한 작가로 이보라, 윤금성, 주태익, 전영택 등이 있다. 모진주와 이승규는 극단 가교의 공연 작품을 중심으로 기독교극 선집을 펴내는데, 여기에 실린 작품 중 창작극은 단 4편(이근삼, 이강백, 정복근, 모진주 각 1편)이다(모진주·이승규 편역, 『세계 명작 성극선집』 1~3, 월인, 1999). 이외에 이동진, 윤대성, 오태석 등도 기독교극을 쓴 바 있다. 그러나 예나 지금이나 한국 기독교극의 가장 큰 문제점으로 전문작가의 부재를 꼽는 것은 마찬가지다(주태익, 「기독교 연극운동의 제창」, 『기독교사상』 21, 대한기독교서회, 1959; 정선일, 위의 글, 83면 참조).

12 정선일은 1990년대 들어 대형화되기 시작한 기독교극이 2000년대 들어 작품성과 흥행성을 갖추고 다시 활성화되기 시작한다는 입장을 취하고 있지만(정선일, 위의 글, 2면), 이것은 지나친 평가라고 생각된다.

13 이반, 「미메시스와 미토스」, 227~228면. 하르트만과 브라우네는 20세기 유럽에서 일어난 종교극 운동의 중요한 기수였다. 브라우네는 〈대성당의 살인〉을 비롯한 엘리어트의 작품을

의 종교극은 코러스를 활용하고 제의적 성격을 띠는 등 서구 종교극 운동의 영향을 짙게 보여준다.[14] 그러면서도 이재수의 난이나 소현세자의 죽음, 한일 문제 등 성서에 국한하지 않고 보편적 문제에로 소재를 확대한 것이나 기독교의 독선적 관점에서 벗어나 있다는 점은 현대 종교극과 상통하는 면모를 보여준다.

한국에서 기독교극에 대한 연구는 그다지 많지 않고[15] 이반의 종교극 역시 상황은 마찬가지다. 이반의 종교극에 대해서는 이반 희곡 전체를 대상으로 한 석사 논문 한 편[16]과 이반 희곡 선집에 실린 작품 해설,[17] 소논문 한 편[18]이 있을 뿐이다. 이들 연구는 이반의 종교극을 개괄하거나 개별 작품 이해에 도움을 주고 있으나 이반의 종교극에 대한 보다 깊이있는 논의가 필요하다. 또한 종교극이 제의성이 강화되는 현대극의 흐름과 맥을 같이한다는 점에서 종교극에 대한 연구 역시 긴요하다.[19]

다수 연출하였으며, 영국 종교극협의회(RADIUS) 회장을 역임했다. 하르트만은 루터교 전통 안에서 예배극을 창시한 인물이다. 두 사람의 활동과 작품세계에 대해서는 이반, 『연극과 예배』, 89~142면 참조.

14 이 글에서는 이반의 극과 서구의 종교극 운동과의 연관성을 강조하는 의미에서 이반의 기독교극을 '종교극'이라 명명하여 다루고자 한다.

15 한국의 기독교극 연구로는 박영정, 백로라의 논문이 있다. 이 중 박영정은 〈미완성 인간 요하네스〉(이동진 작), 〈개뿔〉(이강백 작), 〈금관의 예수〉(김지하 외 공동창작)를 대상으로, 1970년대 기독교극을 당대의 사회운동과의 관련성 아래 고찰하고 있다(「1970년대 기독교 연극 연구」, 『국제어문』 21, 국제어문학회, 2000). 백로라는 이근삼, 이반, 오태석의 작품을 비교 고찰하고 있다. 이때 고찰대상이 된 이반의 희곡은 〈샛바람〉, 〈아버지 바다〉, 〈어머니의 진주〉, 〈바람 타는 성〉 등이다(「한국 현대희곡에 나타난 기독교의 수용 양상」, 『숭실어문』 14, 숭실어문학회, 1998).

16 김문숙, 「이반 희곡의 작품세계 연구」, 위덕대학교 교육대학원 석사학위논문, 2004. 그러나 김문숙의 논문은 이반의 희곡을 분단 모티프와 종교 모티프로 구분하여 정리하고 있을 뿐 깊이 있는 분석을 펼치지 못하고 있다.

17 박숙자, 「백 년간의 침묵을 깬 한일 대서사극」, 『이반 희곡선집』 3, 연극과인간, 2008; 장원재, 「이반의 희곡에 나타난 종교적 상징 연구」, 『이반 희곡선집』 3, 연극과인간, 2008; 김화수, 「바람과 바다의 언어: 배를 타고 건너다」, 『이반 희곡선집』 1, 연극과인간, 2008; 김방옥, 「이반의 희곡세계」, 『이반 희곡선집』 2, 연극과인간, 2008.

18 백로라, 위의 글.

19 현대 연극에서 제의성을 복원시킨 대표적인 인물은 아르토이다. 그에 따르면 연극은 마치

이 글은 이반의 종교극 중에서 한일 문제를 다룬 두 편의 희곡 〈아, 제암리여!〉(1999)와 〈하늘, 바람, 별 그리고 학〉(2007)을 고찰하고자 한다. 이것은 이 글이 이반의 종교극 자체에 대한 관심뿐 아니라 이반의 종교극과 분단극의 연계성에 관심을 두고 있음을 보여준다. 기실 이 글은 이반의 분단희곡에 대한 후속 연구로 기획되었다. 필자는 앞의 글[20]에서 이반의 분단희곡에 분단 극복을 위한 시도가 나타나면서도 그 비전이 모호함을 한계로 지적했다. 그리고 이어 이반 희곡에서 분단 문제와 종교 문제가 결합 혹은 착종되어 있음을 보이고, 한일 문제를 다룬 이반의 종교극에 주목할 필요성을 제기했다. 이는 곧 이반의 종교극에서 한일 갈등을 푸는 방식이 분단 극복에 하나의 단초를 제시하고 있다는 추정 때문이다.

이러한 이유로 이 글은 〈아, 제암리여!〉와 〈하늘, 바람, 별 그리고 학〉을 대상으로 이들 작품에서 한일 문제가 다루어지는 방식과 갈등 극복 방안에 대해 고찰하고자 한다. 이때 레비나스의 이론을 활용하고자 하는데, 레비나스 이론은 현대 철학 사조 중 하나이면서도 타자에 대한 관심과 그에 대한 무한 책임을 강조하는 등 기독교 교리와 상통한다. 이로써 이 글의 논의는 기존에 거의 주목받지 못했던 종교극의 지평을 넓힌다는 의미 외에도, 분단극과 종교극을 관련지어 논함으로써 이반의 희곡 전체를 조망하는 데 일조하리라 기대한다.

원시 제의에서처럼, 배우들과 관객들의 정신에 똑같이 충격과 감동을 줌으로써 양자 모두 새롭게 깨어난 의식으로 다시 삶과 정면 대결할 수 있게 만들어야 하는 위험하고 유일한 행위가 되어야 한다(신현숙, 『20세기 프랑스 연극』, 문학과지성사, 1997, 329면). 이것은 그로토프스키, 리빙 씨어터 등 현대연극의 주요 사조에 지대한 영향을 미쳤거니와, 이러한 제의성의 복원은 오늘날 연극의 미래라고도 해석된다(P. Pavis, 신현숙·윤학로 옮김, 『연극학 사전』, 현대미학사, 1998, 410~412면). 종교극은 그 구체적인 내용이나 이상에 있어 아르토와는 차이가 있으나 제의성 복원이라는 현대 연극의 커다란 흐름과는 동궤에 놓여 있다(이반, 「한국 기독교 연극의 역사와 방향」, 134~135면).

20 졸고, 앞의 글.

2. 제암리 사건을 둘러싼 용서와 화해

2.1. 제암리 사건에 대한 거리 두기

〈아, 제암리여!〉는 동경 재일한국YMCA 회관의 공연장 개관 기념으로 일본의 의뢰를 받아 쓰인 작품이다(일본 초연 때의 제목은 〈총검과 처용무〉). 일본은 특히 제암리 사건을 극화해 달라고 주문했고[21] 여기에는 과거사를 반성하는 일본 기독교인들의 의도가 담겨 있다.[22] 주지하듯 제암리 사건은 1919년 4월 15일 경기도 화성군 제암리에서 기독교인과 천도교인 29명이 예배당에 감금된 채 일본군의 손에 학살당한 사건이다. 이것은 3.1운동을 탄압하기 위한 일본의 조치로, 제국주의 일본이 조선의 민족운동을 잔인한 방법으로 탄압했음을 드러내는 대표적인 사례이다.

〈아, 제암리여!〉는 이러한 제암리 사건을 다루면서 많은 부분 이 극의 내용을 역사적 사실에 근거하고 있다. 즉 수원지역 독립운동의 정황, 제암리 학살 사건 자체에 대한 서술 등이 사실과 일치하며, 이 극에서 실질적인 주동 인물이라 할 수 있는 전동례는 실존 인물이다.[23] 1965년 오야마 목사의 첫 번째 한국 방문과 1967년 제암리 교회 재건과 관련된 사건 역시 마찬가지다.[24] 3장

---

21 이반, 「미메시스와 미토스」, 239면.

22 장원재는 〈아, 제암리여!〉의 작품을 의뢰한 다카도 카나메를 비롯한 일본 제작진의 글을 분석함으로써 이들의 의도를 설명하고, 이것이 21세기 한일 문화 교류의 전범을 제시해 주었다고 평가한다(「이반의 희곡에 나타난 종교적 상징 연구」, 222~223면).

23 전동례 구술, 『두렁 바위에 흐르는 눈물』, 뿌리깊은나무, 1992. 이에 따르면 〈아, 제암리여!〉에 나타난 전동례의 출생지나 일본군에게 끌려가지 않기 위해 어린 나이(15세)에 시집 온 것, 18세 신랑이 자신을 길러 열아홉에 아들을 낳았다는 개인사 등은 사실에 근거한 것이다. 내용상의 일치에 관해 말하자면, 전동례의 독백 대부분은 실제 구술 기록과 일치한다. 반면 등장인물 여럿이 등장하여 진행되는 장면은 사실에 기반한 허구인 경우가 많다. 예를 들어 전동례가 아들을 낳은 후 어머니를 보고 싶어 하자 남편이 와서 어머니를 모셔 왔다는 에피소드는 허구이다. 전동례의 남편이 매우 자상했으며 두 사람 사이의 정이 깊었다는 사실, 그리고 전동례의 어머니가 딸이 보고 싶어 어느 날 갑자기 찾아온 일이 있다는 사실 등이 이러한 허구의 기반이 되고 있다.

24 제암리 교회를 재건하겠다는 오야마의 의사에 관해, 전동례와 함께 강한 거부의사를 표시하

에서 다시 언급되겠지만 역사적 사실과의 일치는 〈하늘, 바람, 별 그리고 학〉에도 해당되는 문제이다. 이들 작품은 한일 관계를 문제 삼으면서 그 해결책을 모색하고 있다. 이런 점에서 이들 극이 역사적 사실에 기반한 것은 작품의 메시지를 보다 현실적인 것으로 만듦으로써 관객이 이 문제에 보다 적극적으로 동참하게끔 하는 효과를 낸다.

한편 이렇듯 역사적 사실을 반영하고 있다는 사실은 이 극을 보는 (한국인) 관객의 민족의식을 더한층 자극할 수 있는 요소가 된다. 그러나 실제로 〈아, 제암리여!〉는 여러 겹의 장치를 통해 제암리 사건에 대한 거리 두기를 시도하고 있다. 이 중 맨 먼저 거론될 수 있는 것은 프롤로그와 에필로그, 서사적 화자 등 서사극적 기법을 활용하고 있다는 것이다. 프롤로그에서 배우11이 제암리 사건을 요약적으로 설명하면서 앞으로 이것에 대해 다룰 것임을 밝힌다. 그런데 특히 배우11은 오야마 역을 맡은 인물로, 이 극이 단순히 한국 민족주의의 시선이 아닌 한일 양자의 시선으로 다루어질 것임이 암시된다.

본격적으로 극이 시작되면 1999년 제암리 언덕을 배경으로 배우 11명이 모여 있다. 이들은 경기도 화성군의 의뢰로 제암리 사건을 작품화할 것을 의뢰받고 현장 답사 중이다. 여기서 그들은 기존의 선악 구도에서 벗어나 보고자 작가나 연출의 지시 없이 제암리 사건을 재연하기로 결정한다(1장). 이후 2장에서 8장, 10장에서 12장은 이러한 배우들이 벌이는 극중극이다. 2장은 1919년 서울 파고다 공원의 만세 현장, 6장과 7장은 같은 해 수원군의 만세 운동 현장, 8장은 제암리 사건이다. 그리고 9장은 다시 전체극으로 돌아와 제암리 사건을 재연한 배우들이 서로의 소감을 나누며, 10장부터 12장까지는 1965~1967년을 배경으로 제암리 교회 재건 문제가 다루어진다.

이렇듯 이 극은 불연속적인 시공간 속에 제암리 사건은 물론 그것이 일어나게 된 전후 맥락을 보여주되, 이것을 극중극으로 표현함으로써 제암리 사

는 김순희 역시 실제 인물이다. 〈아, 제암리여!〉에도 표현되어 있듯 김순희는 제암리 사건 때 시아버지와 남편을 함께 잃었으며, 오래도록 전동례와 의지가 되어 살아왔다(위의 책 참조).

건을 한 발짝 떨어져 보게 하는 효과를 낸다. 다시 말해 여기서 관객은 1장과 9장에서 제시되는 배우들의 입장처럼, 역사적 사건을 '바라보고 반추하는 입장'에 서게 되는 것이다.

거리 두기의 장치는 이것만이 아니다. 이 극에서 제암리 사건 자체를 재연하는 8장은 극의 전개상 전환점에 해당하는데, 이것은 전동례 할머니의 진술에 의해 간접적으로 전달되는 형식을 취한다. 즉, 1999년 60대의 전동례가 20세 남짓한 시기에 겪었던 제암리 사건을 회고하고, 그에 따라 제암리 사건의 중요 장면이 마임으로 처리되는 것이다. 그런데 이것은 전동례의 독백(4장)과 장면 제시(5장)로 전동례와 남편의 선하고 순박함이 드러난 이후에 벌어진 일이어서, 제암리 사건의 비극성과 일제의 잔혹함이 더욱 부각된다. 그러나 그럼에도 제암리 사건이 어디까지나 간접적인 방식을 통해 제시됨으로써 감정 이입이 제어되는 효과를 낳는다.

이렇듯 〈아, 제암리여!〉는 제암리 학살 사건을 소재로 하되 서사극 기법과 극중극 기법, 회상 기법 등을 통해 제암리 사건에 대한 거리 두기를 시도한다. 이로써 한국인 관객의 경우 자칫 민족적 시선에 의해 감정 이입으로 흐르는 것을 막고, 반대로 일본인 관객의 경우 자괴감에 빠지거나 사실에 대한 인정을 거부하는 역효과를 방지한다. 그러면서 동시에 주요 등장인물의 관점에 동화를 유도하는데, 이것은 타자에 대한 이해와 책임이라는 이 극의 주제와 밀접히 연관되어 있다.

2.2. 타자에 대한 이해와 책임

〈아, 제암리여!〉에서 인물의 관점에 동화를 유도하는 것은 한국인과 일본인 각 한 명을 초점화하고 있다는 사실과 밀접히 관련된다.[25] 전동례와 오야마

25 주지하듯 초점화(focalization)는 소설에서 쓰이는 용어이다. 그러나 프뤼네르는 연극이 과연 매개자 없이 표현되는지 질문을 던진다. 희곡 텍스트에서 작가는 어느 특정 관점을 부각시켜 관객들의 기호를 좌지우지하며 이를 위해 무대적, 극작법적, 인식적, 이성적, 감정적인

목사가 그들인데, 이때 오야마 목사는 제암리 사건에 대한 일본의 잘못을 통감하고 제암리 교회를 재건하고자 하는 인물이다. 이 두 인물은 각각 일본의 조선 침략의 피해자와 가해자라는 상징적 의미를 띤다. 그리고 더 나아가 이들은 가해자의 속죄와 피해자의 용서를 대변하며, 제암리 교회 재건이 바로 이러한 화해의 상징적 사건이 된다.

그러나 이 극은 속죄와 용서에 따른 화해라는 주제를 기계적으로 다루지 않는다. 이 극에서 오야마가 속죄의 행위로까지 나아간 것은 1965년 처음으로 제암리를 방문하여 피해자의 고통에 진심으로 공감했기 때문이다. 또한 일본사람의 돈으로 제암리 교회를 지을 수 없다는 전동례의 결심(11장)이 12장에 와서 바뀐 것은 "양심과 사랑"에 의해 진정으로 사과하는 오야마 목사의 모습(아, 제암리여! : 209)에 감명을 받았기 때문이다. 이것을 레비나스 식으로 말하자면 전동례와 오야마는 서로에게 양심을 자극하는 '타자의 얼굴'이 되는 셈이다.[26]

그런데 이때 전동례는 물론이고 오야마에게 독백의 기회가 부여됨으로써 (전동례는 4장과 8장, 오야마의 경우는 10장) 두 인물의 내면이 표출되고 있음은 주목을 요한다. 방백·독백·고백의 장면은 인물의 속마음이나 행동 동기를 드러나게 함으로써 관객을 인물의 관점에 동화시키는 기제이다.[27] 이 극에서 역시 관객은 독백을 통해 내면을 드러내는 전동례와 오야마에 동화됨으로써 그들의 변화를 이해하게 됨은 물론 한국과 일본의 입장에 공감하게 된다.

요소들이 기여한다는 것이다(Michel Pruner, 김덕희 옮김, 『연극 텍스트의 분석』, 동문선, 2005, 154~160면 참조). 본론에서 후술되겠지만 〈아, 제암리여!〉는 특히 독백이라는 기제를 통해 전동례와 오야마 목사를 초점화하고 있다.

26 '타자의 얼굴'이란 레비나스 철학의 핵심이 되는 개념으로, 그는 고아나 과부의 얼굴을 예로 들면서, 이들의 얼굴이 보는 사람으로 하여금 자신을 해하지 말고 도와달라는 무언의 말을 하고 있듯이 나(주체)는 이것에 반응해야 한다고 말한다(박인철, 「자유의 현상학적 이념: 아렌트와 레비나스의 자유 개념 비교를 중심으로」, 『철학연구』 71, 철학연구회, 2005, 234~235면).

27 프뤼네르는 극에서 독백을 통해 내면적 초점화가 유도된다고 설명한다(Michel Pruner, 앞의 책, 156~157면 및 164면).

이런 점에서 전동례와 오야마는 서로에게 '타자'의 얼굴이 될 뿐 아니라 한국과 일본 양국에 있어 서로의 '타자'가 된다고 할 수 있다.

한편 오야마의 사죄에 대한 전동례의 반응은 매우 독특하여 부연하여 설명할 필요가 있다. 전동례는 처음에 다른 제암리 주민(김순희 할머니 및 마을의 지도자)과 마찬가지로 일본인의 돈으로 교회를 지을 수 없다는 입장을 견지한다(11장). 그러다가 12장 중반 이후 오야마 목사의 말을 듣고 있을 뿐 거기에 반응하지 않다가 마침내 조용히 일어서 처용무를 추기 시작한다. 이 부분을 인용하면 다음과 같다.

> 전동례 할머니, 조용히 일어서, 비틀거린다. 어디선가 음악이 들려온다. 그리고 느린 동작으로 춤을 춘다. 한쪽에 놓여 있던 처용가면을 쓴다. 그리고 처용무를 춘다. 주위의 사람들 놀라서 전동례 할머니가 추는 처용무를 바라볼 뿐이다. 배우6이 평상복을 입고 내레이터로 나선다.
>
> **배우6** 새벌 밝기 달 아래
> 밤 드리 노니다가
> 드라가 자리보곤
> 가랑이 네이더라
> 둘은 내해엇고
> 둘은 뉘해언고
> 본 데 내해다마는
> 아아난 어찌하랴
> 아내의 부정을 목격한 처용은 문을 닫고 돌아섰습니다.
> 처용의 침실에서 자던 낯선 사내는 사람이 아니라 역신이었습니다.
> 사람에게 질병을 옮겨다 주는 역신이었습니다. 그는 처용의 발아래 무릎 꿇고 엎드려 용서를 빌었습니다. 그리고, 처용랑이 있는 곳, 심지어는 처용의 가면이 걸려 있는 집에는 다시 오지 않겠다고 약속했습

니다.

전동례 할머니가 추는 저 춤은 처용무입니다.

어느새 배우들이 주위에 모여와서 보고 있다. 춤사위가 더 대범해진다. 한참 후에 조용히 암전된다. (아, 제암리여! : 211~212)

통상 처용무가 무속적으로 이해된다고 할 때 기독교극에 등장한 처용무는 매우 생경하게 보인다. 〈아, 제암리여!〉가 일본에서 공연되었을 때에도 부정적인 반응이 대부분이었으며,[28] 한국에서도 사정은 크게 다르지 않았으리라 본다. 처용무가 성공적인 효과를 낳느냐 하는 데 대해서는 회의적인 시선을 쉽게 거둘 수 없는 것이다. 그러나 그럼에도 이것을 통해 작가가 무엇을 의도했는가 하는 것은 따져 볼 필요가 있다.

이에 대해 장원재는 처용무로 인해 역신(疫神)이 자신의 과오를 인정하고 사과했던 것처럼 일본인의 사죄를 촉구하는 의미가 있다고 해석한다.[29] 과연 그런가. 이 문제를 논하기 위해서는 먼저 소략하게나마 「처용가」에 대한 이해를 도모할 필요가 있다. 위의 인용에서 '본 데 내해다마는 /아아난 어찌하랴' 라고 해석된 7,8행은 「처용가」해독의 관건이다. 즉 '奪叱良乙何如爲理古'(8행)을 '앗은 걸 어찌 하리오'라고 보는가, '어찌 앗은 걸 하리오'(어찌 감히 빼앗느냐)라고 보는가에 따라 「처용가」는 체념의 노래와 대결의 노래로 엇갈려 해석되는 것이다.[30] 그런데 이반의 희곡은 이것을 '아아난 어찌하랴'로 해석하여, 후자가 아닌 전자의 입장을 택하고 있음을 알 수 있다.

---

28 장원재, 앞의 글, 227면.

29 위의 글, 229면. 장원재의 이러한 해석은 「처용가」의 7, 8행을 대결의 노래로 해석한 결과이다. 그러나 본론에서 설명되겠지만 〈아, 제암리여!〉에 나타난 처용가는 대결이 아닌 체념으로 해석되고 있다는 점에서 이것은 무리가 있는 해석이다.

30 이때 체념의 해석은 양주동의 해독에 근거하며, 대립의 해석은 이기문(1961)의 해독에 근거한다. 박진태, 「굿의 맥락에서 본 처용설화와 처용가」. 처용간행위원회 편, 『처용연구전집』 3, 역락, 2005, 546~547면.

또 하나 「처용가」에서 주목되는 것은 역신의 사악한 범죄 행위(처용의 아내를 범한 것)에 대한 처용의 입장이다. 여기서 처용은 역신과의 갈등을 대결의 원리가 아닌 화해의 원리에 의해 해결하고 있다(이것은 「처용가」의 7, 8행을 체념이 아닌 공갈과 협박, 곧 대결로 해독하더라도 마찬가지다). 즉, 여기서 처용은 인욕(忍辱)과 관용을 실천하여 적대적 인물을 감화시켜 포용하는 이상적 인간상을 보이고 있다.[31] 이것은 악마의 권세가 천상적 고결로 말미암아 지양되고 인간이 마침내 천상적 가치로 승화되는 비전을 제시하는 것이기도 하다.[32] 이러한 해석은 〈아, 제암리여!〉에도 적용이 가능하다. 전동례 역시 역신으로 상징되는 악과 불의에 직면하여 그것을 폭력과 대결의 원리가 아닌 인욕과 관용으로 포용하고 있다. 그리고 처용무에 감동한 역신이 스스로 처용의 발아래 무릎을 꿇은 것처럼 화해의 정신에 입각한 포용이 마침내 가해자도 감동시키고 말 것이라는 희망을 이 극은 드러내 보이고 있는 것이다.[33]

그러나 그렇다고 해서 전동례의 처용무를 일본에 대한 전격적이자 적극적인 용서 행위로 해석하는 것은 무리이다. 전동례는 처음에 제암리 교회 재건에 대해 부정적 입장을 표명한다. 그러나 오야마 목사가 진심으로 사죄하며 교회 재건의 입장을 표명하자 침묵을 지킨다. 이는 마을 지도자나 김순희 할머니가 초지일관 거부 의사를 표명하는 것과 대조되는 것이다. 이때 전동례의 침묵을 단순히 의사 표명의 부재로 보아서는 곤란하다. 오히려 이때의 침묵은 목소리의 문제만큼이나 결정적인 것으로 보아야 한다.[34] 이는 곧 전동례

---

31 박진태, 앞의 글, 562~563면.

32 황패강, 「처용가의 미의식」, 처용간행위원회 편, 『처용연구전집』 2, 역락, 2005, 46면. 황패강의 설명을 인용하면 다음과 같다. "처용은 가무로써 역신을 물리치려 한 것이 아니라, 가무자퇴(歌舞自退)함으로써 사심(捨心)을 성취하려 했다. 그의 가무는 바로 그런 까닭에 고차의 교화력을 가진다. 결국 범처(犯妻)한 역신에게 교화의 영향이 나타났다. 역신은 비위(非違)를 뉘우치고 처용에게 무릎을 꿇었다."(42면)

33 한편 〈아, 제암리여!〉에서 기독교인 전동례 장로의 처용무는 기독교와 전통 문화와의 융화라는 또 다른 테마를 야기한다. 이것은 이반의 종교극 〈바람 타는 성〉에서도 주제화된 것으로, 이반은 이에 대해 긍정의 입장에 서 있다(이반, 「'처용무'에 대한 작가의 변」, 『이반 희곡선집』 3, 244~245면). 그러나 이것은 이 글의 논지에서 벗어나므로 자세히 논구하지 않도록 한다.

의 내면적 갈등을 보여주는 것이다. 이로 인해 전동례는 "조용히 일어서, 비틀거"릴 수밖에 없으며 그가 추는 느린 동작의 처용무(아, 제암리여! : 211)는 인간적인 감정과 기독교적 당위 사이에 상당한 고뇌가 수반되어 있다고 해석해야 옳다.

이렇게 볼 때 전동례의 입장은 한일 간의 '화해'라는 분명한 목적을 가지고 있는 오야마 목사와도 다르고, 제암리 교회 재건을 '주님의 명령'이라고 하며 의무론적으로 접근하는 박 목사와도 다르다. 전동례의 춤은 가해자에 대한 적극적인 용서라기보다 자기를 폐기하고 용서와 화합이라는 신의 뜻에 순종한다는 '수동성'이 강조되어 있는 것으로 보아야 한다.[35]

다음 장에서 다룰 〈하늘, 바람, 별 그리고 학〉도 한일 문제를 바라보는 방식이나 그 해법은 〈아, 제암리여!〉와 유사하다. 그러나 내용적으로 〈아, 제암리여!〉가 타자에 대한 부정 혹은 무지로부터 타자에 대해 공감하고 타자를 책임지는 상태로의 변화를 강조하고 있다면, 〈하늘, 바람, 별 그리고 학〉은 그로 인해 도래할 새로운 세상에 대한 비전을 보다 명시적으로 드러낸다. 또한 〈하늘, 바람, 별 그리고 학〉은 한일 문제를 넘어 세계의 분쟁과 갈등에 대한 폭넓은 관심을 뚜렷이 내보인다는 점에서도 주목되는 작품이다.

---

34 랜서는 작품의 서술에서 침묵의 문제는 목소리의 문제만큼이나 결정적인 것이며, '누가 이야기하지 않는가' 하는 것은 '누가 이야기하는가' 하는 것만큼이나 폭로성이 강하다고 말한다(S.S.Lanser, 김형민 옮김, 『시점의 시학』, 좋은날, 1998, 47면).

35 윤리적 태도를 목적론, 의무론, 응답으로서의 윤리로 구분할 때, 전동례의 입장은 응답으로서의 윤리에 가깝다. 이것은 인간을 책임적 존재로 보는 것으로 이때 인간은 '응답자로서의 인간(mantheanswerer)'으로 이해된다(강영안, 『타인의 얼굴』, 문학과 지성사, 2005, 197~199면). '응답으로서의 윤리'는 레비나스의 수동성과도 맥을 같이하는 것으로, 이에 대해서는 3장에서 서술될 것이다.

3. 한일 문제를 넘어 세계 문제에 대한 관심

3.1. 타자에 대한 이해의 폭 넓히기

〈하늘, 바람, 별 그리고 학〉은 전체 6개의 독립된 장으로 이루어져 있고, 각 장은 1900년대부터 2000년대까지의 한일 관계를 조망한다. 그리고 천사와 윤동주, 일본군 장성, 화해 등 도합 4명의 서사적 화자가 등장하여 6개의 장을 연결하고 있다. 여기서 천사는 "땅에서 발생하는 분쟁을 종식시키는 데 일조하라"는 하나님의 뜻에 따라 이 땅에 왔다. 그러나 그는 분쟁지역으로 해결자를 안내하는 정도의 역할밖에 할 수 없기에 분쟁의 해결자로 윤동주를 선택했다. 그런가 하면 5장부터 등장하는 일본군 장성은 윤동주에 대응되어 일본을 대표하는 인물이며, 히로시마 평화 공원의 평화의 학 '화해'는 윤동주를 도울 협조자로 부름 받았다(하늘, 바람, 별 그리고 학 : 63~65). 이때 이들 서사적 화자가 능동적 의지로 극에 등장한 것이 아니라 '명령받고' '선택받고' '부름 받아' 수동적으로 이 자리에 나왔다는 사실은 주목을 요한다.

레비나스는 타자의 고통에 대한 나의 반응을 '타자의 얼굴은 나의 힘을 무력화시키면서 나로 하여금 깊은 심연에서 그에 대한 책임을 즉각적으로 불러일으킨다'고 표현한다. 즉 이러한 반응은 목적론이나 의무론적인 반응이 아니라 비의지적이고 수동적인 것이다. 기실 레비나스는 자유를 개인의 자유의지 내지 주권과 동일시한 전통 철학에 반대하여, 자유에 대한 현상학적 입장에서 있다. 곧 세계의 현상에 대하여 주체의 의지에 기인하기보다는 비의지적이고 수동적인 측면을 강조하는 것이다.[36]

한편 이 작품이 '재일 한국 YMCA 창립 100주년 기념 연극'으로 공연되었다는 사실이 드러내듯 여기에는 재일 한국 YMCA를 배경으로 한 사건들이 다수

---

36 레비나스에 따르면 "인간은 타자성의 접근에 대해 수동적이며 이것에 동화됨이 없이 그 충격을 견딘다."(E. Lévinas, tr. by A. Lingis, *Otherwise than Being or beyond Essence*, Dordrecht, 1994, 역자서문 xvii; 박인철, 앞의 글, 233면 재인용).

다루어진다. 근대 초기 재일 한국 YMCA는 단순한 종교적 친목 단체가 아니라 민족 독립운동은 물론, 다양한 문화담론적 실천들이 맹아적으로나마 혼융되어 있던, 근대 청년문화의 유력한 기원이었다.[37] 윤동주가 이 극에 호출된 것도 윤동주와 이 단체의 인연과 무관치 않으며,[38] 재일 한국 YMCA를 직간접적인 배경으로 하고 있는 1장부터 4장 역시 당대의 재일 한국 YMCA의 분위기를 잘 보여주고 있다. 1장은 한일합방 직전, 일본 중학교 승보 웅 교장이 조선인을 비하한 데 대해 조선인 유학생들이 격론을 벌이는 것이 장면화된다. 또한 2장과 3장은 재일 한국 YMCA에서 일어났던 2.8 독립운동 사건을 다루고 있으며, 4장은 1923년 관동대지진 당시의 정황을 다룬다.

그런데 특히 여기에 등장하는 일본인들이 조선에 대해 우호적이거나 조선 독립을 적극 도왔던 인물임이 주목된다. 후세 다츠지(布施辰治)(3장)는 2.8 독립선언 당시 검거된 조선인을 무료로 변호한 것은 물론, 그 이후로도 조선인 독립운동가 변론을 자원하는 등 조선의 독립운동을 헌신적으로 지원했다.[39] 동경대학 교수였던 요시노 사쿠조(吉野作造)(4장) 역시 재일조선인 유학생과 활발히 교류하면서, 일본의 조선 지배의 부당성을 지적하는 한편 관동대지진, 제암리 사건 등의 조선인 학살 행태를 비난한 바 있다.[40] 그런가 하면 5장에서

---

37 이철호, 「1910년대 후반 도쿄 유학생의 문화 인식과 실천: 『기독청년』을 중심으로」, 『한국문학연구』 35, 동국대학교 한국문학연구소, 2008, 322면.

38 이 극에서 윤동주는 부친이 관동 대지진 때 재일 한국YMCA의 도움을 받았으며, 자신 또한 입교대학 첫 학기에 기숙사에서 숙식을 했다고 밝힌다(하늘, 바람, 별 그리고 학 : 67). 윤동주 부친에 대한 것은 확인할 수 없으나 윤동주가 재일 한국YMCA에 머물렀던 것은 확인된다(송우혜, 『윤동주 평전』, 세계사, 1998, 263면).

39 후세 다츠지는 조선인에게 형제요 친구라는 칭호를 들을 만큼 신뢰가 두터웠다. 그는 피식민지인을 변호하는 등 반제국적 활동으로 일본에서 변호사 자격증을 박탈당하기도 했다. 후세 다츠지에 관해서는 오오이시 스스무 외, 『후세 다츠지』, 지식여행, 2010 참조.

40 요시노 사쿠조는 다이쇼(大正) 데모크라시의 기수로서 일본사에서 확고한 위치를 차지하는 인물이다. 그는 민본주의에 근거하여 일본의 조선통치를 비판함으로써 조선과 일본의 민중 간 제휴 가능성을 모색한 진보적 지식인이었다. 그러나 요시노가 조선의 식민지 지배를 부정한 것이 아니라 통치자의 입장에서 더 잘 지배하기 위한 방안을 모색한 것이었다는 비판도 제기된다(이규수, 「민본주의자, 요시노 사쿠조의 조선인식」, 『역사비평』 88, 역사문제연구소, 2009 및 한상일, 『제국의 시선: 일본의 자유주의 지식인 요시노 사쿠조와 조선문제』,

거론되는 엔도 슈사쿠의 『바다와 독약』은 2차 대전 말기에 있었던 포로 생체 실험을 소재로 일본인의 자기반성을 촉구하고 있는 작품이다. 이들 양심적인 일본인(그리고 그러한 일본인이 쓴 작품)은 일본을 다르게 바라보는 데 일조한다. 일본이 조선을 부당하게 지배하고 압제한 것은 사실이지만, 그러한 야만의 역사 가운데 일본의 잘못을 반성하고 조선을 도운 일본인이 있었다는 것을 부각시키는 것이다.

5장에 등장하는 '화해'는 이러한 작품의 의도를 보다 분명하게 드러내면서 한국의 인식 전환을 촉구한다. '화해'는 히로시마 평화공원에서 지난 60년간 평화를 기원하고 있는 '평화의 학'이다. 일본과 한국의 원폭 피해자들이 "세계의 희망과 평화를 기원하는 마음"으로 학을 접어 보냈는데, 그 상징적인 존재가 바로 '화해'인 것이다(하늘, 바람, 별 그리고 학 : 96~97).[41] '화해'는 이제껏 한일 양국을 해한 '독약'에 대해서만 논해 왔으나 양국의 미움을 씻고 있는 '바다'에 대해서 주시해야 한다고 말한다. 즉 독약의 악함에 대해서 분명히 잊지 말아야 하나 동시에 "수천, 수만 년간 인간의 도시를 향해 끊임없이 몰려오는 바다"에 대해서 눈길을 돌릴 필요가 있다는 것이다. '화해'에 따르면 "바다는 한 순간도 쉬지 않고" "세상을 씻고, 세계를 정화하고 있"다. 이에 천사는 양심적인 한 작가의 참회를 일본인 전체의 입장과 동일시할 수는 없다고 말하고, 윤동주 역시 가해자의 변명일 뿐이라고 일축한다. 그러나 '화해'는 그것이 변명일지언정 변명에 귀 기울여야 한다고 말한다. 대화는 거기에서 시작되어야 하기 때문이다(하늘, 바람, 별 그리고 학 : 98).

새물결, 2004 참조).

41 박숙자는 '화해'를 기노시다 준지의 〈석학(夕鶴)〉에 나타난 '학' 모티프에서 비롯된 것으로 보았다(박숙자, 앞의 글, 216면). 그러나 '화해'는 히로시마 평화공원 내에 세워진 조형물('원폭 아이의 상(原爆の子の像)')의 머리 부분에 있는 학을 의미하는 것으로 보인다. 이것은 원폭 피해자 사다코 상을 기리는 것으로, 그는 생전에 쾌유를 바라며 천 마리의 학(千羽づる)을 접어나가다 12년의 짧은 생을 마감했다. 이 사연이 알려지면서 히로시마에는 전 세계로부터 수천 마리의 종이학이 전해지고 있으며, 이것은 세계 평화를 염원하는 상징이 되어 있다(히로시마 시 및 히로시마 평화공원 인터넷 공식 사이트 참조).

한일 간의 갈등을 문제 삼으면서 용서와 화해라는 말은 수없이 들어온 것이다. 그럼에도 이 극에서 이러한 주제는 무의미한 반복 차원을 넘어서고 있다. 그것은 무엇보다 이 극이 가해자의 가해 행위가 분명한 악이라는 것을 전제하면서도 가해자에 대한 단죄에 머물지 않고 인류의 보편적인 가치에 대한 지향점을 명확히 하기 때문이다. 그리고 이 과정에서 식민치하 가해자들 중에 존재했던 양심적인 인물에 시각을 돌리도록 한 것은 매우 의미 있는 시도이다. 양국의 화해를 위해서는 잘못된 것을 비판하는 것 못지않게 긍정적인 면을 부각하는 것이 꼭 필요하기 때문이다.

한편 이러한 일련의 사건과 대화를 거치면서 윤동주는 일본에 대한 입장에 변화를 겪게 된다. 그리고 이것은 일본군 장성 역시 마찬가지다. 그는 맨 처음에 가해자로서의 일본을 부정하며 원자폭탄 세례를 받은 일본 역시 피해자라고 강변한다. 그러면서 과거 일본은 국가와 시대정신에 충실했을 뿐이며 일본이 한국의 근대화에 공헌한 점이 많다는 입장을 내세운다(하늘, 바람, 별 그리고 학 : 93~95). 그의 이러한 태도에서 용서나 사죄의 기운을 전혀 느낄 수 없다. 그러나 그는 윤동주의 사인(死因) 및 『바다와 독약』에서 증언된 생체실험 사실에 양심의 가책을 받고 '변화된다.'

그런데 이때 한 가지 지적해야 할 것은 이러한 인물의 변화가 극에서 사실적으로 제시되지 않는다는 점이다. 여기에는 오히려 논리적인 비약이 감행되면서 새로운 세상에 대한 비전이 선포된다. 이것은 〈하늘, 바람, 별 그리고 학〉의 형식적 독특성에 기인한다 하겠는데, 이에 대해서는 다음 절에서 설명하도록 한다.

3.2. 자유와 평화의 새로운 세상에 대한 비전

앞에서 인물의 변화가 사실적으로 제시되지 않는다는 것은 심리적 차원이든 행동적 차원이든 윤동주와 군장성의 변화가 이 극에서 명확히 드러나지 않기 때문이다. 후술되겠지만 6장에서 핵폭발 시 이들이 위안부 할머니를 감싸 안는 행위는, 변화의 과정은 보이지 않고 결과만 보이는 형국이다. 이러한 문제는 이 극이 사실주의적이 아니라 제의적[42]이자 상징적[43]이라는 특성에서 기인한다. 이것은 이 극을 이해할 때 반드시 전제되어야 할 점이다. 기실 이러한 특성은 이 극의 처음부터 북소리가 들리며 코러스가 곳곳에 삽입되어 있는 형식을 통해서 잘 드러난다. 코러스는 무대 왼쪽과 오른쪽에 자리잡으며 윤동주의 시나 이상화의 시를 낭송하거나 한일합방문을 낭독함으로써 분위기를 고조시킨다(1장). 또한 조선인에 대한 부당한 핍박과 박해가 계속되는 암울한 현실에 경종과 조사를 울리는가 하면(4장) "독도는 우리 땅, 우토루는 울고 있다"를 반복하며 한일 간의 현재적 문제를 제시하기도 한다(5장).

6장은 시공간적 배경이 모호하게 설정된 가운데 강대국과 약소국 게릴라 부대가 서로 대치하고 있다. 사태가 긴박하게 돌아가면서 급기야 핵사용이 논의된다. 그리고 어느 쪽에선지 알 수 없으나 핵이 투하되고, 위안부 할머니들이 쓰러지자 일본군 장성과 화해, 윤동주가 차례로 이들을 감싸안으며 산화한다. 핵이 투하된 이후부터 극의 마지막까지를 인용하면 다음과 같다.

---

42 제의에는 계절 순환에 기초를 둔 제의와 샤먼 제의, 희생 제의의 3가지가 있다. 이들은 각각 차이가 있지만 그럼에도 죽음과 삶의 교체(alteration of death and life)라는 리듬을 기본적으로 공유한다. 이것은 곧 죽음이 재생된, 활력 있는 삶을 위한 필수적인 전주곡이라는 것이다. R.프리드리히는 이러한 통찰이 희생제의 이론에서 가장 먼저 표현되고 확립되었다는 점에서 3가지 제의형태 중 희생제의를 가장 우월한 것으로 본다. 그러나 그렇더라도 이것은 희생제의가 모든 제의 중 최초의 제의(Ur-ritual)라기보다는 수많은 고대 제의들의 원형이라는 의미로 받아들여야 할 것이다. 한편 기독교 역시 피흘림의 의식인 희생제의와 밀접한 관련성을 띠며(Rainer Friedrich, Drama and Ritual, James Redmond(ed.), *Drama and Religion*, Cambridge University Press, 1983, 159~171면), 〈하늘, 바람, 별 그리고 학〉에 나타난 제의성 역시 희생제의와 유사하다.

43 상징주의 연극 발달사의 마지막 무대는 제의주의적이라는 말처럼, 제의적인 것과 상징적인 것은 밀접한 관련을 가지고 있다. 제의를 수단으로 할 때 상징은 초월적인 것이 되며 무대 행위의 은유적인 의미는 은유 대상과 동화되고 무대와 관객 사이의 친교는 완성된다. 이로써 무대 위의 행위는 어떤 신비를 지니게 되는데 이는 현실의 또 다른 질서로 이루어진, 오직 제의의 형식으로 경험할 때에만 지각 가능한 신비이다(J.L. Styan, 원재길 옮김, 『상징주의와 초현실주의, 부조리 연극』, 예하, 1992, 170면).

먼 데서 원자 폭탄이 투하되던 때처럼 버섯구름이 피어오른다.

① 느린 동작으로 위안부 할머니들이 쓰러진다. 일본군 장성이 그들을 감싼다. 군장성이 쓰러지니, 천사가 그를 부축하고 퇴장한다. 화해가 위안부 할머니들을 감싼다. 윤동주 역시 위안부 할머니들과 화해를 감싼다. 그리고 죽는다. 산화한다.

북소리 끝나고, 파이프 오르간 소리. 키리에. 진혼곡 소리.

윤동주와 화해의 시신이 무대 밖으로 나간다.

파이프 오르간 소리 끝나고 트럼펫 소리.

조명이 밝아지면 무대 평온이 찾아 든다.

② 맨 앞에 화해가 서고, 천사가 따른다. 사자가 서고, 말이 어린아이의 손을 잡고 따른다. 어린이 손은 독수리가 잡는다. 무슬림 옷을 입은 말레이시아인이 있고, 그 뒤로 중국인과 일본인이 따른다. 윤동주도 따른다. 아시아 전체가 걷고 있다. 그들은 한가족처럼 보인다.

이중섭의 그림 〈길 떠나는 가족〉에 등장하는 사람들같이 자유롭고 제각각의 몸짓으로 원을 이뤘다 흩어지며 무대 밖으로 나간다.

코러스 보라 내가
새 하늘과 새 땅을 창조하나니
이것은 기억되거나 마음에 생각나지 아니 할 것이라
너희는 내가 창조하는 것으로 말미암아 영원히 기뻐하며 즐거워 할지니라
보라 내가 예루살렘을 즐거운 성으로 창조하며 그 백성을 기쁨으로 삼고
내가 예루살렘을 즐거워하며 나의 백성을 기뻐하리니 우는 소리와 부르짖는 소리가 그 가운데에서
다시는 들리지 아니할 것이며……

~이사야 65 : 17

암전 (하늘, 바람, 별, 그리고 학 : 102~103)

위의 인용에서 보듯 이 장면은 인물의 대사가 없이 움직임과 몸짓, 북, 파이프 오르간, 트럼펫 등 여러 악기들의 소리가 주를 이룸으로써 매우 연극적으로 구현된다. 그리고 마지막에 코러스가 이사야서를 낭독함으로써 제의적 분위기는 정점에 달한다. 그런데 특히 이것이 극에서 대전환에 해당하는 것이, 1장부터 5장까지 계속되었던 한일의 대립 구도가 여기에 와서 크게 변화되기 때문이다. 인용문(밑줄 ①)에서 보듯 원자폭탄이 투하되자 먼저 위안부 할머니들이 쓰러지고 이를 일본군 장성이 감싼다. 이어 화해가 위안부 할머니를 감싸고 윤동주 역시 위안부 할머니들과 화해를 감싸 안고 산화한다. 이것은 '타인의 얼굴'을 외면하지 않되 나 자신을 희생하면서까지 끝까지 '책임'지는 것을 보여준다.

레비나스에 따르면 타자의 도출은 갑작스러우며 우리가 타자로부터 왜 영향을 받아야 하는지 이유도 알 수 없다. 그러나 이러한 '규정 불가능한 타자'를 대면하여 나 자신을 희생하면서까지 타자에 대해 책임을 지려 할 때 윤리적 주체가 새롭게 탄생한다. 이것은 타자에 대한 전적인 희생을 의미하는 대속(substitution) 행위에 다름 아닌데, 이를 통해 나는 자기 중심적인 주체가 아니라 타자와의 윤리적 관계를 통해 얻어지는 진정한 주체로 거듭난다.[44]

한편 이러한 대속 행위의 대표자가 예수임은 물론이다. 레비나스는 이러한 대속적 주체를 '메시아'라고 표현하거니와[45] 레비나스가 그린 참된 자아의 모

---

44 레비나스는 이러한 대속 행위를 '주체성의 변화'라고 표현한다. 그에 따르면 인간의 주체성은 두 가지로 규정될 수 있다. 하나는 즐김과 누림, 곧 향유를 통해 형성되는 주체성으로, 이것은 본질적으로 이기주의적이고 자기 자신의 삶에만 관심을 갖는다. 또 하나는 타자와의 윤리적 관계를 통해 얻어지는 주체성으로, '환대로서의 주체성'이라 표현된다. 이것은 타자의 출현과 더불어 내가 타자를 영접하고 대접할 때 발생하는 진정한 의미의 주체성이다(강영안, 앞의 책, 40~41면).

습은 그리스도의 모습에 다름 아니다.[46] 그리고 이러한 대속 행위 이후에 전개되는 것은 다음과 같은 아이러니한 결말이다. 무대에 평온이 찾아든 가운데 화해와 천사, 윤동주는 물론 아시아인들이 자유롭고 평화롭게 "한가족처럼" 걸어간다(인용문 밑줄 ② 참조). 그리고 코러스가 "보라 내가/새 하늘과 새 땅을 창조하나니/이것은 기억되거나 마음에 생각나지 아니할 것이라"로 시작되는 이사야서가 울려 퍼진다. 이 극의 부제처럼 '새 하늘과 새 땅을 위한 노래'가 열리는 것이다.[47]

그런데 이때 6장이 "국적을 알 수 없는 군복을 입은 군인들"을 등장인물로, 시공간이 모호하게 설정된 것은 주목할 필요가 있다. 이것은 여기서 일어나는 사건이 과거나 현재, 미래의 어떤 시점에서 발생했거나 발생할 수 있음을 전제하는 것이다.[48] 또한 극의 시작에서 "공연될 당시의 한일 간 갈등과 국제 분쟁 사건이 영상으로 전개된다"(하늘, 바람, 별 그리고 학 : 63)는 것, 평화의 학 '화해' 역시 "세계의 희망과 평화를 기원"하며 전 세계에서 보내진 종이학의 대표자라는 것(97) 등을 미루어 볼 때 이 극에서 다루는 갈등과 평화가 비단 한일 문제를 넘어 전 세계로 확대됨을 알 수 있다.[49]

---

45 위의 책, 188면.

46 박원빈, 『레비나스와 기독교』, 북코리아, 2010, 7면. 그러나 레비나스는 종교적 담론과 철학적 방식을 의도적으로 분리했다. 레비나스 철학과 기독교의 관계에 대해서는 강영안, 앞의 책, 259~273면 참조.

47 기독교에서 예수의 대속 행위는 외면상 '죽음'이나 인류 구원과 영생을 약속하는 궁극적인 승리이다. 레비나스 철학에서 역시 대속 행위로서의 타자지향으로 자유의 참된 모습이 실현되며 진정한 평화의 세계가 열린다(박인철, 앞의 글, 236면 및 김연숙, 『레비나스 타자윤리학』, 인간사랑, 2001, 176~177면).

48 이에 반해 박숙자는 6장의 전쟁 당사자를 일본군이라고 보고 있어 2차 대전으로 해석하고 있는 듯하다(박숙자, 앞의 글, 214면). 그러나 이러한 관점은 6장이 초강대국과 약소국 사이의 전쟁이라는 사실, 그리고 약소국이 도덕적 우위를 확보하고 있으며 핵폭탄을 투여하는 것도 약소국이라는 사실과 배치된다. 따라서 이 글에서는 '국적을 알 수 없는 군복을 입은 군인'이라는 지시에 주목하여 이것을 세계 언제 어디서든 발발할 수 있는 가상적 상황으로 보는 것이 옳다고 본다.

49 이외에도 천사가 지상에 보내진 것이 지구상의 특정한 갈등 사안이 아니라 "땅에서 발생하는 분쟁을 종식시키는 데 일조"하기 위함이었다거나(63~64), "살아있는 사람들은 항상 갈등을 만들어" 내니 "매일 변하고 있는 상황이 새로운 임무를 만들어 내고 있"다는 대사(67)

아닌 게 아니라 이반은 다른 글에서 미국과 이라크, 아프가니스탄, 시리아, 이란, 한국, 북한 등 세계의 도처에서 테러와 전쟁이 일어나고 있음을 언급하며 기독교는 세계와 세계인의 구원에 대해 항상 염려해야 한다고 말한다.[50] 이렇게 볼 때 그가 한일 문제를 다룬 종교극에서 드러낸바 타자에 대한 책임과 새 세계에 대한 비전은 세계 곳곳의 갈등과 분쟁의 극복 방안으로 확대 해석될 수 있을 것이다.

이러한 윤리적/종교적인 메시지는 물론 지나치게 이상적인 관점이라 비판받을 수 있다. 그러나 인간의 자유를 타자에 대한 책임에 우선시하는 기존의 관점은 필연적으로 인간 세계에서 권력관계를 낳으며 폭력과 갈등, 전쟁의 고리를 끊을 수 없다.[51] 반면 타자에 대한 책임을 통해 진정한 자유가 올 수 있다는 '관점의 전환'이 인류에게 진정한 연대적 공동체를 가능하게 한다는 것은 되새겨 볼 필요가 있다.[52]

4. 이반 종교극의 비전과 분단극과의 연계성

이반은 아바이 마을을 배경으로 그곳의 독특한 말씨와 습속을 살린 분단극을 쓴 작가로 알려져 있다. 그러나 이와 더불어 그는 종교극 창작의 전통이 희박한 한국에서 종교극(그중에서도 기독교극)을 본격적으로 창작한 작가이

등도 이와 같은 맥락에서 이해할 수 있다.

50 이반, 「미메시스와 미토스」, 244면.

51 이것은 레비나스가 기존의 서양 철학을 비판하는 논점이기도 하다. 전통 철학은 자유를 나의 '할 수 있음'의 질서에 뿌리를 둠으로써 타자에 대한 힘 또는 권력으로 작용한다. 그리고 이 확장 과정에서 타자의 확장 의지와 충돌을 일으키며, 이로써 폭력과 갈등, 전쟁의 고리를 끊을 수 없다. 이러한 이유로 레비나스는 인격의 절대적 가치에 대한 인정이 정치에 선행해야 한다고 말하는데, 이러한 레비나스 사상은 기실 유태인으로서 나치 치하를 겪은 레비나스 자신의 경험이 상당한 영향을 미치고 있다(강영안, 앞의 책, 238~261면 참조).

52 레비나스는 기존의 전통철학과 달리 윤리학을 존재론에 우선하는 제일철학으로 격상시키고 있는데(위의 책, 251면), 이 글에서 이것을 '관점의 전환'이라 표현하고 있다.

기도 하다. 그의 종교극은 코러스를 활용하고 제의적 성격을 띠는 등 서구 종교극 운동의 영향을 짙게 보여준다. 또한 성서에 국한하지 않고 보편적 문제에로 소재를 확대한 것이나 기독교의 독선적 관점에서 벗어나 있는 점 등은 현대 종교극과 상통하는 면모를 보여준다.

이 글에서는 이반의 종교극 중 한일 문제를 다룬 두 편의 희곡을 고찰했다. 〈아, 제암리여!〉는 1919년에 발생한 제암리 학살 사건을 소재로 하되, 서사극 기법과 극중극 기법, 회상 기법 등을 통해 제암리 사건에 대한 거리 두기를 시도한다. 그리고 한국인과 일본인 각 한 명을 초점화하여 그들이 타자에 대한 부정 혹은 무지에서 타자(한국에게는 일본, 일본에게는 한국)에 대해 공감하고 서로를 위해 희생하는 변화된 모습을 제시한다. 그런가 하면 〈하늘, 바람, 별 그리고 학〉은 일본 제국주의 시절 조선에 우호적이었던 일본인을 등장시키거나 일본의 비윤리적 행위를 상기시킴으로써 한일 문제를 기존과는 다른 방식으로 보도록 이끈다. 그리고 상징적이고 제의적인 형식 속에 한국과 일본의 변화로 인해 도래할 자유와 평화의 새로운 세상에 대한 비전을 제시한다.

궁극적으로 이들 작품의 메시지는 타자를 외면하지 않고 타자의 고통에 대해 책임질 때 진정한 자유와 평화가 실현된다는 기독교적 비전으로 요약된다. 그리고 〈하늘, 바람, 별 그리고 학〉에서 제시된바 이것이 한일 문제를 넘어 세계 문제로 확대된 것은 이러한 비전을 분단 문제에 적용할 가능성으로 이끈다. 한일 문제와 분단 문제는 분명 구분되는 사안이지만 역사적으로나 사회적으로 한국의 고질적인 갈등 사안이라는 점에서 그 인접성이 결코 작지 않다. 또한 〈바람 타는 성〉이나 〈샛바람〉에서 보듯 이반의 희곡에서 분단 문제와 종교 문제가 착종되어 있음을 상기할 때 이러한 가능성은 더욱 높아진다.[53]

이반의 '분단희곡의 마지막 편'[54]인 〈아버지 바다〉는 1980년대를 배경으로

---

53 졸고, 앞의 글, 477~482면 참조.

54 이반, 「미메시스와 미토스」, 236면.

월남 1.5세대의 삶을 다루고 있다. 여기서 형철은 고향을 떠난 지 30년 만에 아바이 마을을 다시 찾는다. 그는 군 복무 시절 휴전선을 넘어 이북군과 어울린 죄로 20년간 복역했으며 이북민에 대해 계속적인 부채의식을 가진다. 그러면서 어떤 어려움 속에서도 남북의 벽을 허물기 위해 계속적으로 노력할 것임을 말하는데, 이때 그가 구체적으로 어떠한 길을 걸을 것인지는 제시되지 않는다. 더욱이 그러한 자신의 행보가 '자유스러운 인간'이 되기 위한 것이요 '인간으로서, 최소한의 체면을 유지하기 위한 투쟁'이라고 설명하고 있으나(아버지 바다 : 212~213) 그러한 그의 지향점이 무엇인지 모호하다.

이에 대해 이반의 종교극은 하나의 해답을 제시한다. 타자를 외면하지 않고 타자의 고통에 대해 나를 희생할 정도로 책임지는 것. 그리고 그럴 때 비로소 진리와 자유, 평화가 실현된다는 기독교적 이상이다. 이반의 분단극은 월남민의 절절한 망향의식을 넘어 분단 극복 방안에 대한 모색으로 이어진다. 그러나 이것이 사회현실의 억압 혹은 작가의 한계로 인해 분단극의 테두리 안에서 정치하게 추구되지 못했다면,[55] 한일 문제를 다룬 종교극에서 비로소 그 실체가 명확히 드러난다.

이렇게 볼 때 한일 문제를 다룬 종교극은 분단과 종교 문제가 결합·착종되어 있는 이반 희곡의 특징을 드러내는 또 하나의 사례가 된다. 아울러, 이반의 분단극에서 제기된 분단 극복 방안이 종교극에서 풀린다는 것은, 그의 전 작품세계가 기독교적인 것으로 해석될 수 있음을 드러낸다고 하겠다.

---

55 〈아버지 바다〉에서 분단 극복의 문제가 미진하게 끝나고 만 것에 대해 다음 몇 가지 이유를 제시할 수 있다. 당시 분단과 통일에 대한 발언이 자유롭지 못했던 현실적 제약과 극작술의 한계, 작가의 생애와 밀접한 관련이 있는 이반의 분단희곡의 특성상 분단희곡이라는 틀에서 분단 극복 방식을 본격적으로 탐구하는 것이 어려웠으리라는 추정 등이 그것이다(졸고, 앞의 글, 476~482면 참조).

8

'진리공정'의 관점에서 본 이반의 분단희곡

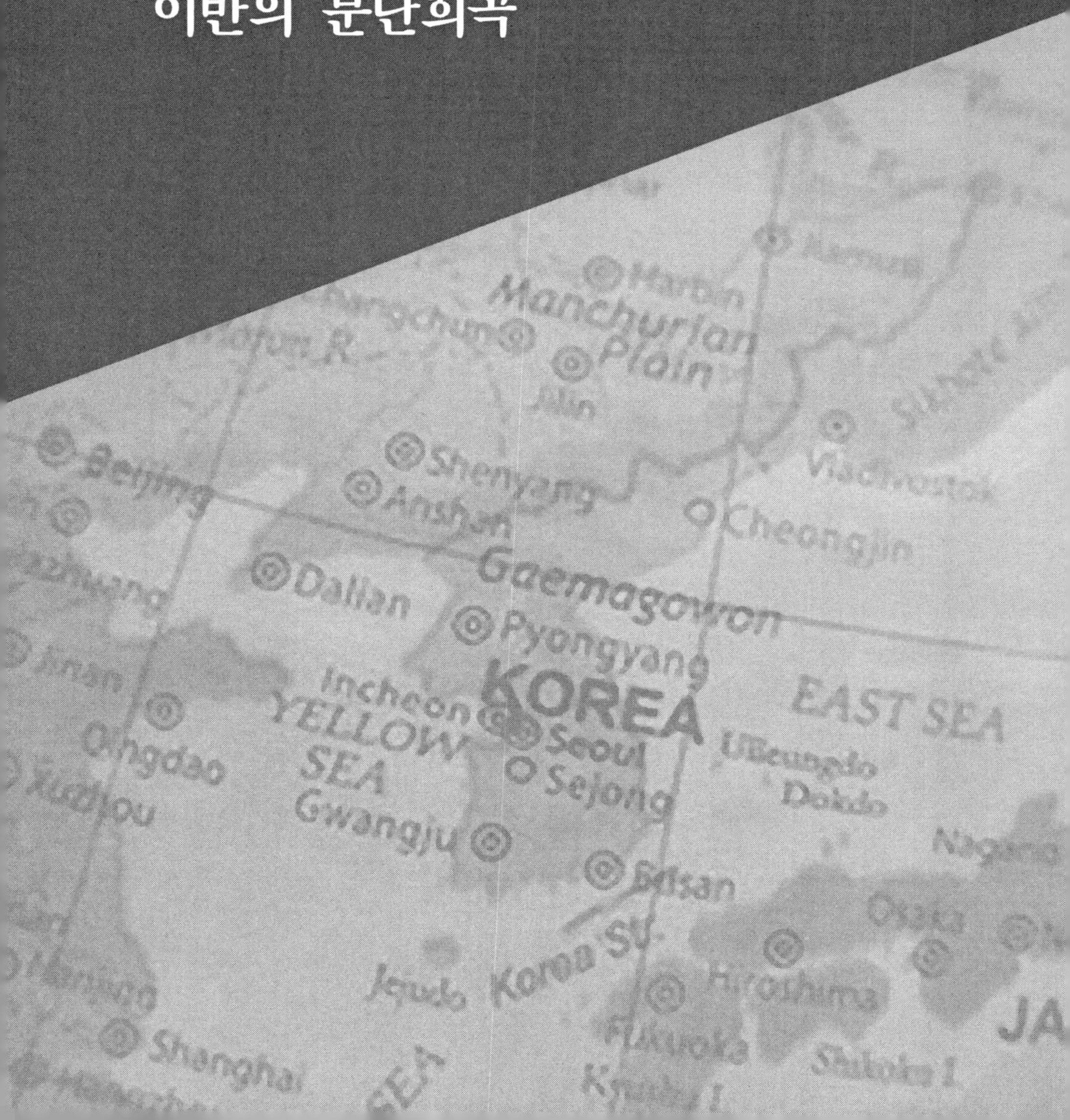

1. 〈아버지 바다〉 다시 보기

이반은 1966년 『새벗』지에 동극 〈주근깨박이 꼬마천사〉로 등단했으나 연극인으로 살아오면서 역점을 두고 창작한 것은 분단극과 종교극이다. 여기서 분단극은 〈나자의 소리〉(1970 초연), 〈샛바람〉(1972 창작), 〈그날, 그날에〉(1979 초연), 〈동창생〉(1975년 이전에 창작되었을 것으로 추정), 〈환상무대〉(1981 초연), 〈아버지 바다〉(1989 초연) 등을 꼽을 수 있다.[1] 이렇게 보면 분단극은 그가 소극단 탈과 현대극장에서 활동한 1970년대에 집중되어 있으며 1989년 초연된 〈아버지 바다〉가 뚝 떨어져 있는 셈이다. 그러나 정년퇴임 후 속초로 귀향하여 다시 분단극[2]을 창작한 것을 보면, 분단문제가 작가의 필생의 업임은 틀림없는 듯하다.

이반의 분단희곡에 관해서는 김방옥이 일찍이 이반의 희곡세계를 포괄적으로 다루었으며[3] 신현숙이 〈환상무대〉에 대한 작품론을 제기하였다.[4] 그리고 김문숙은 이들 선행연구와 작가 인터뷰를 토대로 이반 희곡을 개괄하였다.[5] 조보라미는 이반의 작품이 아바이 마을의 독특한 망탈리테를 표현함으로써 한국 분단희곡사에서 독창적 위치를 점하고 있다고 설명하였다.[6] 그리

---

1 이반 분단극의 창작연도는 이반 희곡집 『나자의 소리』(지음사, 1979), 『샛바람』(종로서적, 1994), 『아버지 바다』(종로서적, 1994), 『이반 희곡선집』 1~3(연극과인간, 2008) 텍스트와 해설 등을 두루 참고하여 작성하였다. 희곡창작연도가 분명한 경우 아무 표시 없이 연도를 적었으며, 창작연도가 분명치 않은 경우 초연 연도를 적었다. 『나자의 소리』에는 실리지 않고 『샛바람』에 처음 실린 〈동창생〉의 경우 연도가 분명치 않으나 『샛바람』에 실린 작품은 모두 '소극장 탈 시대의 산물'이라는 작가의 언급(「후기: 소극장 '탈' 시대 산물들」, 『샛바람』, 193~194면)에 따라 1975년 이전이라 보았다.

2 유작 〈태풍〉(2015년 창작)과 〈일각고래의 꿈〉(2017년 창작)을 뜻한다. 이에 대해서는 결론에서 다시 언급될 것이다.

3 김방옥, 「이반의 희곡세계」, 이반, 『아버지 바다』, 앞의 책. 이것은 서론이 약간 변형되었을 뿐 거의 그대로 『이반 희곡선집』 2에 재수록되었다.

4 신현숙, 「개방된 세계를 향하여, '옵살라'의 의미」, 『아버지 바다』, 앞의 책. 이 글 역시 제목과 표현이 약간 변형된 채 『이반 희곡선집』 2에 재수록되었다.

5 김문숙, 「이반 희곡의 작품세계 연구」, 위덕대학교 교육대학원 석사학위논문, 2004.

6 졸고, 「이반의 분단희곡 연구」, 『한민족어문학』 64, 2013.

고 최근 이채은은 이반, 박조열, 이재현을 '월남 극작가'로 함께 묶어 1970년대 분단희곡을 비교하였는데, 이 과정에서 〈나자의 소리〉를 새롭게 분석한 것이 주목된다.[7]

이 글에서 살펴보고자 하는 〈그날, 그날에〉와 〈아버지 바다〉는 아바이 마을을 배경으로 한 이반 분단희곡의 대표작이다. 〈그날, 그날에〉는 월남 1세대의 강렬한 망향의식을 사실적으로 그린 수작이라는 데 큰 이견이 없다.[8] 반면 〈아버지 바다〉는 기존에 인물 형상화가 미흡하고 분단 극복의 비전이 모호하다는 비판을 받으면서[9] 〈그날, 그날에〉에 비해 덜 주목받아온 것이 사실이다. 그러나 과연 그러한가. 이 글에서는 알랭 바디우의 진리철학의 관점에서 볼 때 〈아버지 바다〉의 새로운 면모가 발견됨으로써 재고찰의 필요성이 있다고 보았다. 그리고 이 과정에서 이 작품이 작가가 "내 분단희곡의 마지막 편"[10]이라 일컬은 데 값하는 의의와 가치를 갖는가 하는 점도 생각해 보려 한다.

주지하듯 바디우는 현재 가장 주목받는 프랑스 철학자 중 한 명으로, '철학의 종말'이라는 작금의 철학 비판에 반대하며 진리와 주체라는 전통적인 철학적 주제를 새롭게 되살리려는 정통 철학자이다.[11] 이러한 면모를 잘 보여주는 것이 완전하고 타협 불가능한 진리의 보편성에 대한 단언이다. 그런데 이때 진리는 모든 기존의 정립된 범주들과 결정적으로 단절하는 과정을 통해서만 도달할 수 있다. 즉 그는 진리에 대한 접근이 오직 세계의 결에 그리고 역사의 흐름에 역행함으로써 성취될 수 있다고 통찰하는데,[12] 이를 통해 기존

---

7 이채은, 「1970년대 월남 극작가의 분단 주제 희곡 연구」, 고려대학교 석사학위논문, 2022.

8 〈그날, 그날에〉는 1979년 제3회 대한민국 연극제에서 문화공보부장관상과 함께 희곡작품상을 수상했다. 당시 작품평은 "제3회 대한민국 연극제를 평가한다", 『경향신문』, 1979.11.30.; 이상일, "79문화회고 (5)연극", 『동아일보』, 1979.12.25. 참고. 또한 2020년 제13회 대한민국 연극제에서 대상을 수상했는데, 당시 심사평에서도 〈그날, 그날에〉에 대한 작품성은 인정되고 있다(장재환, "극단 파.람.불. 작품 '그날, 그날에' 2020 대한민국 연극대상 수상", 『설악신문』, 2020.12.28. 및 심사평 참조).

9 김방옥, 앞의 글, 239~240면; 졸고, 앞의 글, 476면.

10 이반, 「미메시스와 미토스」, 『이반 희곡선집』 1, 236면.

11 서용순, 「바디우의 진리철학과 세계의 전환」, 『인문과학』 13, 2011, 55~57면.

의 세계관에 흡수·지배되지 않고 새로운 것을 창안할 수 있는 길을 연다.

또한 바디우는 진리에 이르는 과정을 절차화하고 있다는 점에서 특징적인데, 이는 바디우 철학을 일컫는 또 다른 이름인 '사건의 철학'으로 설명할 수 있다. 여기서 '사건'이란 알려지지 않았던 가능성이 실존함을 가리키는 것으로 이것의 좋은 예가 그리스도교를 박해하던 바울이 다마스쿠스 도상에서 부활한 예수의 음성을 듣고 진리와 소명에 눈뜨게 된 것이다.[13] 그러나 사건은 하나의 제안에 불과할 뿐, 모든 것은 사건을 통해 제안된 가능성이 세계 안에서 포착되고 검토되며 통합되고 펼쳐지는 방식에 달려 있으니 이것이 바로 '진리공정'이다.[14] 그리고 이때 진리공정은 사건 그 자체의 정언명령 하에서 상황에 대해 지속적으로 탐구해 나가는 끈질김이며, 이렇듯 끈질기게 사건의 결과, 명명의 결과, 내가 했던 약속의 결과를 떠맡는 '충실성'이 점진적으로 진리를 구성하게 된다.[15]

이러한 바디우의 진리공정의 사상은 전쟁과 분단이라는 상황 속에 마주친 하나의 사건으로부터 거기에서 비롯된 가능성을 좌고우면 없이[16] 충실하게

---

12 P. Hallward, 『알랭 바디우: 진리를 향한 주체』, 박성훈 옮김, 도서출판 길, 2016, 25면.

13 A. Badiou, 『사도 바울』, 현성환 옮김, 새물결, 2008, 39면.

14 A. Badiou & Fabien Tarby, 『철학과 사건』, 서용순 옮김, 오월의봄, 2015, 25면. 이때 '진리공정'이라는 용어에 대해서는 설명이 필요하다. 바디우는 그의 저서에서 'processus de vérité'와 'procédure de vérité'라는 용어를 사용하며, 바디우 저서의 한국어판 번역 및 논문(김덕기, 「최근 철학계의 성 바울의 보편성 논의와 그 비판적 평가」, 『해석학연구』 23, 2009; 김영삼, 「문학적 진리공정의 가능성」, 『한국문학이론과비평』 63, 2014 등)에서는 이를 '진리과정', '진리절차', '진리공정' 등으로 다양하게 번역하고 있다. 그러나 필자로선 바디우의 이 두 용어의 차이를 설명하고 있는 문헌을 찾아보지 못했으며, 『사도 바울』의 영어 번역본(*Saint Paul: the Foundation of Universalism*, trans. by Ray Brassier, Stanford University Press, 2003)의 경우 두 용어를 구분 없이 'truth procedure'로 번역한 사례도 있다. 이에 이 글에서는 바디우의 두 용어의 구분을 잠정적으로 유보하고, 바디우가 일컫는 진리의 길이 단순한 것이 아니라 개인이 '불멸의 주체'로까지 고양되는 '충실성'의 과정이요 '유적 진리'로 나아가는 노고의 과정임을 감안하여, '진리공정(眞理工程)'이라는 용어를 선택하여 사용하도록 한다.

15 A. Badiou, 『윤리학』, 이종역 옮김, 동문선, 2001, 84면; A. Badiou & F. Tarby, 위의 책, 81~83면 참조.

16 좌고우면하지 않는 것은 앞으로 살펴볼 〈그날, 그날에〉와 〈아버지 바다〉 인물들의 공통적인 특성이다. 바디우는 진리공정의 길을 걷는 '진리의 투사들'은 기적을 통한 진리와의 소통을

붙들고 살아온 이반 희곡의 인물들에 적용이 가능하다. 즉 〈그날, 그날에〉의 월남 1세대의 고향과 가족에 대한 진심과 〈아버지 바다〉에 나타난 월남 후속 세대의 삶의 모습은 곧 바디우의 진리공정의 삶에 다름 아니다. 그러면서도 진리공정의 관점에서 두 작품을 고찰할 때 〈아버지 바다〉는 〈그날, 그날에〉에 비해 진일보한 측면이 존재함이 발견된다. 이에 이 글에서는 〈그날, 그날에〉와 〈아버지 바다〉를 차례로 살펴보되, 초점은 〈아버지 바다〉의 의미와 가치를 새롭게 발견하는 데 놓여있음을 밝힌다.

2. 월남 1세대의 진리공정의 삶

〈그날, 그날에〉는 함경도에서 월남하여 아바이 마을에 터를 잡은 김 노인, 박 노인, 북청댁 등 월남 1세대의 삶이 펼쳐진다. 이들은 남한에서의 삶을 임시적인 "피난살이"[17]로 여길 뿐 고향에 돌아갈 '그날'만을 기다리며 산다. 이것은 남편 없이 혼자 월남한 북청댁이 20년 남짓 세월을 수절하는 것이나, 갓 태어난 딸아이의 이름을 지어주지 못하고 피난온 것을 평생의 한으로 안고 살아가는 박 노인의 모습에서 잘 나타난다. 또한 가족이 함께 피난 온 김 노인도 마찬가지로, 다음의 인용에서 보듯 그는 이곳에서의 삶을 "생활" 혹은 "행복"으로 부르는 것을 거부하고 고향으로 돌아갈 때까지 개나 돼지처럼 살아도 문제가 안 된다고 말한다.

> **김 노인** 그렇다. 저기는 행복이란기 없지비. 나두 저 사람들과 마찬가지지비.

내밀한 원천으로 하여 선언을 정당화시키려는 시도를 결코 해서는 안 된다고 한다. 오로지 진리에 대한 선언이라는 작업만이 진리를 구성하므로 진리를 주체적 무언의 상태에 남겨둬야 한다고 하는데(A. Badiou, 『사도 바울』, 104면), 이것이 바로 좌고우면하지 않는 이반 희곡 인물들의 특성과 상통한다고 본다.

17 〈그날, 그날에〉, 『이반 희곡선집』 2, 54면. 이후 작품 인용은 본문 중에 '(인용면수)'로 표기한다.

> 고향을 떠나던 그날부터 우리에게는 생활이구, 행복이구 다 없어졌지비. 그저 죽지 못해…… 아이. 아이지비. 고향에 가는 그날, 그날이 올 때를 기다리며 사는 거지비. 고향으로 갈 때까진 개처럼 살면 어떻구, 돼지처럼 살면 어떻니? 그런 거는 문제두 아이된다. (52)

이것을 보면 김 노인, 박 노인, 북청댁에게 한국전쟁은 기존의 존재방식으로부터 커다란 '단절'을 경험케 했음을 알 수 있다. 즉 한국전쟁은 이들에게 직접적으로 실향과 월남, 이산이라는 경험을 낳은바 그들이 사물을 이해하는 방식에 근본적인 전환을 가져오는 사건이 된다.[18] 그리고 이후 고향과 가족을 회복하려는 일념으로 살아가는바 이것이 곧 바디우 철학에서 그토록 강조되는 충실성의 삶에 다름 아니다. 그런데 문제는 이들이 이루어가는 충실성의 방식이 '모두에게 제공되고 말 건네지는 보편성'[19]을 담지하지 못한다는 점이다.

먼저 박 노인은 김 노인이 소유한 배의 선장이지만 키만 잡으면 배를 이북으로 몰고 간다. 이것은 극 속에서 "이 집 배는 명태 잡으러 다니는 배가 아"니라는 어부1의 대사(13)에 처음 나타나고 섭섭이와 만길이에 의해 이실직고되며, 김 노인의 추궁에 박 노인도 사실을 인정하는 단계를 거치게 된다. 간단한 사실을 3번의 중첩을 거쳐 제시하는 것은 이것이 내포하는 불온한 위험성 때문이다. 박 노인은 "손이 말을 아이 듣는다. 뱃머리를 새로 돌리고 싶지만,

---

18 바디우는 사건을 '마주침', 또는 기존의 사물의 존재 방식과의 '단절'로 설명한다. 사건은 상황 안에서 일어나지만 그 상황에 속하지는 않으며, 진리는 오로지 그러한 사건에 대한 충실성을 유지하는 사람들 — 다시 말해 사건의 이름으로 주체가 되는 사람들 — 의 투사적 선언을 통해서만 지속된다(P. Hallward, 앞의 책, 29~32면).

19 A. Badiou, 『사도 바울』, 32~34면. 단적으로 말해 진리가 갖춰야 할 단 하나의 조건이 보편성으로, 어떤 정체성에도 기대지 않고 어떤 정체성도 형성하지 않으며, 모두에게 제공되고 말 건네지는 것으로 설명된다. 『사도 바울』은 바로 이러한 보편성을 본격적으로 논하고 있는 책으로 이 책의 원어판 부제 — 'lafondation de l'univeralisme(보편주의의 정초)' — 는 이 같은 사실을 잘 드러내고 있다. 또한 정치, 과학, 예술, 사랑 등 진리공정의 4가지 영역 중 특히 정치가 의미와 작용 양가 모두 보편성으로 특징지어진다는 P. Hallward의 설명에 따르자면 (앞의 책, 367면), 〈그날, 그날에〉에서 보편성의 비중은 더욱 크다고 하겠다.

배가 그 쪽으로 아이 가고 이북으로만 가는 걸 낸들 어떻기 하겠니? 샌 줄 알고 가다보면 북쪽 바다인 걸 난들 어떻기 하겠니?"라 탄식한다(36). 그리고 이번에도 배를 북쪽으로 몰고 가면 배에서 내리겠다는 확약을 하고 가는 날까지도 박 노인이 이북으로 배를 몰았다는 사실(혹은 이북으로 몰 수밖에 없었다는 사실)을 보면, 박 노인의 망향의식은 일반적인 선을 넘고 있다고밖에 말할 수 없다.

김 노인의 경우도 마찬가지다. 김 노인은 박 노인이 이북으로 잡혀갔다는 말을 들은 상황에서, 김 노인의 아들 창길이 지난 세월을 청산하고 새 출발하자, 집을 허물고 새로 짓자는 말을 반복하자 급기야 오랜 세월동안 숨겨두었던 진실을 드러낸다 : 창길 어미는 월남 직후 거제도에서 죽었으나 "이남 흙을 아이 쓰구 고향 흙을 쓰구 자겠다."는 유언(60)에 따라 시신이 집안 천장에 보관되어 있었던 것이다.

이것은 매우 충격적인 결말이 아닐 수 없다. 아래에서 다루겠지만 이 장면 직전에 김 노인과 창길이 통일에 대해 논쟁을 벌이는데, 이때 통일이 곧 오리라는 김 노인의 확신은 창길의 이성적이고 논리적인 주장에 밀리게 된다. 그럼에도 극의 마지막에 수십 년간 숨겨온 창길 어미의 시신이 노출됨으로써 창길은 망연자실의 상태에 빠진다. 통일의 당위성에 대한 정서적 반응이 통일의 불가능함 내지 어려움이라는 현실 논리를 압도하는 순간이다. 이것은 극의 진행을 일거에 뒤집는 극작술이 돋보이는 대목이자 '로고스를 뛰어넘는 파토스'라는 이반 희곡의 특징적 면모를 잘 보여준다.[20] 그러나 이에 대해 '멜로드라마적 작위성'이라는 해석[21]도 존재하는 것을 보면 일반적 보편성을 획득한다고 보기는 어렵다. 고향에 묻기 위해 아내의 시신을 다락에 숨겨둔 것이 아바이 마을에 실재했던 일[22]이라 해도 이것이 특수하고 예외적이긴 마찬

20 졸고, "통일을 향한 간절한 염원: 이반 희곡 〈그날, 그날에〉", 극단 파.람.불, 「그날, 그날에」(팸플릿), 예술의전당 CJ토월극장, 2022.8.12.~14.

21 김방옥, 앞의 글, 234면.

22 "무덤도 나란히…실향민 모여 30년", 『경향신문』, 1980.1.12.

가지다.

한편 창길은 도시에서 대학을 마치고 돌아와 아버지와 반갑게 해후하지만 그것도 잠시, 취업과 이사, 집수리, 통일문제 등에서 대립한다. 아버지는 사내라면 뱃일이 제일이라고 보지만 아들은 안정적이고 번듯한 은행에 취직한 것을 자랑스럽게 여긴다. 또한 아들은 이제 아픈 기억을 떨치고 도시로 이사하여 밝게 살아가자고 하나 아버지는 '생이란 고향을 그리는 마음'에 다른 것이 아니라며 반대한다. 취업과 이사, 이 두 가지는 그러나 서로의 차이가 인정되고 큰 무리 없이 양해된다. 하지만 통일과 집수리는 문제가 다르다.

김 노인 이지 멀지 않아 그날, 그날이 온다. 그날까지만 기다려라. 창길아, 그날은 꼭 온다.

창길 ⓐ통일 말이죠? 그건 힘들어요.

(…)

창길 ⓑ아버님, 통일이란 원한다고 해서 되는 게 아녜요. 냉철하게 생각해야 돼요. 이제 곧 그날이 온다, 온다, 하고 저를 속여온 것이 벌써 몇 년이에요? 통일은 간단하게 되지 않아요.

김 노인 너어들은 모른다. 그날은 곧 온다.

창길 저도 알아요. 아버님에게 말씀드리긴 괴로운 얘기지만 해야겠어요. 통일은 힘이 들어요. ⓒ그날이 온다고 해도 적어도 아버지대에선 오지 않아요.

(…)

김 노인 **이느마, 내 진실은 그날은 봄이나, 늦으면 내년 가슬이면 온다는 기다.**

창길 그렇지 않아요. ⓓ세계는 지금 화해를 외치고 있어요. 우리나라의 아픔이야 어떻든, 큰 나라들에게는 그게 별 걱정거리가 아녜요. 그냥, 지금 있는 상태에서 조용해 주기만을 바라고 있어요.

김 노인 **우리가 쳐들어가면 될기 아이니?**

창길 그렇게도 할 수 없어요. ⓔ이북에서는 소련과 중공의 지원이 있어요.

그렇지만 우리에겐 없어요.

김 노인 **미국이 있잖니?**

창길 ⓕ미국은 지쳐 있어요. 현상 유지만을 원하고 있기 때문에 우리 보고 통일하라고 무기를 지원하진 않아요.

김 노인 **나라를 이렇기 갈라 놓는기 뉘기디? 이제 와서 지들이 그러면 우린 어떡하란 말이니?**

창길 ⓖ우리나라가 분단된 것이 강대국들의 책임도 있지만, 문제는 우리에게 있어요. 어떤 일이든, 사리에 맞게 처리하지 않고 감정적으로 판단하는 습관 때문에 이렇게 된 거예요. 아버님두, 이젠 ⓗ그날의 환상에서 벗어나 냉철하게 생각할 때가 되었어요. 통일은 되지 않아요.

김 노인 **야, 니, 학교에서 배웠다는기, 그런기니? 앞뒤가 꽉꽉 막혀 그날은 아이 온다는 것을 배웠니? 썩은 소리하지 마라. 더운 밥을 먹구 어째 찬 소리하면서 다니니? 그날은 온다.** (52-53)

위의 대화에서 창길은 ⓐ통일은 쉽지 않으며 ⓑ냉철하게 생각해야 한다는 것, 그리고 ⓒ통일이 온다 해도 아버지 대에선 오지 않음을 직설한다. 이에 대해 김 노인은 '그날이 꼭 오며, 그것도 곧, 이번 봄이나 늦으면 내년 가을까지'라는 통일에 대한 굳은 신념을 내비치지만(인용문 굵은 글씨 참조) 여기엔 어떠한 근거도 없다. 이런 상황은 인용문 후반부에서 더욱 심화된다. 창길이 ⓓ세계정세나 ⓔ이북의 상황, ⓕ미국의 분위기, ⓖ우리의 책임 등을 언급하며 한층 설득력 있게 통일의 불가능성을 역설하는 데 비해 김 노인은 우리가 쳐들어가면 될 것 아니냐, 미국이 있지 않느냐라고 반문할 뿐(인용문 이탤릭체 참조) 통일을 이룰 방법이나 정세, 환경, 노력에 대해서는 아무런 논리도 제공하지 못한다. 그리고 마지막에 다시 '그날은 온다.'는 신념을 되풀이할 뿐이다.

바디우에 따르면 진리는 실천의 문제이다. 그리고 거기에는 하나의 방식만 있는 것이 아니라 복수의, 창의적인 방식들이 존재한다.[23] '진리가 자신의 길을 펼쳐간다'거나 '진리를 이루어간다'[24]는 말은 바로 이것을 뜻한다. 이렇게 볼 때 〈그날, 그날에〉의 월남 1세대들의 진리공정은 한계가 뚜렷하다. 이들은 한반도를 둘러싼 객관적 정세를 파악한다거나 실천을 위한 구체적인 행동이나 노력을 하지 않는다. 즉 이들의 충실성은 오직 관념적 차원에서만 이루어지고 있다고 하겠는데, 이들의 행동이 일면 왜곡되고 보편성을 띠지 못하는 것도 일정 부분 여기에서 기인한다고 하겠다. 결국 이들의 진리공정은 사건에서 비롯된 개입에의 강렬한 의지에도 불구하고 비충실성의 궤적을 그리는 셈이다.[25]

주지하듯 이 작품은 작가가 종교극을 공부하러 간 북유럽에서 한반도의 분단문제를 새롭게 인식하고 "통일을 염원하다 죽어간 내 아버지 세대의 처절한 삶"을 그리고자 한 결과물이다.[26] 그리고 뛰어난 극작술로 아버지 세대가 지닌 통일의 심정적 당위성을 전달하는 데 성공하고 있다.[27] 그러나 이러한 평가와는 별개로 인물들의 진리공정의 삶이 미흡함은 위에서 분석한 것과 같으며, 작가 역시 월남 1세대의 통일에 대한 인식과 태도에 동의하고 있는 것 같지는 않다. 오히려 작가의 입장은 통일에 대해 감정적으로 접근하는 것을 경계하고 ⓗ'그날의 환상'에서 벗어나 냉철함을 강조하는 창길에 있다고 보여진다. 이는 〈그날, 그날에〉보다 2년 후에 올려진 〈환상무대〉[28]에서 전쟁을

23 P. Hallward, 앞의 책, 30~31면 및 37면.

24 A. Badiou, 『윤리학』, 53면. 진리란 한 사건에 대한 충실성의 실재적 과정이다. 즉 그 충실성이 상황 속에서 생산하는 것이 바로 진리이다(같은 책, 56~57면).

25 그러나 이러한 한계를 모두 인물 탓으로만 돌리는 것은 문제가 있으며, 적대적인 남북 이데올로기 환경은 물론 월남민으로서의 특수한 위상도 고려될 필요가 있다. 즉 월남민은 수복해야 할 땅에 적을 둔 주민이자 대한민국의 법적 국민이라는 이중적 속성 아래 놓여 있다. 그리고 이때 미수복지는 중립적 의미 아닌 적지(敵地)의 의미를 동시에 포함하고 있음으로써 언제든 내부의 적으로 퇴출당할 위험 역시 존재한다. 이에 대해서는 정주아, 「'정치적 난민'의 공간 감각, 월남작가와 월경의 체험」, 『한국근대문학연구』 16-1, 2015, 45~46면 참조.

26 이반, 「미메시스와 미토스」, 228면.

27 졸고, 「이반의 분단희곡 연구」, 473면.

28 〈환상무대〉의 원제는 '웁살라(환상의 무대)'로, 작가가 스웨덴 웁살라에서 유학할 당시 친북, 친남으로 갈라져 반목하는 한국인 가정을 모델로 한 블랙 코미디이다. 이반, 『아버지 바다』, 49면 및 「미메시스와 미토스」, 230~32면 참조.

경험한 기성세대의 통일에 대한 인식을 '환상'[29]에 사로잡힌 것으로 알레고리하고 있는 데에서도 반복되어 나타난다. 그렇다면 이러한 한계를 인식한 이반은 통일과 분단문제에 대해 아버지 세대와는 다른 방법론적 모색을 시도했을 법하다. 이것은 창길이 속한 세대이자 작가 자신이 속한 세대를 주인공으로 한 〈아버지 바다〉로 구현된다.

3. 월남 후속세대의 진리공정의 삶

〈아버지 바다〉는 이북에서 태어나 아바이 마을에서 자란 월남 1.5세대들이 40대, 곧 기성세대가 되어 살아가는 모습을 다루고 있다. 그러나 서론에서 언급했듯 이 작품에 대한 기존의 평가는 박한 편이다. 극중 행동이 고르게 진전하지 못하고 뒷부분에 밀려있다거나[30] 형철이 분단 극복의 길을 걷는 것으로 설정되면서도 비전이 모호한 점[31] 등이 그것이다. 그럼에도 형철을 포함한 세 명의 주인공은 진리공정의 측면에서 유의미한 삶의 궤적을 보인다는 점에서 주목된다.

극은 아바이 마을에 낯선 인물이 찾아오는 것으로 시작된다. 그는 오래 전에 고향을 떠났던 형철로, 우여곡절 끝에 30년 만에 고향을 찾음으로써 어린 시절 친구인 동호, 길모와 재회하게 된다. 원래 성격도 달랐던데다 초등학교 졸업 후 삶의 경험도 달라 이들의 모습은 차이가 클 수밖에 없다. 이런 상황에서 오징어잡이 배의 선주가 선원들 몰래 철선을 구입하고 선원들의 임금을 체불하는 일이 벌어지면서, 세 사람의 삶의 방식과 태도의 차이가 극명하게 드러나게 된다.

---

29 〈환상무대〉의 제목을 비롯하여 이때의 '환상'은 〈그날, 그날에〉에서 창길이 김 노인을 비판하면서 사용한 ⓗ'환상'과 같은 의미라 본다.

30 김방옥, 앞의 글, 236~239면.

31 이에 대해서는 졸고, 앞의 글, 475~476면에서 자세히 논해졌기에 여기서는 생략한다.

여기서 먼저 주목되는 것은 한국전쟁 당시 형철 아버지의 죽음이 이들의 삶에 단절을 가져온 사건이 되고 있다는 점이다. 등대지기였던 형철 아버지는 군사작전상 등댓불을 밝히지 말라는 국군의 명령을 거부했고, 그로 인해 반동으로 몰려 죽임을 당했다. 이때 '등대지기는 반동분자'라는 국군의 선동에 사람들은 침묵했으며, 등댓불이 없어진 연유로 바다에 나갔던 배들이 한꺼번에 파선되어 많은 사람들이 죽었다. 이것은 형철, 동호, 길모가 어린 시절에 겪은 일이나 개인적으로나 공동체에 큰 영향을 미치면서 그들 모두에게 바디우적 '사건'으로 다가왔을 가능성은 충분하다. 이에 대해 동호는 다음과 같이 말한다.

동호 한 사람이 제 길에서 벗어났을 때 생기는 혼란이 가져다주는 슬픈 결과두, 난 잊을 수 없어. 난 아직도 형철 아버지의 죽음을 잊을 수가 없다이. (…) 지금도 등대를 지키시던 형철이 아버지의 결단을 필요로 해. (…) 싸움? 그건 해결점이 아니야. 제가 설자리에 똑바로 서 있으면, 언젠가는 해결이 돼.[32]

여기서 동호는 "아직도 형철 아버지의 죽음을 잊을 수가 없다."고 고백하는데, 수십 년 전의 그 사건에서 동호가 발견한 것은 '등대를 지키던 형철 아버지의 결단'이다. 즉 형철 아버지는 어떠한 위협 속에도 등대를 밝혀 배들의 길잡이가 된다는 등대지기의 사명을 고수하고자 했고, 그것이 지켜지지 못했을 때 수많은 배와 인명이 사상된바, 동호는 어떠한 상황에서도 "제가 설자리에 똑바로 서있"는 것의 중요성을 삶의 지침으로 삼고 그러한 진리의 길을 '이루어가게 된다'.[33]

---

32 〈아버지 바다〉, 『이반 희곡선집』 2, 208~209면. 이후 작품 인용은 본문 중에 '(인용면수)'로 표기한다.

33 바디우는 인간의 사유가 객관적 진리를 성취하느냐의 문제는 이론의 문제가 아니라 실천의 문제라고 본다. '진리는 우리가 만드는 어떤 것'이라는 것이다(P. Hallward, 앞의 책, 30~31면).

다음으로 길모는 어렸을 때부터 괄괄했던 성격 그대로 어판장의 정의, 좀 더 크게는 사회정의 구현을 위한 길을 간다. "어판장. 보기에는 매우 평화롭고 단순해 보이지만 얽히고 설킨 일이 너무 많은" 이곳에서 "근본적인 악을 도려낼 때까지 싸워야" 한다는 의지를 다지는 것이다(209). 이때 길모의 이러한 길은 형철 아버지가 불순분자로 몰릴 때 침묵을 지켰던 어른들(이 중에는 길모 아버지도 있었다.)의 행동을 반면교사로 삼은 것이라 할 수 있다. 즉 사회적 불의에 침묵하지 않고 맞서 싸우는 삶이 그것으로, 그는 다음과 같이 말한다.

길모 내가 니보구 무시기라구 했니? 이 어판장의 부정을 해결할 날이 있다구 내가 말을 아이했니? 그때 가서 힘을 합치자구 아이했니? 일을 저지르겠으면 목표를 알아야 될기 아이니? (…) 선원들을 착취하는 선주. 선주들에게만 혜택을 많이 주는 수협. 바닷물을 손에 묻혀 보지도 못한 사람들이 더 많이 모인디가 수협 이 사회가 아이니? 잡지도 않은 이까까지도 도리해가는 이미네들. 앞으로 이까값두 똥값이다. 포크랜드 쪽에서 잡는 갑이까까지 이리루 들어오면 우리가 설 자리는 없어진다. 이 모든 일을 우리가 해결해야 된다구 내가 말을 아이했니? (223)

즉 길모는 현재 마을에서 벌어지는 선주의 부당함 하나만이 아니라 선주에게만 혜택을 많이 주는 수협, 현장 노동자들에게 박한 이익이 돌아가는 시스템, 외국 수산물의 유입으로 더욱 심해질 수산현장의 모순 등 더 큰 사회적 문제들까지 넘어 보고 있다. 이것은 작품이 쓰인 1980년대 노동운동의 현실을 반영한 것으로 보인다.[34] 그런데 이때 길모의 최종 학력이 초등학교 졸업이고 직업 역시 어판장 경비에 불과하다는 것을 상기하면 바위에 계란치기일

34 이에 대해서는 졸고, 앞의 글, 474면 참조.

가능성이 있다. 그러나 위의 인용에 나타나는 길모의 단호한 어조나, 선주의 비리에 대항할 때 몸을 사리지 않는 저돌적인 모습[35]을 감안하면 길모가 걸어갈 길을 짐작할 수 있다.

한편 이러한 우직함은 형철도 마찬가지다. 형철은 친구들 중에 유일하게 대학물을 마신 인물이자 가장 굴곡 있는 삶을 살아왔다 해도 과언이 아니다. 다음의 인용을 보자.

동호 형철아, 아직도 미워하구 있어? 난 지금두 기억해… ⓐ"이 등대지기는 아군의 지시를 따르지 않구 적군을 유리하게 한 불순분자요."라고 말할 때 침묵을 지키던 어른들의 모습을 잊을 수가 없어. 우리 아부지두 길모 아부지도 아무말 않고 있었어.

형철 아냐, 그렇지는 않아. ⓑ내가 미워한 것은 사람들이 아니야. **사람들을 비겁하게 만드는 상황**이었어. (…)

형철 나는 말이다. ⓒ**휴전선에 가로놓인 철조망**이, 그게 무시긴데 한가족을 그 오랜 세월 동안 만나지 못하게 하는지 이해할 수가 없었어. (…) 우리는 사람이야. 미물이 아니야. 바람과 새들도 자유롭게 드나드는데, 만물의 영장이라는 사람이 어디 이러고 살 수가 있니? 이렇게 살려면 사람이기를 포기해야 돼. 감상주의자라고 하는 사람들도 있었어. 그러나 내가 한 행동은 단순한 감상이 아니었어. 인간으로서, 최소한의 체면을 유지하기 위한 투쟁이었어. (…) ⓓ사회의 법도 사람을 위해 있어. **인간의 기본권을 박탈하는 법**은 법이 아니야. 그래 무슨 짓을 하지 않고는 가만있을 수가 없었어. 우선 만나서 상대를 확인하고 싶

35 성자의 포장마차에서 일하는 명금은 선주가 동원한 깡패들에 맞선 길모의 활약상을 전한다. 〈아버지 바다〉, 214~215면 참조. 이 극에서 30대로 설정된 명금과 장근(동호가 선장으로 있는 배의 기관장)은 동호, 길모, 형철의 모습을 옆에서 지켜보며 명금의 경우 형철을 위해 경찰을 따돌리기까지 하는데, 이를 통해 이 극이 월남 1.5세대뿐 아니라 그 이후 세대의 삶에도 관심을 두고 있음을 알 수 있다.

> 었어. 그들의 혈관에도 나와 같은 피가 흐르고, 그들의 가슴도 나와 같이 뛰는지 안아보고 싶었어. 그 같은 확인 작업이야말로 벽을 허무는 출발점이라고 생각했어. 나는 사람이 되고 싶었어. (e) 우리에 갇힌 동물이 아닌, 자유스러운 인간이 되고 싶었어. (210-213)

위의 인용에서 동호는 형철의 삶을 뒤흔든 사건이 형철 아버지가 불순분자로 몰렸을 때 침묵을 지키던 어른들의 모습이었느냐고 묻는다((a)). 그러나 이것은 앞에서 지적한 대로 길모가 받아들인 사건의 모습이었으며, 오히려 형철은 (b) '사람들을 비겁하게 만드는 상황'에 주목했다고 말한다. 즉 이것은 (c) '한가족을 오랫동안 만나지 못하게 하는 휴전선의 철조망', (d) '인간의 기본권을 박탈하는 법' 등으로 표현되는바, 형철은 민족을 갈라놓고 선량한 시민을 희생시키는 남북 이데올로기 대치 상황 자체를 문제시했다고 할 수 있다. 그리고 이러한 문제의식으로부터 이데올로기적 대립을 뛰어넘는 — 구체적으로 소대원들을 이끌고 휴전선을 넘어 북한군과 교류하는 — 행동을 한다.

> **형철** 아이야, 그 사람들은 내가 살아 있는 한 날 감시할 사람들이야. 이제야 깨달았어. 보호감호소에서 나온 뒤에도 그들은 나를 지켜보았어. 운해처럼 몰려와 내 목을 조르고 있었어. (f) 그때마다 나를 괴롭힌 것은, 내가 한 일에 대해서 내 자신이 정당하다고 믿는 믿음이 흔들린다는 사실이었어. 어떤 때는 내가 내 길에서 이탈해 산 것이 아닌가 하고 의심도 해보았어. 그렇지만, 여기 이렇게 땅 끝에 와서 확신할 수 있었어. 난 이제껏 부끄러운 일 한 적이 없어. 난 등대지기 아버지의 길을 걸어 왔어. 그리고 앞으로도 이 세상을 밝히는 길을 걸어야겠어. (227-228)

위의 인용에서 형철은 과거의 행적으로 인해 20년을 복역하고 현재도 쫓기는 몸이라고 말한다. 그리고 이러한 감시처벌의 지속으로 (f) "내가 한 일에 대해서 내 자신이 정당하다고 믿는 믿음이 흔들"렸고 자신의 행동에 대한 "의심"이 들었다고 고백한다. 그러나 "여기 이렇게 땅 끝에 와서" 다시 자신의 길이 정당했음을 확신하게 되는데, 이것은 다름 아니라 친구들과의 만남을 통해서였다. 즉 동호도 길모도 형철 아버지의 죽음이라는 사건에 '사로잡혀 그것을 자신의 것으로 받아들이고' 그 사건에 '참여'하는 서로 다른 '결정'[36]으로부터 나름의 삶을 충실하게 살아가는 것을 보고 형철도 자신의 길을 다잡는 것이다. 즉 그는 여태까지 아버지를 처형하고 사람들을 침묵으로 몰아간 국가 폭력에 저항하는 길을 걸어왔음을 회고하며, 앞으로도 그러한 충실성의 길을 걸어가겠다고 다짐한다.

바디우의 진리공정의 사상은 '충실성'을 인간의 윤리로 제시한다. 즉 인간은 자신이 선택한 진리의 삶을 지속적으로 추구해나가는 삶인바 '계속하시오!'의 윤리로 표현된다.[37] 그리고 이러한 윤리를 실천하는 인간은 진리를 위해 나아가는 주체적 존재라 하는데,[38] 동호, 길모, 형철의 삶은 바로 그러한 '계속하시오!'의 길을 형상화한다. "그 길이 아무리 험하다구 해도 이제는 피하지 않구 뚫고 나가겠어."라는 대사(228)는, 진리를 위해 어떠한 어려움도 감수하는 '불사의 존재'를 언급하는 바디우 철학의 인간상을 현시한다.

이렇게 볼 때 기존에 〈아버지 바다〉에서 월남 1세대의 삶을 후속 세대와 연결시킬 때 주로 형철에만 주목했던 것[39]은 재고될 필요가 있다. 형철의 길

---

36 바디우에 따르면 사건에 '참여'하는 것은 그것을 통해 '자신을 붙잡는 것'이자 또 한편으로는 '사로잡히는 것을 받아들이는 것'이다. 여기서 능동성과 수동성은 거의 같다(A. Badiou & F. Tarby, 앞의 책, 28면 참조). 또한 '결정' 역시 바디우적 용어로, 사건에 참여를 결정하는 것을 뜻하며, 각각의 결정은 사물의 존재 방식과의 원칙에 따른 '단절'로 시작된다(P. Hallward, 앞의 책, 29면 참조).

37 A. Badiou, 『윤리학』, 앞의 책, 58~67면.

38 바로 이 점이 기존의 윤리학과 바디우의 윤리학이 갈리는 부분이다. 기존의 윤리학은 인간을 단순히 죽을 수밖에 없는 존재와 일체화시키고 부정적이고 피해자적으로 정의하는 반면, 바디우는 인간을 진리를 위해 그의 모든 존재를 사용, 불사의 존재가 될 수 있는 주체적 존재로 본다(위의 책, 17~24면 및 53~54면).

39 졸고, 앞의 글, 475면.

이 분단 극복과 직접 연결되는 것은 사실이며 성자의 대사에서도 암시되듯 형철의 삶은 눈에 띄게 '정치적'이다.[40] 그러나 여기서 형철의 삶만이 정치적인 것은 아니다. '정치적인 것'을, 통치책략으로서 권력의 행사나 권력을 위한 투쟁인 '치안'과 달리, 새로운 주체와 대상을 공동체에 끌어들이고 보이지 않던 것을 보이게 만들고 들리지 않던 것을 들리게 만드는 '감성의 분할'로 볼 때 길모, 동호의 삶도 정치적인 것이다.[41]

그리고 이때 정치적인 것이 분단과 무관치 않음은 물론이다. 동호는 "가물에는 휴전선이 없다"며 자신이 바다로 나가는 이유가 육지의 답답함을 견디기 어렵기 때문임을 밝힌다. 이어 "물은 새에서 마루, 마에서 새루 자유롭게 흐르는데(…) 갈바람이나 말바람보다 못한기 사람"이라 말하는데(206-207), 이는 '바람과 새들이 자유롭게 날아다니는 것'과 우리의 처지를 비교하며 "우리에 갇힌 동물이 아닌, 자유스러운 인간이 되고 싶"다는 형철의 소망(앞의 인용문(e) 참조)과 상통한다. 길모 역시 피난민 의식을 견지하며[42] "한 쪽이라두 똑바로 살아야 하나가 되어두 될 기"(213)라는 말을 통해 그가 추구하는 사회정의가 통일과 무관치 않음을 보여준다. "우리는 헤어지는 기 아이다. 결국은 모두 아버지 바다로 가는 기"(228)라는 마지막 대사는 이러한 맥락에서 이해

---

40 성자는 형철을 알아보기도 전에 그를 '정치가'라고 직감하며 성자와 형철의 대화에서 '정치', '정치가'라는 말이 여러 번 반복된다(〈아버지 바다〉, 183면).

41 J. Ranciere, 주형일 옮김, 『미학 안의 불편함』, 인간사랑, 2008, 55면 참조. 문학이 이러한 정치적 기능을 수행할 수 있음은 J. Ranciere, 양창렬 옮김, 『정치적인 것의 가장자리에서』, 도서출판 길, 2013, 28~31면 참조. 랑시에르에 따르면 정치는 미학과 불가분의 관계에 있다. 이때 미학이란 감각적 세계 안에 몸이 기입되는 방식, 곧 몸이 세계를 느끼는 방식과 관련된 것이며, 정치란 그렇게 몸이 세계를 느끼는 방식들이 충돌하고 특정한 감각의 방식에 따라 세계 안에 각자의 자리가 부여되는 과정이다(『미학 안의 불편함』, 12면). 한편 랑시에르의 '정치'와 바디우의 '정치'에는 유사한 점이 많다. 바디우 역시 치안과 정치를 대립적인 것으로 보며, 정치는 '합의'에서 벗어나 인간 집단이 능동적이 되도록 하는 과정, 인류 자신의 운명에 대해 새로운 가능성들을 만들어낼 수 있도록 하는 과정 전체라 한다(A. Badiou & Tarby. 앞의 책, 15~18면). 바디우와 랑시에르의 같고 다른 점에 대해서는 김상운, 「반란과 해방의 정치: 바디우와 랑시에르를 중심으로」, 『실천문학』 16, 실천문학사, 2012 참조.

42 "뉘기 여기서 피난 생활을 편안한 마음으루 하는 사람이 있는 줄 아니? 나두 북에 피붙이가 있기는 마찬가지다."라는 말(207)이 대표적이다.

된다.

아울러 여기서 서로 다른 세 명의 삶이 조화를 이루고 있다는 사실 또한 주목될 필요가 있다. 선주의 부정에도 불구하고 배를 띄우겠다는 동호와 어판장의 정의를 실현하겠다는 길모의 태도는 사뭇 대립적이다. 또한 동호와 길모는 또다시 휴전선을 넘고 가시밭길을 가겠다는 형철의 결정에 쉽게 동의하지 못한다. 그러나 길모는 자신과 형철이 멀기(바다의 큰 물결)라면 동호는 삶을 지탱하는 닻과 같다며 동호를 지지하고(224), 동호와 길모도 '우리 모두 결국 같은 길을 걷는 것'이라는 형철의 말을 인정하고 수용한다(228). 이것은 진리는 어디까지나 복수형이며 관용적 무관심을 지니고 '차이들'을 횡단한다는 바디우 이론[43]과 맞닿아 있다.

이처럼 〈아버지 바다〉에서 전쟁과 분단이라는 사건은 인물 각자를 서로 다른 진리공정의 삶으로 이끌었다. 그리고 이들이 걷는 길은 현실 안주 혹은 체제순응과는 거리가 있으며 현실적 어려움을 극복하겠다는 의지가 충만하고 서로 다른 차이들을 횡단하는 등 〈그날, 그날에〉보다 한층 진일보한 진리공정을 드러낸다. 그러나 이러한 상대적인 비교보다 중요한 것은 〈아버지 바다〉에 나타난 다양한 정치적 삶의 가능성이 아닐까 한다. 이것은 다음 장에서 다시 언급하도록 한다.

4. 분단 극복을 향한 다양한 정치적 삶의 가능성

이상 이 글에서는 알랭 바디우의 진리공정의 관점에서 이반의 분단희곡 〈그날, 그날에〉와 〈아버지 바다〉를 고찰하였다. 작가가 밝히고 있듯 〈그날, 그날에〉는 '통일을 염원하다 죽어간 아버지 세대의 처절한 삶'을 극화한 것으로, 통일에 대한 심정적 당위성이 매우 설득력 있게 그려져 있다. 그러나 알랭

---

43 A. Badiou, 『사도 바울』, 앞의 책, 192~193면.

바디우의 진리공정으로 볼 때 통일을 향한 월남 1세대의 충실성의 삶은 실천적 노력을 결여하고 관념적인 데 그침으로써 이들의 행동이 일면 왜곡되고 보편성을 띠지 못하는 한계가 있다.

이에 작가는 통일과 분단문제에 대해 아버지 세대와는 다른 방법론적 모색을 시도했으니 이것이 〈아버지 바다〉이다. 이 작품은 동호, 길모, 형철 등 월남 1.5세대가 주인공으로, 기존 연구에서는 월남 1세대와 후속세대의 삶을 연계시켜 이해할 때 형철에만 주로 주목했다. 그러나 진리공정의 관점에서 볼 때 이들 세 명 모두 한국전쟁 시기 아버지의 삶에서 사건을 발견하고 이로부터 각자의 문제의식을 도출하여, 삶의 본분에 충실하고(동호) 사회정의를 추구하며(길모) 남북이 하나된 삶을 위해 실천적 노력을 하는(형철) 등 서로 다른 진리공정의 길을 걷고 있음에 주목할 필요가 있다. 그리고 이들은 진리를 위해 어떠한 어려움도 감수하며 서로의 차이에 대해 관용적 무관심을 지니고 차이들을 횡단하는 등 한층 진일보한 진리공정을 드러낸다.

그러나 이 글의 결론은 단순히 〈아버지 바다〉가 진리공정의 관점에서 〈그날, 그날에〉보다 진일보했다는 데 있지 않다. 그보다 더 중요한 것은 〈아버지 바다〉에서 제시하고 있는 정치적 삶의 가능성이다. 즉 통일을 위해 직접적인 행동을 취하는 형철뿐 아니라 제가 처한 자리에서 맡은 임무를 묵묵히 수행하는 동호, 사회정의를 위해 온몸을 바치는 길모의 삶 모두 기존의 경직된 체제에 새로운 길을 내는 정치를 수행하고 있다. 그리고 이러한 서로 다른 삶의 방식에도 피난민 의식을 견지하고 휴전선의 부자유스러움을 인식하며 진정한 자유와 인간다움을 위해 희생을 각오하는바, 궁극적으로 분단 극복을 지향한다는 점에서 공통적이다.

여기서 〈그날, 그날에〉와 〈아버지 바다〉를 연결시켜 보자면, 〈아버지 바다〉는 통일에 대한 아버지 세대의 절절한 그리움을 옆에서 지켜보았으되 그것의 맹점 또한 인식한 월남 후속세대가, 그들 자신의 관점에서 분단문제를 성찰하고 분단 극복을 위한 구체적 삶의 방식을 모색한 결과라 할 수 있다. 이런 점에서 여기에 아바이 마을에서 자라난 월남 1.5세대인 작가의 실천적 다짐이 녹아있다는 해석이 전혀 엉뚱한 것만은 아닐 것이다. 더 나아가 〈아버지 바다〉는 작가가 생전에 발표한 "분단희곡의 마지막 편"이자 동시에 그 자신이 바라본 월남 후속세대의 삶의 선언문이라는 해석도 가능하다.

마지막으로 〈아버지 바다〉에 나타난 형철의 정치적 비전은 여전히 문제적이라는 점을 언급하고자 한다. 앞에서 보았듯 형철은 이북에 두고 온 가족에 대한 그리움이 절실한 인물로, 휴전선을 넘나드는 위험을 감수하면서까지 남북의 벽을 허물고 인간다움과 자유를 추구하는 것으로 그려진다. 그런데 이 같은 월북 모티프는 그 방식은 다르지만 〈그날, 그날에〉의 박노인에게도 나타나며 이반의 유작 〈태풍〉과 〈일각 고래의 꿈〉에도 이어진다. 유작에는 이북 출신에 월남을 경험하고, 베트남전에 파병되나 전쟁에 환멸을 느끼고 중립국인 핀란드로 망명한 캡틴 최가 나온다. 코리안 디아스포라라 할 그는 이어 두 작품 모두에서 북한으로 향하는데, 특히 〈일각 고래의 꿈〉의 경우 분단극복이라는 비전이 뚜렷하다. 그렇다면 〈아버지 바다〉에 나타난 형철의 비전의 모호성은 이반의 유작에서 어떻게 변화되고 발전되는가? 이반 희곡에서 반복되는 월북 혹은 북한행의 의미는 무엇인가? 월북과 북한행, 그리고 이를 통한 남북의 만남-이것을 통해 작가가 추구한 것은 무엇이며 오늘의 현실에서 어떤 의의를 지니는가? 이에 대한 논의는 추후 과제로 남긴다.

원고출처

- 「분단희곡에 있어서 '경계인'의 위상과 의미」, 『한국극예술연구』 32, 한국극예술학회, 2010.
- 「이재현의 포로 3부작 연구: 반공극의 일의성을 넘어선 가능성과 한계」, 『한국현대문학연구』 35, 한국현대문학회, 2011.
- 「오태석의 6.25 3부작 연구 1: 〈자전거〉를 중심으로」, 『한국현대문학연구』 25, 한국현대문학회, 2008.
- 「오태석의 6.25 3부작 연구 2: 〈산수유〉, 〈자전거〉, 〈운상각〉의 상동성과 희곡사적 의의」, 『한국현대문학연구』 26, 한국현대문학회, 2008.
- 「오태석 역사극에 나타난 사실과 허구의 긴장관계」, 『한국현대문학연구』 28, 한국현대문학회, 2009.
- 「이반의 분단희곡 연구: 망향의식과 분단 극복 방식을 중심으로」, 『한민족어문학』 64, 한민족어문학회, 2013.
- 「이반의 종교극 연구: 한일문제를 다룬 극을 중심으로」, 『한국극예술연구』 42, 한국극예술학회, 2013.
- 「'진리공정'의 관점에서 본 이반의 분단희곡」, 『한국문학과예술』 44, 한국문학과예술연구소, 2022.

참고문헌

1. 기본 자료

박조열, 『오장군의 발톱』, 연극과인간, 2009.

______, 『흰둥이의 방문』, 연극과인간, 2009.

서연호·장원재 공편, 『오태석 공연대본 전집』 5, 연극과인간, 2003.

__________________, 『오태석 공연대본 전집』 6·7, 9, 연극과인간, 2005.

오태석, 『오태석 희곡집』 1~4, 평민사, 1994.

______, 『오태석 희곡집』 5, 평민사, 2000.

______, 〈잃어버린 강〉, 비디오 자료, 2000.10.10 공연, 극단 목화 제공.

______, 〈앞산아 당겨라 오금아 밀어라〉, 연극 대본, 2003.11.12 공연, 극단 목화 제공.

______, 〈백년언약〉, 연극 대본, 2008.12 공연, 극단 목화 제공.

______, 〈지네와 지렁이〉, 비디오 자료, 극단 목화 제공.

이강백, 『이강백 희곡전집』 4, 평민사, 1996.

______, 『이강백 희곡전집』 3, 평민사, 1999.

이 반, 『나자의 소리』, 지음사, 1979.

______, 『샛바람』, 종로서적, 1994.

______, 『아버지 바다』, 종로서적, 1994.

______, 『이반 희곡선집』 1~3, 연극과인간, 2008.

______, 『일각고래의 꿈』(e-book), 독서학교, 2020.

______, 『태풍』(e-book), 독서학교, 2020.

이재현, 〈전범자〉, 『한국연극』, 1978.9.

______, 〈멀고 긴 터널〉, 『대한민국 예술제 희곡집』 2, 한국문화예술진흥원, 1979.

______, 〈적과 백〉, 『제7회 대한민국 연극제 희곡집』, 대광문화사, 1984.

______, 〈포로들〉, 차범석 외, 『서울극작가 그룹 대표 희곡선』, 집현전, 1984.

차범석, 〈산불〉, 한국극예술학회 편, 『한국현대대표희곡선집』 2, 월인, 1999.

2. 단행본

강영안, 『타인의 얼굴』, 문학과지성사, 2005.

공임순, 『식민지의 적자들』, 푸른역사, 2006.
교과서포럼, 『대안교과서 한국 근현대사』, 기파랑, 2008.
교수신문 기획, 『고종황제 역사청문회』, 푸른역사, 2005.
권중희, 『백범 암살범 안두희』, 범조사, 1987.
김귀옥, 『월남민의 생활 경험과 정체성』, 서울대학교 출판부, 1999.
김삼웅 엮음, 『패배한 암살자』, 학민글밭, 1992.
김 석, 『에크리』, 살림, 2007.
김성희, 『연극의 사회학, 희곡의 해석학』, 문예마당, 1995.
김승환·신범순 편, 『분단 문학 비평』, 청하, 1987.
김연숙, 『레비나스 타자윤리학』, 인간사랑, 2001.
김유미, 『한국 현대희곡의 제의구조 연구』, 연극과인간, 2002.
김은주, 『기독교 연극 개론』, 성공문화사, 1991.
명인서·최준호 편, 『오태석의 연극세계』, 현대미학사, 1995.
모진주·이승규 편역, 『세계 명작 성극선집』 1~3, 월인, 1999.
무천극예술학회 편, 『박조열 희곡 연구』, 국학자료원, 2001.
________________, 『차범석 희곡 연구』, 국학자료원, 2003.
박원빈, 『레비나스와 기독교』, 북코리아, 2010
보훈처 편, 『21세기와 동양평화론』, 1996.
서중석, 『한국현대사』, 웅진 지식하우스, 2005.
송우혜, 『윤동주 평전』, 세계사, 1998.
신현숙, 『20세기 프랑스 연극』, 문학과지성사, 1997.
안병직 외, 『세계의 과거사 청산』, 푸른역사, 2005.
안병직·이영훈 대담, 『대한민국 역사의 기로에 서다』, 기파랑, 2008.
안영신, 『경계를 사유하다: 엔도 슈사쿠 문학연구』, 지금여기, 2011.
안중근, 『안중근 의사 자서전』, 범우사, 2007.
엔도 슈사쿠, 이평아 옮김, 『바다와 독약』, 가톨릭출판사, 2001.
역사문제연구소 등 편, 『제주 4·3 연구』, 역사비평사, 1999.
오오이시 스스무 외, 『후세 다츠지』, 지식여행, 2010.
오태석·서연호 대담, 『오태석 연극: 실험과 도전의 40년』, 연극과인간, 2002.
유민영, 『한국현대희곡사』, 기린원, 1991.

이미원, 『한국근대극연구』, 현대미학사, 1994.
이 반, 『연극과 예배』, 연극과인간, 2003.
이영미, 『이강백 희곡의 세계』, 시공사, 1998.
임지현, 『민족주의는 반역이다』, 소나무, 1999.
임헌영, 『분단시대의 문학』, 태학사, 1992.
전동례 구술, 『두렁 바위에 흐르는 눈물』, 뿌리깊은나무, 1992.
전정일 편저, 『백범 김구 선생 살해범 안두희 그는 누구인가』, 삼성서적, 1994.
제주 4.3 사건 진상 규명 및 희생자 명예회복 위원회, 『제주 4.3사건 진상조사 보고서』, 선인, 2003
제주 4.3 연구소 편, 『무덤에서 살아나온 4.3 '수형자'들』, 역사비평사, 2002.
조성훈, 『한국전쟁과 포로』, 선인, 2010.
조재곤, 『그래서 나는 김옥균을 쏘았다』, 푸른역사, 2005.
차범석, 『떠도는 산하』, 형제문화, 1998.
최장집, 『민주화 이후의 민주주의』, 후마니타스, 2005.
표언복 엮음, 『늘봄 전영택 전집』 3·5, 목원대학교 출판부, 1994.
한상일, 『제국의 시선: 일본의 자유주의 지식인 요시노 사쿠조와 조선문제』, 새물결, 2004.
한전숙, 『현상학』, 민음사, 1991.
황계정, 『메타드라마: 셰익스피어 희곡의 반영극적 분석』, 연세대학교 출판부, 1992.
황성근, 『기록극이란 무엇인가』, 한국학술정보, 2008.

Abel, L., *Tragedy and Metatheatre*, Holmes & Meier Publishers, Inc., 2003.
Ashcroft, B.·Ahluwalla, P., 윤영실 옮김, 『다시 에드워드 사이드를 위하여』, 앨피, 2005.
Badiou, Alain & Tarby, Fabien, 서용순 옮김, 『철학과 사건』, 오월의봄, 2015.
Badiou, Alain, 이종역 옮김, 『윤리학』, 동문선, 2001.
__________, *Ethics*, trans. by Peter Hallward, Verso, 2002.
__________, *L'ethique* [1993], Nous, 2003.
__________, *Saint Paul; the Foundation of Universalism*, trans. by Ray Brassier, Stanford University Press, 2003.
__________, 현성환 옮김, 『사도 바울』, 새물결, 2008.

Badiou, Alain, *Saint Paul: la fondation de l'universlisme* [1997], PUF, 2015.

Barranger, M.S., 이재명 옮김, 『연극 이해의 길』, 평민사, 1991.

Chatman, S., 김경수 옮김, 『영화와 소설의 서사구조』, 민음사, 1990.

Cowgill, L., 이문원 옮김, 『시나리오 구조의 비밀』, 시공아트, 2003.

Evans, Dylan, 김종주 외 옮김, 『라깡 정신분석 사전』, 인간사랑, 1998.

Fleishman, A., *The English Historical Novel*, The Johns Hopkins Press, 1971.

Freud, S., 『정신분석 강의』, 열린책들, 2003.

_______, 김미리혜 옮김, 『히스테리 연구』, 열린책들, 2003.

Hall, C. S., 최현 옮김, 『융 심리학 입문』, 범우사, 1993.

Hallward, Peter, 박성훈 옮김, 『알랭 바디우: 진리를 향한 주체』, 도서출판 길, 2016.

Halverson, Marvin(ed.), *Religious Drama 1*, Meridian Books, Inc.,1957.

__________________, *Religious Drama 3*, The World Publishing Company, 1959.

Kierkegaard, S., 강학철 옮김, 『두려움과 떨림』, 민음사.

Lacan, J., 권택영 엮음, 『욕망 이론』, 문예출판사, 1994.

Lanser, S.S., 김형민 옮김, 『시점의 시학』, 좋은날, 1998.

Lukacs, G., 이영욱 옮김, 『역사소설론』, 거름, 1999.

Mckee, R., 고영범·이승민 옮김, 『시나리오 어떻게 쓸 것인가』, 황금가지, 2002.

Meyers, T., 박정수 옮김, 『누가 슬라보예 지젝을 미워하는가』, 앨피, 2005.

Pavis, Patrice, 신현숙·윤학로 옮김, 『연극학 사전』, 현대미학사, 1999.

Pruner, Michel, 김덕희 옮김, 『연극 텍스트의 분석』, 동문선, 2005.

Ranciere, Jacques, 주형일 옮김, 『미학 안의 불편함』, 인간사랑, 2008.

_____________, 양창렬 옮김, 『정치적인 것의 가장자리에서』, 도서출판 길, 2013.

Said, Edward, 김성곤·정정호 옮김, 『문화와 제국주의』, 창, 1995.

Sharff, S., 이용관 옮김, 『영화 구조의 미학』, 예건사, 1991.

Styan, J.L., 원재길 옮김, 『상징주의와 초현실주의, 부조리 연극』, 예하, 1992.

Tennyson, G. B., *An Introduction to Drama*, Rinehart and Winston, 1967.

Zimmermann, F., 이기상 옮김, 『실존철학』, 서광사, 1987.

3. 논문

공임순, 「한국 근대 역사소설의 장르론적 연구」, 서강대학교 박사학위논문, 2001.

구히서, 「제2회 대한민국 연극제」, 『대한민국 예술제 희곡집』 2, 한국문화예술진흥원, 1979.

권순대, 「분단희곡의 담론 특성에 관한 연구」, 경희대학교 박사학위논문, 2003.

김남석, 「〈자전거〉에 나타난 두 심리 작용에 관한 연구」, 『오태석 연구의 미학적 지평』, 연극과인간, 2003.

______, 「'이산 5부작' 연구」, 『인문연구』 48, 영남대학교 인문과학연구소, 2005.

김덕기, 「최근 철학계의 성 바울의 보편성 논의와 그 비판적 평가」, 『해석학연구』 23, 한국해석학회, 2009.

김만수, 「무의식 탐구로서의 연극: 오태석의 〈자전거〉」, 『한국극예술연구』 22, 한국극예술학회, 2005.

김명화, 「오태석 희곡의 공간 연구」, 중앙대학교 박사학위논문, 2000.

김문숙, 「이반 희곡의 작품세계 연구」, 위덕대학교 석사학위논문, 2004.

김문환, 「국립극단: 포로들」, 연극평론가협회 편, 『70년대 연극평론 자료집』 1, 화일, 1989.

______, 「이재현 론: 연극과 사회 현실」, 한국연극평론가협회 편, 『한국 현역 극작가론』 2, 예니, 1994.

김미도, 「오태석 연극과 포스트모더니즘」, 명인서·최준호 편, 『오태석의 연극세계』, 현대미학사, 1995.

______, 「천재적 상상력의 높이와 깊이」, 오태석, 『천년의 수인』, 평민사, 2000.

김방옥, 「이반의 희곡세계」, 이반, 『이반 희곡선집』 2, 연극과인간, 2008.

김상운, 「반란과 해방의 정치: 바디우와 랑시에르를 중심으로」, 『실천문학』 16, 실천문학사, 2012.

김승옥, 「전쟁기억과 재현: 대한민국연극제 한국전쟁 소재극을 중심으로」, 『드라마연구』 34, 한국드라마학회, 2011.

김영범, 「망탈리테사: 심층사의 한 지평」, 한국사회사연구회, 『사회사 연구와 사회이론』, 문학과지성사, 1991.

김영삼, 「문학적 진리공정의 가능성」, 『한국문학이론과비평』 63, 한국문학이론과비평학회, 2014.

김옥란, 「오태석 연극에서의 역사와 폭력의 아이러니」, 『대중서사연구』 14, 대중서사학회, 2005.

김윤정, 「〈천 년의 수인〉에 드러난 '해원(解冤)'의 의미 고찰」, 『한국극예술연구』 15, 한국극예술학회, 2002.
김윤철, 「한국사회의 비인간화 충격적으로 고발」, 오태석, 『심청이는 왜 두 번 인당수에 몸을 던졌는가』, 평민사, 1994.
김재석, 「1945~1953년의 남북한 희곡에 나타난 분단문학적 특질」, 『문학사와 비평』, 1991.
______, 「1950년대 반공극의 구조와 존재 의미」, 『한국연극연구』 1, 한국연극사학회, 1998.
______, 「한국 연극의 구경(究竟) 탐구와 그 궁극의 아름다움」, 박조열, 『오장군의 발톱』, 연극과인간, 2000.
김진균·조희연, 「분단과 사회상황의 상관성에 관하여」, 변형윤 외, 『분단시대와 한국사회』, 까치, 1985.
김학재, 「전쟁 포로들의 저항과 반공오리엔탈리즘」, 『사림』 36, 2010.
김 향, 「오태석의 〈앞산아 당겨라 오금아 밀어라〉 퍼포먼스 연구」, 『한국연극학』 22, 한국연극학회, 2004.
김화수, 「바람과 바다의 언어: 배를 타고 건너다」, 『이반희곡선집』 1, 연극과인간, 2008.
김효석, 「전후 월남작가 연구」, 중앙대학교 박사학위논문, 2006.
류동규, 「전후 월남작가 소설에 나타난 자아정체성의 형성 양상」, 경북대학교 박사학위논문, 2008.
박명림, 「한국전쟁사의 쟁점」, 박명림 외, 『해방전후사의 인식』 6, 한길사, 1989.
______, 「한국전쟁, 6.25의 용어 사용과 기억 방식에 대한 단상」, 『역사비평』, 2006 봄호.
박숙자, 「백 년간의 침묵을 깬 한일 대서사극」, 『이반 희곡 선집』 3, 연극과인간, 2008.
박영정, 「1970년대 기독교 연극 연구」, 『국제어문』 21, 국제어문학회, 2000.
박인철, 「자유의 현상학적 이념: 아렌트와 레비나스의 자유 개념 비교를 중심으로」, 『철학연구』 71, 철학연구회, 2005.
박진태, 「굿의 맥락에서 본 처용설화와 처용가」. 처용간행위원회 편, 『처용연구전집』 3, 역락, 2005.
박찬효, 「1960~1970년대 소설의 '고향' 이미지 연구」, 이화여자대학교 박사학위논문, 2010.

백로라, 「오태석 희곡 〈자전거〉 연구」, 『한국극예술연구』 7, 한국극예술학회, 1997.
______, 「한국 현대희곡에 나타난 기독교의 수용 양상」, 『숭실어문』 14, 숭실어문학회, 1998.
______, 「1960년대 희곡 연구: 차범석·이근삼·박조열·오태석을 중심으로」, 숭실대학교 박사학위논문, 2001.
서연호, 「해설: 창작극의 현실과 가능성」, 『제3회 대한민국연극제희곡집』, 한국문화예술진흥원, 1980.
서용순, 「바디우의 진리철학과 세계의 전환」, 『인문과학』 23, 경북대학교 인문학술원, 2011.
서재화, 「분단 상황이 오태석 희곡의 등장인물에 미친 영향 연구」, 중앙대학교 연극학과 석사학위논문, 2007.
서지영, 「한국 연극의 기록극 수용과 변용」, 2010년 한국드라마학회 춘계학술발표대회 자료집, 2010.4.
신현숙, 「열린 세계를 향하여: 환상무대의 의미」, 『이반희곡선집』 2, 연극과인간, 2008.
안중근·하얼빈 학회 및 동북아 역사재단 주최, 『동북아 평화와 안중근 의거 재조명』, 안중근 의거 99주년 기념 국제학술대회 발표자료집, 2008.10
양승국, 「해방 이후의 유치진 희곡을 통해 본 분단현실과 전쟁체험의 한 양상」, 『한국현대문학연구』 1, 한국현대문학회, 1991.
______, 「공허한 메시지의 황당한 울림: 〈지네와 지렁이〉」, 『한국 현대극의 주름과 틈』, 연극과인간, 2008.
양주동, 「처용가」, 처용간행위원회 편, 『처용연구전집』 1, 역락, 2005.
오영미, 「분단희곡연구 1: 1960년대를 중심으로」, 『한국연극연구』 1, 한국연극사학회, 1998.
______, 「분단희곡연구 2: 1970년대를 중심으로」, 『한국문화연구』 2, 경희대학교 민속학연구소, 1999.
______, 「분단희곡연구 4」, 『한민족어문학』, 한민족어문학회, 2005.
오윤호, 「염상섭 소설의 이중플롯 연구」, 서강대학교 석사학위논문, 1998.
오태석·이상일·김미도 대담, 「실험적 언어와 오브제의 연극적 코너워」, 오태석, 『심청이는 왜 두 번 인당수에 몸을 던졌는가』, 평민사, 1994.
유성호, 「한국 현대문학과 종교적 상상력」, 한국문학과 종교학회 편, 『문학과 종교』,

동인, 2008.

유숙현, 「거제도 포로수용소에서 포로의 체험과 송환선택」, 연세대학교 석사학위논문, 2008.

유영현, 「경계인이 본 민족국가: 살만 루시디의 『한밤의 아이들』과 『수치』에 나타난 역사, 이념, 그리고 서사」, 고려대학교 석사학위논문, 2005.

이규수, 「민본주의자, 요시노 사쿠조의 조선인식」, 『역사비평』 88, 역사문제연구소, 2009.

이기문, 「향가 해독의 방법」, 처용간행위원회 편, 『처용연구전집』 1, 역락, 2005.

이동헌, 「한국전쟁 후 '반공 포로'에 대한 기억과 기념」, 『한국학논집』 40, 한양대학교 한국학연구소, 2006.

이명수, 「〈산불〉의 공간 연구」, 『한국연극학』 13, 한국연극학회, 1999.

이미원, 「오태석과 역사 패러디」, 『한국 현대 극작가 연구』, 연극과인간, 2003.

______, 「박조열 작품론: 양식적 실험과 통일에의 집념」, 박조열, 『오장군의 발톱』, 연극과인간, 2009.

이 반, 「한국 기독교 연극의 역사와 방향」, 『한국기독교연구논총』 4, 숭실대학교 한국기독교문화연구소, 1986.

이상란, 「오태석 극작술 연구: 〈자전거〉의 연극성」, 『한국연극학』 23, 한국연극학회, 2004.

이완범, 「한국전쟁연구 50년과 과제」, 『경제와사회』, 2000 여름호.

이정환, 「'아시'에서 현실로 나아가는 여정: 오태석 〈운상각〉」, 『국어국문학』 137, 국어국문학회, 2004.

이채은, 「1970년대 월남 극작가의 분단 주제 희곡 연구」, 고려대학교 석사학위논문, 2022.

이철호, 「1910년대 후반 도쿄 유학생의 문화 인식과 실천: 『기독청년』을 중심으로」, 『한국문학연구』 35, 동국대학교 한국문학연구소, 2008.

이화원, 「자전거, 그 다음성의 세계」, 명인서·최준호 편, 『오태석의 연극세계』, 현대미학사, 1995.

장소진, 「지연과 탐색의 역학」, 한국소설학회, 『현대소설 플롯의 시학』, 태학사, 1999.

장원재, 「이반의 희곡에 나타난 종교적 상징 연구」, 이반, 『이반 희곡선집』 3, 연극과인간, 2008.

정미진, 「차범석의 전후희곡연구」, 고려대학교 석사학위논문, 2009.
정선일, 「한국 기독교 연극의 역사와 그 방향성에 대한 연구」, 중앙대학교 예술대학원 공연영상학과 연극 전공 석사학위논문, 2008.
정영훈, 「최인훈 소설에 나타난 주체성과 글쓰기의 상관성 연구」, 서울대학교 박사학위논문, 2005.
정우숙, 「박조열의 희곡 〈목이 긴 두 사람의 대화〉 고찰」, 『이화어문논집』 12, 이화어문학회, 1992.
정주아, 「'정치적 난민'의 공간 감각, 월남작가와 월경의 체험」, 『한국근대문학연구』 16-1, 한국근대문학회, 2015.
조보라미, 「오태석 희곡의 상호텍스트성 연구」, 『한국현대문학연구』 24, 한국현대문학회, 2008.
________, 「오태석의 6.25 3부작 연구 1: 〈자전거〉를 중심으로」, 『한국현대문학연구』 25, 한국현대문학회, 2008.
________, 「오태석의 6.25 3부작 연구 2」, 『한국현대문학연구』 26, 한국현대문학회, 2008.
________, 「분단희곡에 있어서 '경계인'의 위상과 의미」, 『한국극예술연구』 32, 한국극예술학회, 2010.
________, 「이반의 분단희곡 연구: 망향의식과 분단 극복 방식을 중심으로」, 『한민족어문학』 64, 한민족어문학회, 2013.
조재곤, 「홍종우 재조명 - 왜 김옥균을 살해하였는가」, 『역사비평』, 1992 여름호.
조희연, 「80년대 한국사회운동의 전개와 90년대의 발전전망」, 『한국사회운동사』, 죽산, 1990.
주영복, 『내가 겪은 조선전쟁』 2, 고려원, 1991.
주태익, 「기독교 연극운동의 제창」, 『기독교사상』 21, 대한기독교서회, 1959.
한상철, 「〈포로들〉」, 한국연극평론가협회 편, 『70년대 연극평론 자료집』 1, 화일, 1989.
______, 「두 개의 대조」, 한국연극평론가협회 편, 『70년대 연극자료집』 2, 화일, 1990.
______, 「사진 한 장으로 남은 인생의 꾸미기와 허무주의」, 오태석, 『심청이는 왜 두 번 인당수에 몸을 던졌는가』, 평민사, 1999.
현광호, 「안중근의 동양평화론과 그 성격」, 『아세아연구』 46-3, 고려대학교 아세아문제연구소, 2003.

현수정, 「오태석의 한국 전쟁 소재 희곡 연구」, 연세대학교 석사학위논문, 2004 .
황패강, 「처용가의 미의식」, 처용간행위원회 편, 『처용연구전집』 2, 역락, 2005.

Eliot, T.S., "Religion and Literature", *Selected Essays*, Faber and faber limited, 1934.
Friedrich, Rainer, "Drama and Ritual", James Redmond(ed.), *Drama and Religion*, Cambridge University Press, 1983.
Goldberg, Milton M., "A Qualification of the Marginal Man Theory", *American Sociological Review*, vol.6 no.1, 1941.
JanMohamed, Adul R., "Worldliness-Without-World, Homelessness-As-Home: Toward a Definition of the Specular Border Intellectual", Michael Sprinker(ed), *Edward Said-a Critical Reader*, Blackwell, 1992.
Kermode, F., 「비밀과 서술 순서」, 석경징 외 엮음, 『현대 서술이론의 흐름』, 솔, 1997.
Park, Robert E., "Human Migration and the Marginal Man", *the American Journal of Sociology*, Vol.33 No.6, 1928.
R. S. Crane, "The concept of plot and the plot of "Tom Jones"", Crane(ed), *Critics and Criticism*, Univ. of Chicago Press, 1952.
Robertson, R., "Toward a Definition of Religious Drama", *Educational Theatre Journal*, 1957.5.
Turner, J. W., "The Kinds of Historical Fiction: An Essay in Definition and Methodology", *Genre* XII, fall 1979.

4. 기타 자료

'한국전쟁과 포로 3부작', MBC 《이제는 말할 수 있다》(84-86회), 2004.
"숨어 산 가시방석 38년", 『동아일보』, 1987.3.28.
강용준, "연극비평: 극단 목화 '앞산아 당겨라 오금아 밀어라", 『제주일보』, 2003.11.3.
극단 파.람.불., 「그날, 그날에」(팸플릿), 예술의전당 CJ토월극장, 2022.8.12.-14.
김경훈, "연극 〈앞산아 당겨라-〉를 보고: 명성에 가려진 제주의 진실", 『한라일보』, 2003.11.3.
김명화, "백년 담은 과한 상차림 '소화불량': 〈백년언약〉", 『한겨레』, 2008.6.5
김유경, "무덤도 나란히…실향민 모여 30년", 『경향신문』, 1980.1.12.
김환균, "전쟁이 낳은 비극적 인물 이학구", 『보해 사외보』, 2004 여름 in

http://koreada.com/jboard/?p=detail&code=mbc&id=135&page=3.
무명, "제3회 대한민국 연극제를 평가한다", 『경향신문』, 1979.11.30.
이상일, "79문화회고 (5)연극", 『동아일보』, 1979.12.25.
장재환, "극단 파.람.불. 작품 '그날, 그날에' 2020 대한민국 연극대상 수상", 『설악신문』, 2020.12.28.
히로시마 시 공식 사이트
(http://www.city.hiroshima.lg.jp/www/contents/0000000000000/1110438305305/)
히로시마 평화 공원 공식 사이트
(http://www.pcf.city.hiroshima.jp/)

『동아일보』, 『경향신문』, 『강원도민일보』, 『한국연극』 등

저자

조보라미

서울대학교 철학과 학사, 같은 대학 국어국문학과에서 석·박사학위를 받고 현재 영남대학교 국어국문학과 교수로 있다.
저서로 『최인훈 희곡의 연극적 기법과 미학』, 『드라마, 일상성의 미학』(공저)이 있으며 「일제 말기 국민연극에 대한 수용미학적 고찰」, 「윤대성 후기희곡에 나타난 젠더 문제」, 「윤조병의 노년희곡 연구」, 「'열려진 영화론'으로 본 장선우의 〈꽃잎〉」, 「텔레비전 드라마에 나타난 '엿듣기'의 의미와 효과」 등의 논문이 있다.

분단 그 너머에 대한 연극적 상상력

초판 1쇄 인쇄 2024년 5월 10일
초판 1쇄 발행 2024년 5월 20일

지은이 조보라미
펴낸이 박성복
펴낸곳 도서출판 연극과인간
주소 01047 서울특별시 강북구 노해로25길 61
등록 2000년 2월 7일 제6-0480호
전화 (02) 912-5000
팩스 (02) 900-5036
홈페이지 www.worin.net
전자우편 worinnet@hanmail.net

ISBN 978-89-5786-933-8 93680

값은 뒤표지에 있습니다.